Ausschluss von Minderheitsaktionären

Europäische Hochschulschriften

Publications Universitaires Européennes
European University Studies

Reihe II
Rechtswissenschaft

Série II Series II
Droit
Law

Bd./Vol. 3275

PETER LANG
Frankfurt am Main · Berlin · Bern · Bruxelles · New York · Oxford · Wien

Philipp A. Baums

Ausschluss von Minderheitsaktionären

PETER LANG
Europäischer Verlag der Wissenschaften

Die Deutsche Bibliothek - CIP-Einheitsaufnahme

Baums, Philipp A.

Ausschluss von Minderheitsaktionären / Philipp A. Baums. -
Frankfurt am Main ; Berlin ; Bern ; Bruxelles ; New York ;
Oxford ; Wien : Lang, 2001
(Europäische Hochschulschriften : Reihe 2,
Rechtswissenschaft ; Bd. 3275)
Zugl.: Greifswald, Univ., Diss., 2001
ISBN 3-631- 38580-3

9
ISSN 0531-7312
ISBN 3-631- 38580-3

www.peterlang.de

Meinen Eltern

Vorwort

Die vorliegende Arbeit wurde dem Fachbereich Rechts- und Staatswissenschaften der Universität Greifswald im Wintersemester 2000/2001 vorgelegt. Die Disputation fand im Sommersemester 2001 statt.

Meinem Doktorvater, Herrn Professor Dr. Stefan Habermeier, danke ich herzlich für die Betreuung der Arbeit und für den gewährten Freiraum. Zu danken habe ich ferner Herrn Professor Dr. Axel Beater für die Erstellung des Zweitgutachtens.

Mein größter Dank gilt meinen Eltern. Ohne ihre finanzielle und moralische Unterstützung wäre diese Arbeit nicht möglich gewesen. Ihnen ist die Arbeit gewidmet.

Frankfurt am Main, im Juli 2001 Philipp A. Baums

INHALTSVERZEICHNIS

§ 1 Einleitung; Gegenstand und Plan der Arbeit 1

A. Einleitung 1
B. Gegenstand und Plan der Arbeit 3

§ 2 Austritt, Herausdrängen und Abgrenzung zum Ausschluß 5

A. Austritt und Ausschluß 5
I. Kein allgemeines Austrittsrecht aus wichtigem Grund 5
II. Austritt nach Umwandlungsrecht 7
III. Spezielle Austrittsrechte nach Aktienrecht 10
IV. Zusammenfassung 11

B. Herausdrängen und Ausschluß 12
I. Quotenverminderung und vollständiger Ausschluß 13
II. „*Going private*" 13
III. „Aushungern" 18
IV. Ausnutzen von Kollektivhandlungsproblemen 19
V. Zusammenfassung und Abgrenzung 21

§ 3 Für und Wieder eines Aktionärsausschlusses 23

A. Allgemeines 23
B. Vorteile eines Ausschlusses von Mitaktionären 24
I. Ausschluß aus persönlichen Gründen 25
II. Kosteneinsparung 26
1. „Minderheitsaufwand" 26
2. Ausschluß und *free riding* 27
3. Organisatorische Kosten 28
III. Tatsächliche Umstände 29

C. Nachteile eines Aktionärsausschlusses 30
I. Nachteile für den ausgeschlossenen Aktionär 30
II. Nachteile des Ausschlusses für den Mehrheitsaktionär 31

D. Spezielle *freezeout* – Situationen 32
I. Zweistufige Unternehmensübernahme 32
II. Der *parent – subsidiary merger* 33

§ 4 Der Ausschluß nach geltendem Recht 34

A. Mittelbarer Ausschluß 35

I. Die Mehrheitseingliederung 35
1. Die Voraussetzungen der Eingliederung im Überblick 36
2. Sachliche Rechtfertigung ? 39
3. Die Rechtsfolgen der Mehrheitseingliederung 45

II. Die „übertragende Auflösung“ 47
1. Voraussetzungen der Vermögensübertragung 50
2. Ungeschriebene Voraussetzungen ? 52
3. Fazit zur übertragenden Auflösung 73

B. Unmittelbarer Ausschluß 74

I. Die Kaduzierung von Aktien 74
1. Die Voraussetzungen der Kaduzierung 75
2. Die Rechtsfolgen der Kaduzierung 77
3. Die praktische Bedeutung der Kaduzierung 79

II. Die Einziehung von Aktien 81
1. Allgemeines 81
2. Die Voraussetzungen der zwangsweisen Amortisation 82
3. Inhaltskontrolle als ungeschriebene Voraussetzung? 85
4. Das Verfahren und die Rechtsfolgen im Überblick 87
5. Tatsächliche Bedeutung der Aktieneinziehung 91
6. Exkurs : *redeemable shares* 91

III. Die Kapitalherabsetzung durch Aktienzusammenlegung und der Verlust von „Spitzen“ 93
1. Die Voraussetzungen und Rechtsfolgen der Kapitalherabsetzung durch Aktienzusammenlegung 94
2. Sachliche Rechtfertigung der Aktienzusammenlegung als ungeschriebene Voraussetzung ? 96
3. Ergebnis 98

IV. Der Ausschluß aus wichtigem Grund im Aktienrecht 99
1. Praktisches Bedürfnis auch im Aktienrecht 99
2. Systematische Bedenken gegen die Zulässigkeit 101
3. Zusammenfassung zur Zulässigkeit 102
4. Zur dogmatischen Begründung 103
5. Die Voraussetzungen 104
6. Das Verfahren im Überblick 108
7. Rechtspolitisches Fazit 109

§ 5 Der Ausschluß *de lege ferenda*: Grundlagen 111

A. Einleitung und Geschichte des WÜG 111

B. Überblick zum Inhalt des geplanten WÜG 115
I. Pflichtangebote und freiwillige Angebote 117
II. Rechtspolitischer Zusammenhang 119

C. Die Regelung zum Aktionärsausschluß im WÜG 121
I. Die Voraussetzungen eines Aktionärsausschlusses 121
1. Die Grundvoraussetzungen in der Person des Hauptaktionärs 122
2. Regelungen zur Abfindung der Minderheitsaktionäre 122
3. Vorbereitung/Durchführung der Hauptversammlung 123
II. Die Rechtsfolgen der geplanten Regelung 125
III. Die Rechtsschutzmöglichkeiten der Aktionäre 126
IV. Allgemeine Beurteilung und Kritik 127

§ 6 Einzelne Auslegungs – und Anwendungsfragen der Neuregelung 132

A. Allgemeines 132
B. Die 95% - Schwelle 133
I. „Ausschluß auf Raten" durch Kapitalerhöhung mit Bezugsrechtsausschluß? 133
1. Das Bezugsrecht und dessen Ausschluß 134
2. 95% - Schwelle und Rechtfertigung eines Bezugsrechtsausschlusses 136

II. Holdinggesellschaften, Poolvereinbarungen, Stimmrechtsbindungen und Wertpapierleihen 139
1. Holdinggesellschaften 139
2. Poolvereinbarungen und Stimmrechtsbindungsverträge 143
3. Wertpapierleihen 145
4. Ergebnis 145

C. Anfechtungsklagen und Registersperre 146
I. Das Problem 146
II. Handlungsbedarf *de lege ferenda* 150

D. Einzelfragen zu den Wirkungen eines Ausschlusses 152
I. Das Schicksal von Optionsrechten 152
1. Aktienoptionen (*stock options)* 152
2. Wandelschuldverschreibungen 159
3. Exkurs: Optionsscheine (*derivatives)* 162
II. Ausschluß als neue Form des *kalten Delisting* ? 164
III. Ad hoc – Publizität 166

§ 7 Verfassungsrechtliche Beurteilung der geplanten *freezeout* – Regelung 169

A. Zur formellen Verfassungsmäßigkeit 169
B. Zur materiellen Verfassungsmäßigkeit 171

§ 8 *Exkurs*: Rechtsvergleichende Betrachtung zum Recht der USA 175

A. Der *merger*: Ablauf und Formen 175
I. Der *statutory merger* 176
II. Die *statutory consolidation* 179
III. Der *stock – for – stock exchange* (*stock swap)* 180
IV. Der *stock – for – assets exchange* 181
V. Der *triangular merger* 181

B. Die Techniken des *freezeout* im US – amerikanischen Gesellschaftsrecht 184

I. Die älteren Techniken des *freezeout* 184

1. Der *dissolution freezeout* 184
2. Der *sale – of – assets freezeout* 185
3. Der *debt – merger freezeout* 186

II. Die neueren Techniken des *freezeout* 187

1. Der *short – form merger* 187
2. Der *reverse stock split* 188
3. Der *cash – out merger* (*cash merger*) 190

C. Gesetzliche Voraussetzungen und Kontrolle durch die Rechtsprechung 191

I. Die US – bundesrechtlichen Regelungen 191

1. Die *SEC – Rule 10b – 5* 191
2. Die *SEC – Rule 13e – 3* 192

II. Einzelstaatliche Regelungen 193

III. Kontrolle durch die Rechtsprechung 194

1. Der *intrinsic fairness test* 195
2. Der *business purpose test* 196

D. Vergleich mit dem deutschen Recht 197

§ 9 Zusammenfassung 199

A. Ergebnisse 199

I. Abgrenzungen 199

II. Vor- und Nachteile eines Ausschlusses 200

III. Mittelbarer Ausschluß 200

IV. Unmittelbarer Ausschluß nach geltendem Recht 202

V. Unmittelbarer Ausschluß nach dem WÜG 204

VI. Das US – amerikanische Recht 206

B. Abschließende Anmerkung zum Recht des Aktionärsausschlusses 206

LITERATURVERZEICHNIS

Anmerkung: Die hier aufgeführte Literatur ist lediglich die durchgängig verwendete. Weitere Angaben sind den Fußnoten der Bearbeitung zu entnehmen.

Baums, Theodor — Empfiehlt sich eine Neuregelung des aktienrechtlichen Anfechtungs- und Organhaftungsrechts, insbesondere der Klagemöglichkeiten von Aktionären?
Gutachten F zum 63. Deutschen Juristentag
München 2000
(zit.: Baums DJT)

ders. — Notwendigkeit und Grundzüge einer gesetzlichen Übernahmeregelung
in: v. Rosen/Seifert (Hrsg.): Die Übernahme börsennotierter Unternehmen
Schriften zum Kapitalmarkt Band 2, S. 165 ff.
Deutsches Aktieninstitut 1999
(zit.: v. Rosen / Baums)

ders. — Verschmelzung mit Hilfe von Tochtergesellschaften
in: Festschrift für Zöllner
Band 1, Köln, Berlin, Bonn, München 1999,
S. 65 ff.
(zit.: Baums FS)

ders. — Übernahmeregeln in der Europäischen Gemeinschaft
in: ZIP 1989, S. 1367 ff.
(zit.: Baums ZIP 1989)

ders./Vogel, Hans-Gert/Tacheva, Maja — Rechtstatsachen zur Beschlußkontrolle im Aktienrecht
in: ZIP 2000, S. 1649ff.
(zit: Baums ZIP)

Becker, Michael — Der Ausschluß aus der Aktiengesellschaft
in: ZGR 1986, S. 383ff.
(zit.: Becker ZGR)

Brudney, Victor/Chirelstein, Marvin A. — Cases and Materials on Corporate Finance
3rd Edition, Mineola, New York 1987
(zit.: Brudney/Chirelstein)

Bungert, Hartwin — Delisting und Hauptversammlung
in: BB 2000, S. 53ff.
(zit.: Bungert BB)

ders. — Ausgliederung durch Einzelrechtsübertragung und analoge Anwendung des Umwandlungsgesetzes
in: NZG 1998, S. 367ff.
(zit.: Bungert NZG)

Cary, William L./Eisenberg, Melvin A. — Cases and Materials on Corporations
6th Edition, New York 1988
(zit.: Cary/Eisenberg)

Choper, Jesse H./Coffee, John C./ Gilson, Ronald J. — Cases and Materials on Corporations
4th Edition, New York 1995
(zit.: Choper/Coffee/Gilson)

Conard, Alfred F./Knauss, Robert L./ Siegel, Stanley — Enterprise Organization: Cases, Statutes and Materials on Employment, Agency, Partnerships, Associations and Corporations
4th Edition, Mineola, New York 1987
(zit.: Conard/Knauss/Siegel)

Cöster, Thilo — Der Ausschluß lästiger Gesellschafter Dissertation Göttingen 1994
(zit.: Cöster)

Claussen, Carsten Peter — Bank- und Börsenrecht
2. Aufl., München 2000
(zit.: Claussen)

Clark, Robert Charles — Corporate Law
Boston, Toronto 1986
(zit.: Clark)

Doralt, Peter *u.a.* — Konzernrecht für Europa Forum Europaeum Konzernrecht
in: ZGR 1998, S. 672 ff.
(zit.: Doralt, Forum Europaeum Konzernrecht, ZGR)

Dürr, Martin — Nebenabreden im Gesellschaftsrecht: außersatzungsmäßige Bindungen von Gesellschaftern und die Willensbildung in der GmbH
Frankfurt/Main, Berlin, Bern, New York, Paris, Wien 1994, zugl. Dissertation Frankfurt am Main 1994
(zit.: Dürr)

Forster, Karl-Heinz — Zur angemessenen Barabfindung (§ 305 AktG)
in: Festschrift für Claussen, S. 91 ff.
Köln, Berlin, Bonn, München 1997
(zit.: Forster FS Claussen)

Flume, Werner — Die Rechtsprechung des zweiten Zivilsenats zur Treupflicht des GmbH-Gesellschafters und des Aktionärs
in: ZIP 1995, S. 161ff.
(zit.: Flume ZIP)

Gallego Sánchez, Helmuth Mauricio — Das Erwerbsrecht auf Aktien bei Optionsanleihen und Wandelschuldverschreibungen,
Berlin 1999, zugleich Dissertation Mainz 1998
(zit.: Gallego Sánchez)

Geßler, Jörg H. — Aktiengesetz – Kommentar (Loseblattsammlung) Stand : Dezember 1999 Neuwied, Kriftel, Berlin 1999 (zit.: Geßler)

Geßler, Ernst/Hefermehl, Wolfgang/ Eckardt, Ulrich/Kropff, Bruno — Aktiengesetz Band I - §§ 1 bis 75 Band II - §§ 76 bis 147 Band VI - §§ 291 bis 410 München 1976 – 1994 Band 8 – §§ 278 – 328 2. Aufl., München 2000 (zit.: Geßler/Hefermehl/Eckardt Kropff – Bearb.)

Gilson, Ronald J./Black, Bernard S. — The law and finance of corporate acquisitions 2nd Edition, New York 1995 (zit.: Gilson / Black)

Grunewald, Barbara — Gesellschaftsrecht 3. Aufl., Tübingen 1999 (zit.: Grunewald GesR)

dies. — Das Recht zum Austritt aus der Aktiengesellschaft in : Festschrift Claussen, S. 103 ff. Köln, Berlin, Bonn, München 1997 (zit.: Grunewald FS Claussen)

dies. — Der Ausschluß aus Gesellschaft und Verein Köln, Berlin, Bonn, München 1987 zugl. Habilitationsschrift Bonn 1986/1987 (zit.: Grunewald)

Habersack, Mathias — Rückerwerbbare Aktien auch für deutsche Gesellschaften !
in: Festschrift Lutter, S. 1329 ff.
Köln 2000
(zit.: Habersack FS Lutter)

Hartmann, Bernhard — Der ausscheidende Gesellschafter in der Wirtschaftspraxis
4. Aufl., Köln 1983
(zit.: Hartmann)

Henze, Hartwig — Minderheitenschutz durch materielle Kontrolle der Beschlüsse über die Zustimmung nach § 179a AktG und die Änderung des Unternehmensgegenstandes der Aktiengesellschaft ?
in: Festschrift Boujong, S. 233 ff.
München 1996
(zit.: Henze FS Boujong)

ders. — Aktienrecht – Höchstrichterliche Rechtsprechung
4. Aufl., Köln 2000
(zit.: Henze)

ders. — Aktuelle Rechtsprechung des BGH zum Aktienrecht
in: BB 2000, S. 2053ff.
(zit.: Henze BB)

ders. Zur Treupflicht von Aktionären
in: Festschrift Kellermann, S. 141ff.
Berlin, New York 1991
(zit.: Henze FS Kellermann)

ders. Auflösung einer Aktiengesellschaft und Erwerb ihres Vermögens durch den Mehrheitsgesellschafter
in: ZIP 1995, S. 1473ff.
(zit.: Henze ZIP)

Hirte, Heribert Bezugsrechtsausschluß und Konzernbildung
Köln, Bonn, Berlin, München 1986, zugl. Dissertation Köln 1985
(zit.: Hirte)

ders. Kapitalgesellschaftsrecht
2. Aufl., Köln 1999
(zit.: Hirte GesR)

Hoffmann-Becking, Michael (Hrsg.) Münchener Handbuch des Gesellschaftsrechts
Band 4: Aktiengesellschaft, München 1988
(zit.:HoffmannBecking/Bearb.)

ders. u.a. — Stellungnahme des Handelsrechtsausschusses des Deutschen Anwaltvereins e. V. zur Ergänzung des Aktiengesetzes durch einen Titel „Aktienerwerb durch den Mehrheitsaktionär“
Bonn, Juni 1999, abgedruckt in WM 1999, S. 1536 ff.
(zit.: Hoffmann-Becking, Stellungnahme)

Hopt, Klaus J. / Wiedemann, Herbert (Hrsg.) — Großkommentar zum Aktiengesetz
4. Aufl., Berlin 1992 ff.
(zit.: Großkomm/Bearb.)

Hüffer, Uwe — Aktiengesetz
4. Aufl., München 1999
(zit.: Hüffer)

ders. — Gesellschaftsrecht
5. Aufl., München 1998
(zit.: Hüffer GesR)

Hueck, Götz — Gesellschaftsrecht
19. Aufl., München 1991
(zit.: Hueck)

Kallmeyer, Harald — Ausschluß von Minderheitsaktionären
in: AG 2000, S. 59 ff.
(zit.: Kallmeyer AG)

ders. — Anwendung von Verfahrensvorschriften des Umwandlungsgesetzes auf Ausgliederungen nach Holzmüller, Zusammenschlüsse nach der Pooling-of-interests-Methode und die sog. übertragende Auflösung
in: FS Lutter, S. 1245 ff.
Köln 2000
(zit.: Kallmeyer FS Lutter)

Klenke, Hilmar — Der Rückzug mehrfach notierter Unternehmen von den deutschen Regionalbörsen
in: WM 1995, S. 1089 ff.
(zit.: Klenke WM)

Kort, Michael — Zur Treupflicht des Aktionärs
In: ZIP 1990, S. 294 ff.
(zit.: Kort ZIP)

Kossmann, Alfred — Ausschluß („Freeze-out") von Aktionären gegen Barabfindung
in: NZG 1999, S. 1198 ff.
(zit.: Kossmann NZG)

Kraft, Alfons/Kreutz, Peter — Gesellschaftsrecht
11. Aufl., Neuwied Kriftel 2000
(zit.: Kraft/Kreutz)

Kropff, Bruno — Textausgabe des AktG von 1965 und des EGAktG von 1965 mit Begründung des Regierungsentwurfes
Düsseldorf 1965
(zit.: Kropff)

Kübler, Friedrich — Gesellschaftsrecht: die privatrechtlichen Ordnungsstrukturen und Regelungsprobleme von Verbänden und Unternehmen
5. Aufl., Heidelberg 1998
(zit.: Kübler)

Kühn, Wolfgang — Probleme mit Minderheitsaktionären in der Aktiengesellschaft
in: BB 1992, S. 291 ff.
(zit.: Kühn)

Kümpel, Siegfried — Bank – und Kapitalmarktrecht
2. Aufl., Köln 2000
(zit.: Kümpel)

Kurzwelly, Jens-Peter — Die Rechtsprechung des Bundesgerichtshofes zur Aktiengesellschaft in den Jahren 1998 und 1999
in: AG 2000, S. 337 ff.
(zit.: Kurzwelly AG)

Land, Volker/Hasselbach, Kai — „Going private" und „Squeeze-out" nach deutschem Aktien-, Börsen- und Übernahmerecht
in: DB 2000, S. 557ff.
(zit.: Land/Hasselbach DB)

dies. — Das neue deutsche Übernahmegesetz
in: DB 2000, S. 1747ff.
(zit.: Land/Hasselbach DB)

Lutter, Marcus (Hrsg.) — Kommentar zum Umwandlungsgesetz
Band I: §§ 1 – 151
Band II: §§ 152 – 325
2. Aufl., Köln 2000
(zit.: Lutter/Bearb.)

ders./Leinekugel, Rolf — Planmäßige Unterschiede im umwandlungsrechtlichen Minderheitenschutz?
in: ZIP 1999, S. 261ff.
(zit.: Lutter ZIP)

ders. — Rezensionsabhandlung: Die Treupflicht des Aktionärs Bemerkungen zur Linotype – Entscheidung des BGH
in: ZHR 1989, S. 446 ff.
(zit.: Lutter ZHR)

ders. — Das Girmes – Urteil
in: JZ 1995, S. 1053 ff.
(zit.: Lutter JZ)

ders./Drygala, Tim — Die Übertragende Auflösung: Liquidation der Aktiengesellschaft oder Liquidation des Minderheitenschutzes?
in: Festschrift Kropff, S. 191 ff.
(zit.: Lutter FS Kropff)

ders./Bezzenberger, Tilman	Für eine Reform des Spruchverfahrens im Aktien- und Umwandlungsrecht in : AG 2000, S. 433ff. (zit.: Lutter/Bezzenberger)
Mann, Richard A./Roberts, Barry S.	Smith and Roberson's Business Law 9th Edition, Minnesota 1994 (zit.: Mann/Roberts)
Martens, Klaus Peter	Die Vergleichs- und Abfindungsbefugnis des Vorstands gegenüber opponierenden Aktionären in: AG 1988, S. 118 ff. (zit.: Martens AG)
ders.	Das Bundesverfassungsgericht und das Gesellschaftsrecht in: ZGR 1979, S. 493 ff. (zit.: Martens ZGR)
Merkt, Hanno	US - amerikanisches Gesellschaftsrecht Heidelberg 1991 (zit.: Merkt)
Nirk, Rudolf/Reuter, Hans-Peter/ Bächle, Hans-Ulrich	Handbuch der Aktiengesellschaft: Gesellschaftsrecht, Steuerrecht, Arbeitsrecht. Band I : Gesellschaftsrecht (Nirk) Loseblattsammlung Stand: Juni 2000 Köln 2000 (zit.: Nirk)

Noack, Ulrich — Gesellschafervereinbarungen bei Kapitalgesellschaften
Tübingen 1994
zugl. Habilitationsschrift Tübingen 1993
(zit.: Noack)

Peters, Torsten — Übertragung von Gesellschaftsvermögen und „Freezeout" – Konfliktpotential im Minderheitenschutz
in: BB 1999, S. 801 ff.
(zit.: Peters BB)

Prael, Christoph — Eingliederung und Beherrschungsvertrag als körperschaftliche Rechtsgeschäfte
Berlin 1978
zugl. Dissertation München 1977
(zit.: Prael)

Pötzsch, Thorsten/Möller, Andreas — Das künftige Übernahmerecht – Der Diskussionsentwurf des Bundesministeriums der Finanzen zu einem Gesetz zur Regelung von Unternehmensübernahmen und der gemeinsame Standpunkt des Rates zur europäischen Übernahmerichtlinie –
in: WM Sonderbeilage Nr. 2/2000, zu Nr. 31 vom 5. August 2000, S. 1 – 38.
(zit.: Pötzsch)

Radtke, Michael — Delisting, Rückzug aus dem amtlichen Handel oder dem geregelten Markt auf Wunsch des Emittenten aus kapitalmarktrechtlicher Sicht
Frankfurt, Berlin, Bern, New York, Paris, Wien 1998
zugleich Dissertation, Frankfurt am Main 1997
(zit.: Radtke)

Raiser, Thomas — Recht der Kapitalgesellschaften
2. Aufl., München 1992
(zit.: Raiser)

Rebmann, Kurt/Säcker, Franz Jürgen/ Rixecker, Roland (Hrsg.) — Münchener Kommentar zum Bürgerlichen Gesetzbuch
Band 5 : Schuldrecht – Besonderer Teil III
§§ 705 – 853, PartGG, ProdHaftGG
3. Aufl., München 1997
(zit.: MünchKomm/Bearb.)

Riehmer, Klaus/Schröder, Oliver — Der Entwurf des Übernahmegesetzes im Lichte von Vodafone/Mannesmann
in: NZG 2000, S. 820 ff.
(zit.: Riehmer NZG)

Romano, Roberta — The Genius of American Corporate Law
Washington D.C., 1993
(zit.: Romano)

Röhricht, Volker — Literaturbesprechung: Grunewald, Der Ausschluß aus Gesellschaft und Verein
in: AcP 1989, S. 386 ff.
(zit.: Röhricht AcP)

Sachs, Michael (Hrsg.) — Kommentar zum Grundgesetz
2. Aufl., München 1999
(zit.: Sachs/Bearb.)

Schäfer, Frank A. (Hrsg.) — Wertpapierhandelsgesetz Börsengesetz (mit BörsZulV), Verkaufsprospektgesetz (mit VerkProspV) Kommentar
Stuttgart, Berlin Köln 1999
(zit.: Schäfer/Bearb.)

Schaub, Bernhard — Das Abfindungsangebot nach § 29 UmwG
in: NZG 1998, S. 626 ff.
(zit.: Schaub NZG)

Scheifele, Bernd — Der Ausschluß aus der Gesellschaft als ultima ratio ?
in: BB 1989, S. 792 ff.
(zit.: Scheifele BB)

Schindler, Hendrik — Das Austrittsrecht in Kapitalgesellschaften: Eine rechtsvergleichende Untersuchung zum Austrittsrecht als Mittel des Individual- und Minderheitenschutzes im deutschen und französischen Kapitalgesellschaftsrecht München 1999, zugl. Dissertation Köln 1997/1998 (zit.: Schindler)

Schmidt, Karsten — Gesellschaftsrecht 3. Aufl., Köln, Berlin, Bonn, München 1997 (zit.: Schmidt)

Seiler, Hans M. — „Freezeout" von Minderheitsaktionären Eine Untersuchung zum Beteiligtenschutz im US-amerikanischen Recht Köln 1991 zugl. Dissertation, Münster 1990 (zit.: Seiler)

Schwark, Eberhard/Geiser, Frank — Delisting in: ZHR 1997, S. 739 ff. (zit.: Schwark ZHR)

Schwintowski, Hans- Peter/ Schäfer, Frank A. — Bankrecht Commercial Banking – Investment Banking Köln, Berlin, Bonn, München 1997 (zit.: Schwintowski)

Soufleros, Ilias — Ausschließung und Abfindung eines GmbH – Gesellschafters
Köln 1983, zugl. Dissertation München 1982
(zit.: Soufleros)

Steck, Kai-Uwe — „Going private“ über das UmwG
Das Gesellschaftsrecht des „kalten Delisting“
in: AG 1998, S. 460 ff.
(zit.: Steck AG)

Than, Jürgen — Zwangsweises Ausscheiden von Minderheitsaktionären nach Übernahmeangebot ?
in: Festschrift Claussen, S. 405 ff.
Köln Berlin Bonn München 1997
(zit.: Than FS Claussen)

Timm, Wolfram — Der Mißbrauch des Auflösungsbeschlusses durch den Mehrheitsgesellschafter – Zugleich Anmerkung zu BGH JZ 1980, 355
in: JZ 1980, S. 665 ff.
(zit.: Timm JZ)

ders. — Treuepflichten im Aktienrecht
in: WM 1991, S. 481 ff.
(zit.: Timm WM)

ders. — Zur Sachkontrolle von Mehrheitsentscheidungen in Kapitalgesellschaften – dargestellt am Beispiel strukturverändender Entscheidungen – in: ZGR 1987, S. 402 ff. (zit.: Timm ZGR)

Ulmer, Peter — Entwicklungen im Kapitalgesellschaftsrecht 1975 bis 1999 in: ZGR 1999, S. 751 ff. (zit.: Ulmer ZGR)

Weber, Martin — Die Entwicklung des Kapitalmarktrechts 1998 – 2000: Publizität, Insiderrecht und Kapitalmarktaufsicht in: NJW 2000, S. 3461 ff. (zit.: Weber NJW)

Werner, Winfried — Zur Treupflicht des Kleinaktionärs in: Festschrift Semler, S. 419 ff. Berlin, New York 1993 (zit.: Werner FS Semler)

Widmann, Siegfried/Mayer, Dieter (Hrsg.) — Umwandlungsrecht (Loseblattsammlung) Stand: 42. Lieferung 1998 Bonn, Berlin 1998 (zit.: Widmann/ Meyer/Bearb.)

Wiedemann, Herbert — Gesellschaftsrecht Band I – Grundlagen München 1980 (zit.: Wiedemann)

ders. | Minderheitsrechte ernstgenommen. Gedanken aus Anlaß der MagnaMedia-Entscheidung BayObLG ZIP 1998, 2002
in: ZGR 1999, S. 857 ff.
(zit.: Wiedemann ZGR 1999)

ders. | Rechtsethische Maßstäbe im Unternehmens- und Gesellschaftsrecht
in: ZGR 1980, S. 147 ff.
(zit.: Wiedemann ZGR 1980)

Witt, Carl-Heinz | Regelmäßige „Wasserstandsmeldungen" – unverzichtbarer Bestandteil eines künftigen Übernahmegesetzes
in: NZG 2000, S. 809 ff.
(zit.: Witt NZG)

Wilhelm, Jan | Kapitalgesellschaftsrecht
Berlin, New York 1998
(zit.: Wilhelm)

Willms, Michael | Auflösung einer Kapitalgesellschaft und Vermögensübernahme durch den Mehrheitsgesellschafter oder dessen Tochtergesellschaft
Frankfurt am Main, Berlin, Bern, Brüssel, New York, Wien 1999
zugl. Dissertation Frankfurt am Main 1999
(zit.: Willms)

Würdinger, Hans | Aktienrecht und das Recht der verbundenen Unternehmen
4. Aufl., Heidelberg, Karlsruhe 1981
(zit.: Würdinger)

Zöllner, Wolfgang (Hrsg.) | Kölner Kommentar zum Aktiengesetz
Einleitungsband, 1984
Band I : §§ 1 - 75; 2. Aufl., 1988
Band II: §§ 148 - 290; 1985
Band II: §§ 76 - 117 und Mitbestimmung im Aufsichtsrat; 2. Aufl., 1996
Band III: §§ 291 - 410, Einführungsgesetz und Gesetzesanhang, 1985
Band V/I: §§ 179 - 240; 2. Aufl., 1995
Köln, Berlin, Bonn, München
(zit.: KK/Bearb.)

Hinsichtlich Abkürzungen wird verwiesen auf:

Kirchner, Hildebert
Abkürzungen der Rechtssprache
4. Aufl., Berlin, New York, 1993.

§ 1 Einleitung; Gegenstand und Plan der Arbeit

A. Einleitung

Der Ausschluß eines Gesellschafters und somit auch des Aktionärs kann aus ganz verschiedenen Gründen erwogen werden, und die Motive hierfür sind in ganz unterschiedlichem Maße legitim und gerechtfertigt, wie im Laufe der Untersuchung noch zu zeigen sein wird.
Besonders bei der nach dem gesetzlichen Leitbild kapitalistisch organisierten Aktiengesellschaft treten freilich insoweit besondere Fragen auf. Denn hier wird der Aktionär als im wesentlichen lediglich zur Einlagenleistung verpflichtet angesehen; er will nur seine Investition tätigen und hierfür seinen Anteil am Gewinn beziehen.[1]

Daß dies aber nicht der Wirklichkeit entspricht, ist gerade in Deutschland offensichtlich. Hierzulande werden die meisten der insgesamt 7375 Aktiengesellschaften, von denen lediglich 933 börsennotiert sind,[2] von Familien geleitet oder von wenigen Anteilsinhabern beherrscht. Dem aus dem angelsächsischen Raum stammenden und der gesetzlichen Regelung zugrunde liegenden Leitbild der anonymen Massenorganisation, die lediglich der Haftungsbeschränkung und umfassender Eigenkapitalaufnahme dienen soll, entspricht die Wirklichkeit also nicht. Dies deutet bereits an, daß sich hier, zwischen den meist eng zusammenarbeitenden Anteilsinhabern wie zwischen diesen und der Verwaltung der Gesellschaft, ganz andere Konfliktlagen ergeben werden als in einer Publikumsgesellschaft, und daß im Hinblick darauf ein besonderer Regulierungsbedarf zur angemessenen Bewältigung solcher Konflikte besteht.
Eine umfassende Regelung der Ausschlußmöglichkeiten von Mitaktionären ist deshalb, vom gesetzlichen Leitbild einer Gesellschaftsform mit zahlreichen anonymen Anlegern her gesehen konsequent, nur im Ansatz vorhanden. Das Gesetz entspricht insofern kaum den praktischen, auf Grund der tatsächlichen Gegebenheiten auftretenden Bedürfnissen.

---

[1] Die Einlagepflicht nach § 54 AktG gilt als Hauptpflicht des Aktionärs, vgl. nur Nirk S. 366; Schmidt S. 807; Kübler S. 178; Kraft / Kreutz S. 350; so auch Würdinger S. 47.
[2] Zahlen aus Baums ZIP 2000, S. 1649; die genannte Zahl bezieht sich auf das Jahr 1999.

Mehreren Versuchen der Praxis, die wenigen gegebenen gesetzlichen Möglichkeiten mit zum Teil hohen Anforderungen durch geschickte Konstruktionen zu erweitern, hat die Rechtsprechung unter Berufung auf den Gedanken des Minderheitenschutzes und der Treupflichten einen Riegel vorgeschoben.

Der Grundfall des Ausschlusses ist der Ausschluß des Gesellschafters aus wichtigen, in seiner Person liegenden Gründen. In einem solchen Fall kommt der Ausschluß – dies hat für alle Rechtsformen zu gelten – grundsätzlich lediglich als *ultima ratio* in Betracht.[3] Er ist die letzte Möglichkeit, sich von einem Mitglied zu trennen, weil die Fortsetzung der Gesellschaft mit dem betreffenden Gesellschafter wegen in seiner Person liegenden Gründen, insbesondere wegen schwerer Verstöße gegen seine gesellschafterlichen Pflichten, für den oder die übrigen Mitgesellschafter unzumutbar ist. Diesen Grundfall des Ausschlusses eines Gesellschafters aus wichtigem Grund, den grundsätzlich alle Rechtsformen kennen, sieht freilich gerade das Aktiengesetz nicht ausdrücklich vor. Es wird aber darzustellen sein, daß auch im Aktienrecht für einen Ausschluß eines Aktionärs aus wichtigem Grund ein Bedürfnis bestehen kann.[4]

Auf ein ganz anderes Feld begibt man sich dagegen, wenn für den Ausschluß Gründe angeführt werden, die außerhalb der Person des betreffenden Aktionärs liegen. Hier kann es insbesondere darum gehen, den sogenannten Minderheitsaufwand zu reduzieren, der mit dem Vorhandensein von Splitterbesitz neben einem Hauptaktionär für diesen und die Gesellschaft verbunden ist. Auch hierfür enthält aber das geltende deutsche Recht, anders als zahlreiche ausländische Aktiengesetze, bisher keine angemessene Lösung. Allerdings sieht insoweit der seit jüngstem vorliegende Referentenentwurf eines Übernahmegesetzes in seinem geplanten Artikel 6 vor, daß Minderheitsktionäre ausgeschlossen werden können, wenn der Hauptaktionär zumindest 95 % der Anteile am Grundkapital der betreffenden Aktiengesellschaft hält. Auf einen wichtigen Grund kommt es hier nicht mehr an. Diesem Ausschlußfall ist der zweite Hauptteil der vorliegenden Arbeit gewidmet.[5]

---

[3] Vgl. dazu aber noch die dagegen angeführten Bedenken unten unter § 4 B. IV. 5. (b).

[4] Eingehend dazu unten unter § 4 B. IV.

[5] Vgl. zum geplanten WÜG wie zum Ausschluß *de lege ferenda*

Die andere Seite des Spektrums schließlich ist erreicht, wenn der Mehrheitsaktionär oder auch die Verwaltung einer Gesellschaft Maßnahmen ins Werk setzt, die faktisch die mißliebige Minderheit oder einen einzelnen lästigen Aktionär aus der Gesellschaft herausdrängen sollen. Methoden und rechtliche Behandlung eines solchen *squeezeout* sind sowohl für ausländische Rechte als auch für das deutsche Recht mehrfach beschrieben worden und sollen daher in dieser Arbeit lediglich im Überblick behandelt werden.[6] Damit orientiert sich die vorliegende Bearbeitung ausschließlich an der eingesetzten Rechtsform, nicht aber an den Motiven der Beteiligten, die sich beim Einsatz beider Instrumente durchaus decken mögen.[7]

B. Gegenstand und Plan der Arbeit

Diese Arbeit verfolgt zwei Ziele: Erstens behandelt sie die *de lege lata* gegebenen Möglichkeiten des Gesellschafterauschlusses im Aktienrecht. Dies umfaßt die im Aktiengesetz selbst vorgesehenen, freilich eng begrenzten Möglichkeiten eines Gesellschafterausschlusses einschließlich ihres Einsatzes in der Praxis und die dazu gerade in der jüngeren Rechtsprechung und Literatur entwickelten Regeln.[8] Dabei wird es zunächst auf Definitionen und Verwendung einheitlicher, klarer Begriffe ankommen. Gerade in dem behandelten Bereich sind klare Abgrenzungen erforderlich und Begriffsvermengungen, insbesondere zwischen *freezeouts* und *squeezeouts*, häufig anzutreffen.
Die Arbeit kann sich in diesem ersten Hauptteil kurz fassen und sich im wesentlichen darauf beschränken, die neuere Entwicklung nachzutragen, da bereits mehrere eingehende und ausgezeichnete Bearbeitungen dieses Themenkreises, wenngleich zum Teil älteren Datums, hierzu vorliegen.[9]

---

ausführlich unter § 5 bis § 9.

[6] Siehe zum *sqeezeout* sowie zur Abgrenzung von anderen Instituten § 2.

[7] Gleichwohl werden die Gründe, die für einen Ausschluß sprechen können, unter § 3 dargestellt.

[8] Vgl. dazu unten unter § 4.

[9] So die Habilitationsschrift von Grunewald, Der Ausschluß aus Gesellschaft und Verein, Köln Berlin Bonn München 1987, sowie die Dissertation von Reinisch, Ausschluß von Aktionären aus der AG, Köln 1992. Vgl. zu all dem auch die Dissertation von Cöster, Der Ausschluß lästiger Gesellschafter, Göttingen 1994, sowie die Monographie von Hartmann, Der ausscheidende Gesellschafter in

Zweitens und in ihrem Schwerpunkt wendet sich die Arbeit dann der Untersuchung der im jüngst vorgelegten Referentenentwurf eines Übernahmegesetzes enthaltenen Regelung eines *freezeout*, eines Ausschlusses von Minderheitsaktionären durch einen hierauf gerichteten Beschluß (und im übrigen ohne wichtigen Grund in der Person des auszuschließenden Aktionärs), zu.[10]

Diesen beiden Hauptteilen der Bearbeitung wird ein erstes Kapitel vorangestellt, das sich mit der Terminologie, der Unterscheidung zwischen Austritt und Ausschluß aus der Gesellschaft sowie insbesondere mit der Abgrenzung zwischen dem hier behandelten Ausschluß (*freezeout*) vom faktischen Herausdrängen (*squeezeout*) befaßt.[11] Ein weiteres Kapitel wird sich mit dem Für und Wider eines Ausschlusses von Minderheitsaktionären beschäftigen.

---

der Wirtschaftspraxis, 4. Aufl., Köln 1983.

[10] Dazu die letzten Teile der Arbeit unter §§ 5 ff.

[11] Dazu unter § 2.

§ 2 Austritt, Herausdrängen und Abgrenzung zum Ausschluß

Eine Darstellung des Ausschlusses von Minderheitsgesellschaftern einer Aktiengesellschaft erfordert zunächst, einige für diesen Bereich maßgebliche Begriffe zu klären und zumindest kurz die Alternativen zu einem Ausschluß aufzuzeigen. Dieser Aufgabe dient der folgende Teil der Arbeit.

A. Austritt und Ausschluß

Eine erste grundsätzliche Unterscheidung betrifft das Gegenstück zum Ausschluß, nämlich den Austritt aus einer Gesellschaft. Bei einem Ausschluß, wie ihn diese Arbeit behandeln will, handelt es sich um Rechtsgeschäfte oder Handlungen, die zum Ausscheiden eines Gesellschafters führen, auch und gerade wenn sie nicht dessen Willen entsprechen (unfreiwilliges Ausscheiden). Ein solcher Ausschluß ist demnach dann gegeben, wenn eine unfreiwillige Beendigung der Mitgliedschaft auf verbandsrechtlicher Grundlage vorliegt.[1] Es handelt sich um eine Beendigung der Mitgliedschaft seitens des Verbands. Auf die Willensrichtung des Gesellschafters, der vielleicht gerade in der Gesellschaft verbleiben will, kommt es also nicht an; vielmehr entscheidet die Mehrheit über dessen zukünftiges „Mitgliedsschicksal“.

Ein Austritt hingegen hängt vom Willen des Aktionärs selber ab. Ein Austritt ist folglich lediglich in den Fällen gegeben, wo ein Ausscheiden dem Willen des Gesellschafters entspricht (freiwilliges Ausscheiden).[2] Es kann also nicht gegen den Willen des Anteilsinhabers gehandelt werden.

I. Kein allgemeines Austrittsrecht aus wichtigem Grund

Ein allgemeines Austrittsrecht aus Gründen, die ausschließlich in der Person des Gesellschafters liegen, ist allerdings für das Aktienrecht nicht vorgesehen. Zwar ist es jedem Aktionär unbenommen, seine Mitgliedschaft auf eine andere – natürliche oder juristische – Person

---

[1] So Grunewald S.1; dies. FS Claussen, S. 103, FN 1; ebenso Schindler S. 9.

[2] Vgl. zur vollständigen Dogmatik der Mitgliedschaft in diesem Sinne auch Schmidt, S. 550ff. Differenzierend Schindler, S. 4 ff.

zu übertragen, etwa durch Veräußerung der Aktie oder durch Gesamtrechtsnachfolge, mit der Rechtsfolge, daß die Mitgliedschaft in der Aktiengesellschaft für den übertragenden Aktionär endet.[3] Damit, so erscheint es, ist ein Austrittsrecht auch überflüssig.
Grunewald gibt aber zu Recht zu bedenken, daß es einem Aktionär nicht immer leicht fallen dürfte, seine Gesellschaftsanteile zu veräußern.[4] Die Mehrzahl der Aktiengesellschaften ist nicht börsennotiert.[5] Selbst an der Börse kommt es aber – beispielsweise im Segment Geregelter Markt bei fast der Hälfte aller notierten Werte – nicht selten zu keinen Umsätzen.[6] In einem solchen Fall steht einem Aktionär dann keine Möglichkeit zu Gebot, sich seiner Beteiligung – und der damit verbundenen Pflichten – zu einem angemessenen Preis zu entledigen.
Wohl auch deshalb, weil sich die aktiven Pflichten eines Aktionärs im wesentlichen in der Einlageleistung, §§ 54, 55 AktG, erschöpfen,[7] ist es einem Aktionär dennoch nicht möglich, eine gewillkürte Beendigung der Mitgliedschaft mit der Rechtsfolge, daß die Mitgliedschaft als solche erlischt, herbeizuführen. Diese besteht denn auch in den Fällen einer Übertragung der Aktien, die die Mitgliedschaft verbriefen, weiter – selbstverständlich mit der Folge der Haftung auf rückständige Einlageleistungen.

Die Zulassung eines Austrittsrechtes müßte zur Verpflichtung der Gesellschaft zur Zahlung einer Abfindung und damit letzten Endes zu einer Rückgewähr der Einlage führen, was grundsätzlich dem Prinzip der Vermögensbindung in der Aktiengesellschaft widerspricht, wie die Regelungen der §§ 57, 62 AktG verdeutlichen. Diese Vermögensbindung im Interesse der Gesellschaftsgläubiger kann nur in aufwendigen Verfahren, beispielsweise durch Kapitalherabsetzung, aufgehoben werden. Dies kommt nur unter engen Voraussetzungen, wie noch darzustellen sein wird,[8] in Betracht. Praktisch schließt dies die Zulassung eines in den sonstigen Gesellschaftsformen üblichen allgemeinen

---

[3] Vgl. Kraft / Kreutz, S. 348; Hueck, § 26 II.; Hüffer S. 289.
[4] Grunewald, FS Claussen, S. 103.
[5] Zu dieser Feststellung bereits oben § 1.
[6] Vgl. Baums, Mittelständische Unternehmen und Börse, Arbeitspapier Osnabrück 1/1996, S. 5.
[7] So Reinisch S. 55; Becker ZGR 1986, S. 385, der die Einlagepflicht als wichtigste, wenn auch nicht einzige Verpflichtung eines Aktionärs ansieht, sondern als Teil der allgemeinen Zweckförderungspflicht, vgl. S. 391.
[8] Vgl. dazu unten unter § 4 B.

Rechtsbehelfs des Austrittes, und sei es auch aus wichtigem Grund, aus. Die Forderung, ein solches Rechtsinstitut im Aktienrecht zugunsten eines jeden Aktionärs einzuführen, verstieße gegen die aktienrechtliche Kapitalbindung und wird deshalb auch seitens der Lehre nicht gestellt.[9]

Das deutsche Aktien- und Umwandlungsrecht kennt deshalb nur spezielle Austrittsrechte, die unter gewissen Voraussetzungen gegeben sind und das Prinzip der Vermögensbindung beachten. Ein allgemeines Austrittsrecht ohne wichtigen Grund ist aber im Aktienrecht nicht vorgesehen.[10]

Die speziellen Austrittsrechte sind im folgenden nur kurz zu skizzieren.

II. Austritt nach Umwandlungsrecht

Im UmwG sind in den §§ 29, 125, 176 ff., 179, 196 und 207 verschiedene Austrittsrechte für Minderheitsaktionäre vorgesehen, die durch das Spruchverfahren der §§ 305 ff. UmwG, das der Verwirklichung der jeweiligen Abfindungsansprüche der austretenden Aktionäre dienen soll, ergänzt werden. In allen diesen Fällen handelt es sich darum, daß eine Gesellschaft grundlegend umstrukturiert wird; dabei wird insbesondere dem Umstand Rechnung getragen, daß jede Rechtsformveränderung tief in die Aktionärsstellung eingreift und deshalb ein weiterer Verbleib in dem „neuen" Rechtsträger unter Umständen einzelnen Mitgliedern nicht zugemutet werden kann.[11] Es handelt sich also um Schutzvorschriften für Minderheitsbeteiligte.[12]

Da die §§ 29 ff. UmwG zur Verschmelzung in den Fällen sonstiger Umwandlung (Spaltung, Vermögensübertragung, Formwechsel) entsprechend gelten,[13] genügt an dieser Stelle ein kurzer Hinweis auf das Recht zum Austritt bei der Verschmelzung.

---

[9] Ein allgemeines Austrittsrecht unter der Bedingung, daß ein Mehrheitsaktionär über 90% des Grundkapitals einer AG hält, wird allerdings aus rechtsvergleichender Sicht befürwortet, vgl. Doralt, Forum Europaeum Konzernrecht, ZGR 1998, S. 672 ff., 740.

[10] So auch Hirte S. 176; Raiser S. 71, 72; Grunewald, FS Claussen, S. 105. Vgl. zum Austrittsrecht aus wichtigem Grund umfassend Schindler S. 80ff.

[11] So auch Lutter / Grunewald, § 29 RdNr. 2; Grunewald FS Claussen, S. 110.

[12] Vgl. zum Normzweck auch Schaub NZG 1998, S. 626; ferner Hüffer § 305 RdNr. 1.

[13] Nach § 125 UmwG gelten bei Auf- sowie Abspaltung ebenfalls die §§ 29 ff. UmwG entsprechend. Dasselbe gilt bei der Vermögensübertragung: nach §§ 176 I, 178 I, 180 I, 186 I, 188 I UmwG gilt für die Vollübertragung das

Grundsätzlich setzt ein Austrittsrecht eines Aktionärs nach §§ 29 ff. UmwG mehreres voraus:

(a) Zunächst muß nach § 29 Abs. 1 UmwG eine sogenannte Mischverschmelzung stattfinden, das heißt, daß der aufnehmende und der übertragende Rechtsträger unterschiedliche Rechtsformen aufweisen müssen. Nach § 3 UmwG sind dabei die dort genannten Rechtsträger gemeint, wobei zu beachten ist, daß auch KG und oHG als unterschiedliche Rechtsträger gelten (§ 3 Abs. 1 Nr. 1 UmwG), nicht dagegen AG und KGaA (§ 78 S. 4 UmwG). Für Genossen und Mitglieder gemeinnütziger Vereine gelten §§ 29 ff. UmwG nicht (§ 90 und § 104a UmwG).[14]
Außer dem Fall der Mischverschmelzung kommt als Tatbestandsalternative auch eine Verfügungsbeschränkung der Anteile auf Seiten des aufnehmenden Rechtsträgers in Betracht, welche gegen unbeschränkte Anteile des übertragenden Rechtsträgers eingetauscht werden.[15] Eine Verfügungsbeschränkung kann dabei jegliche Beschränkung des Anteils des Aktionärs sein, insbesondere die Verschmelzung einer Gesellschaft mit Inhaberaktien auf eine Gesellschaft mit vinkulierten Namensaktien.[16]

(b) Des weiteren ist lediglich derjenige Aktionär austrittsberechtigt, der auf der dem Verschmelzungsbeschluß zustimmenden Hauptversammlung Widerspruch zu Protokoll erklärt hat, § 29 Abs. 1 S. 1 UmwG. Dies ist aber wiederum nur dann möglich, wenn er auch zuvor dem Verschmelzungsbeschluß selbst nicht zugestimmt hat.[17]

(c) Wenn diese Voraussetzungen vorliegen, kann der dissentierende Anteilsinhaber die Annahme des Abfindungsangebotes gemäß § 31

Verschmelzungsrecht, nach §§ 177 I, 179 I, 184 I und 189 I UmwG gilt für die Teilübertragung das Recht der entsprechenden Spaltungsform. Auch die den Formwechsel betreffenden Vorschriften der §§ 207 ff. UmwG sehen den §§ 29 ff. UmwG vergleichbare Vorschriften vor, wobei die §§ 29 ff. UmwG teilweise auch kraft Verweisung direkt gelten (vgl. nur §§ 207 II sowie 208 UmwG).

[14] Vgl. zu alldem auch Lutter / Grunewald aaO; des gleichen Schaub aaO S. 626 f.

[15] Zu den Arten der Beschränkung sowie deren Reichweite vgl. Lutter/Grunewald § 29 RdNr. 3 ff.

[16] Lediglich in den Fällen, in denen die Verfügungsbeschränkungen vollkommen identisch ausgestaltet sind, wird kein Austrittsrecht gewährt, vgl. Lutter/Grunewald § 29 RdNr. 6.

[17] Ganz herrschende Auffassung in der Lehre; vgl dazu auch Widmann/Mayer/Vollrath, § 29 RdNr. 24; Lutter/Grunewald § 29 RdNr. 10.

UmwG erklären. Dieses Abfindungsangebot – für das die betreffenden Regeln des BGB für Willenserklärungen gelten[18] – muß zwingend gemäß § 29 Abs. 1 S.1 UmwG im Verschmelzungsvertrag oder dessen Entwurf enthalten sein.[19]

Der oben sub I. gegen ein allgemeines Austrittsrecht angeführte Grund – nämlich Verstoß der Abfindungszahlung gegen das Verbot der Einlagenrückgewähr, §§ 57, 62 AktG – steht in den hier betrachteten Fällen zumindest formal nicht entgegen, weil nicht der Aktionär der aufnehmenden Gesellschaft, sondern immer nur der Aktionär der übertragenden Gesellschaft gegen die Erwerbergesellschaft einen Abfindungsanspruch erwirbt, der erst dann zu befriedigen ist, wenn die Schranke des Erwerbs eigener Aktien, die § 71 AktG nennt, eingehalten wird.[20]

(d) Das sechste Buch des UmwG sieht in den §§ 305 bis 312 UmwG das sogenannte Spruchverfahren vor. Es ist, wie das ähnliche aktienrechtliche Spruchstellenverfahren nach § 306 AktG, ein Verfahren der freiwilligen Gerichtsbarkeit (§ 307 Abs. 1 UmwG bzw. § 306 Abs. 1, § 99 Abs. 1 AktG), in dem Streitigkeiten um die Bewertung der Anteile austretender Aktionäre beigelegt werden. Die Höhe der Abfindung unterliegt also gegebenenfalls gerichtlicher Kontrolle.[21]

Zu beachten ist zuletzt, daß das Spruchverfahren einen Antrag voraussetzt. Bezüglich der Antragsberechtigung zwischen den beiden in Frage kommenden Gegenständen des Verfahrens ist zu differenzieren: Geht es lediglich um die Verbesserung des Umtauschverhältnisses (vgl. §§ 15 (Auf- und Abspaltung), 176 bis 181, 184, 186 jeweils in Verbindung mit § 15 oder den Vorschriften der §§ 125, 15

---

18 Widmann/Mayer/Vollrath aaO.

19 Statt aller Schaub aaO, S. 629; er diskutiert die Frage, ob auf ein solches Abfindungsangebot unter Umständen verzichtet werden kann, da es teuer und aufwendig ist, und bejaht dies mit beachtlichen Gründen.

20 Vgl. zu Einzelheiten Lutter/Grunewald § 29 RdNr. 24 ff.

21 Das Spruch- bzw. Spruchstellenverfahren schließt dabei jegliche andere gerichtliche Geltendmachung dieses Anspruches aus. Anwendbar ist neben dem FGG teilweise noch die ZPO, so zB. über § 15 FGG; vgl. zu Einzelheiten Widmann/Mayer/Schwarz § 305 RdNr. 11 ff. Vgl. zu der Bewertung der Anteile ausführlich Hartmann S. 230 ff. sowie Großfeld, Unternehmens- und Anteilsbewertung im Gesellschaftsrecht, 3. Aufl., Köln 1994, S.3 ff.; ferner Seetzen, Spruchverfahren und Unternehmensbewertung im Wandel, WM 1999, S. 565 ff. Ausführlich dazu auch Schindler S. 121 ff.

(Vermögensübertragung) sowie § 196 (Formwechsel) des UmwG), so ist jeder antragsbefugt, der Anteilsinhaber eines der beteiligten Rechtsträger ist.[22] Geht es aber um die Kontrolle der Barabfindung durch das Gericht, so sind lediglich diejenigen Aktionäre antragsberechtigt, denen ein solches Abfindungsangebot zu machen war (§§ 29, 125, 176-181, 184, 186, jeweils in Verbindung mit § 29 bzw. § 207 UmwG), und die in der Hauptversammlung widersprochen haben oder bei denen ein gleichgestellter Fall vorlag.

Nach allem ist ersichtlich, daß einem Aktionär unter den oben ausgeführten Voraussetzungen ein Recht zusteht, entweder in der Gesellschaft zu verbleiben oder gegen Abfindung auszuscheiden und seine Mitgliedschaft damit aufzugeben. Sollte eine solche Umwandlung vorgenommen werden, so werden häufig Aktionäre vom Abfindungsrecht gegen Ausscheiden Gebrauch machen. Der Mehrheitsaktionär kann also, will er lediglich mehr Anteile an einer schon beherrschten Gesellschaft erwerben, und ist dies am freien Markt nicht möglich, auch diesen Weg über das UmwG wählen. Allerdings hat dieser notwendig eine tiefgreifende Strukturänderung zur Folge, die im Einzelfall den Interessen eines Mehrheitsaktionärs auch widersprechen mag. Überdies ist der Erfolg der Vorgehensweise – Austritt möglichst vieler Minderheitsaktionäre – keineswegs gesichert.

In allen diesen Fällen der grundlegenden Umstrukturierung ist also unter gewissen Voraussetzungen ein Austrittsrecht gegeben. Jedoch kann ein Aktionär gerade nicht von der Verwaltung oder dem Mehrheitsbeteiligten zu einem Austritt aus der Gesellschaft gezwungen werden.[23]

III. Spezielle Austrittsrechte nach Aktienrecht

Die aktienrechtliche Entsprechung zu den umwandlungsrechtlichen Austrittsrechten findet sich in §§ 291 Abs. 1, 305 Abs. 1 AktG. Bei Abschluß eines Beherrschungs- und/oder Gewinnabführungsvertrages[24], also bei rechtsgeschäftlicher Konzernierung, wird den außen-

---

[22] So Widmann/Mayer/Schwarz aaO.

[23] Vgl. zum Austrittsrecht im UmwG ausführlich Schindler S. 114 ff.

[24] Diese werden in der Praxis meist zum sog. Organschaftsvertrag verknüpft, vgl. dazu etwa Hüffer, § 291 RdNr. 23 ff.

[25] So auch Hüffer § 305 RdNr. 1.

stehenden Aktionären der später dominierten Gesellschaft ebenfalls ein Austrittsrecht sowie ein Abfindungsanspruch gewährt, § 305 Abs. 1 AktG. Auch hier findet, ebenso wie bei den im Umwandlungsgesetz geregelten Fällen, eine tiefgreifende Strukturänderung statt, die bei Gewinnabführung sogar unmittelbar in die Gewinnbeteiligungsrechte eines jeden Aktionärs eingreift.[25] Auch diese Austrittsmöglichkeit ist von verschiedenen Voraussetzungen abhängig.[26] Als Rechtsfolge wird die Mitgliedschaft gegen Gewährung eines Abfindungsanspruches vom anderen Vertragsteil übernommen, § 305 Abs. 1 AktG. Für diese Abfindung kommt – fast identisch mit der umwandlungsrechtlichen Regelung – ein Spruchstellenverfahren nach § 306 AktG in Betracht, in dessen Verlauf die Abfindung gerichtlich überprüft werden kann.[27]

Auch hier steht das Verbot der Einlagenrückgewähr der §§ 57, 62 AktG nicht entgegen, weil die betreffende Abfindung nicht von der Gesellschaft, sondern vom „Vertragspartner" – Aktionär oder herrschendes Unternehmen – zu zahlen ist, § 305 Abs. 1, was unstreitig nicht die Gesellschaft sein kann. Die Gesellschaft kann lediglich mit der Durchführung des Abfindungsgeschäftes beauftragt werden.[28]

IV. Zusammenfassung

Die knappe Betrachtung zum Austritt hat den grundlegenden Unterschied zwischen Austritt und Ausschluß deutlich werden lassen, aber auch Gemeinsamkeiten gezeigt: Der Austritt beruht auf der Entscheidung des Ausscheidenden, der Ausschluß auf der Entscheidung seiner Mitgesellschafter. Beide Verfahren beenden die Mitgliedschaft des Ausscheidenden; an deren Stelle tritt ein Abfindungsanspruch.
Gerade die Gewährung eines solchen Abfindungsanspruches wirft aber Fragen zum Umfang der Vermögensbindung in der Aktiengesellschaft auf, die sich unabhängig von Ursache und Form des Ausscheidens (Austritt oder Ausschluß) stellen. Wie die Betrachtung zum Austrittsrecht gezeigt hat, hat gerade dieses Prinzip dazu geführt, daß ein umfassendes Austrittsrecht des Aktionärs aus wichtigem Grund

---

[26] Vgl. dazu die Einzelheiten der §§ 291 bis 299 AktG.
[27] Vgl. dazu schon oben FN 21. Speziell zum Austrittsrecht im Konzernrecht ausführlich Schindler S. 109 ff.
[28] Dazu Geßler / Hefermehl / Eckardt / Kropff – Bilda, § 305 RdNr. 33ff., 36ff. sowie Hüffer aaO RdNr. 5, 9 ff.

oder gar aus freien Stücken verneint werden muß. Denn hier wäre die vom Aktienrecht geforderte Kapitalbindung, die auch durch das Verbot der Einlagenrückgewähr nach den Vorschriften der §§ 57, 62 AktG konkretisiert wird, nicht mehr zu gewährleisten.
Dieselben Bedenken werden bei der Behandlung des Ausschlußrechts, mit der sich diese Arbeit befaßt, aufzugreifen sein.

B. Herausdrängen und Ausschluß

Was den vollständigen Ausschluß angeht, ist eine Unterteilung in zwei Fallgruppen zweckmäßig und auch notwendig. Hier muß nämlich unterschieden werden zwischen dem Herausdrängen und dem Ausschluß im engeren Sinne.[29]
Das Herausdrängen wird in dieser Bearbeitung so verstanden, daß die Mehrheit (meist : ein Hauptaktionär) oder auch die Verwaltung einem Minderheitsaktionär den Verbleib in der Gesellschaft so unangenehm gestaltet, daß der Minderheitsaktionär sich – mehr oder minder freiwillig – zur Veräußerung seiner Anteile, häufig an den den Preis diktierenden Mehrheitsaktionär, entschließt. Es ist naturgemäß eine Vielzahl von Möglichkeiten denkbar, wie diese Vorgehensweise gestaltet werden kann. „Mobbing" kann tatsächlich so viele verschiedene Varianten eines Herausdrängens betreffen, daß sie kaum umfassend zu schildern sein dürften. Schon aus diesem Grund kann diese Arbeit nicht näher auf das Herausdrängen eines Mitgesellschafters eingehen.
Die folgenden, der aktuellen Presse und insbesondere der US-amerikanischen Praxis entnommenen Gestaltungen sollen deshalb nur als Beispiele für *squeezeouts* dienen. Sie sollen zugleich deutlich machen, daß die Bewältigung dieser Problem- und Konfliktsituationen vielfach heterogen sein, also kaum einheitlichen Regeln folgen dürfte, und sie

---

[29] Diese Terminologie lehnt sich an das US-amerikanische Recht an; dort wird zwischen dem sog. *freezeout*, dem formellen, juristisch-technischen Ausschluß eines Aktionärs, und dem *squeezeout*, der das tatsächliche Unliebsammachen und zum Austritt treibende Verhalten beschreibt, differenziert; vgl. dazu auch Cary/Eisenberg, S. 1168 unter FN 1, sowie Clark S. 499 / 500; so auch schon Wiedemann S. 385. Teilweise wird allerdings diese Terminologie unbewußt verwechselt oder bewußt vertauscht, dazu Clark S. 500, der auf diesem Unterschied besteht; ebenso Seiler, S. 1 FN 2; obwohl sich diese differenzierende Terminologie anderen Stimmen zufolge nicht durchgesetzt hat, vgl. dazu etwa Reinisch S. 9 FN 16. Peters BB 1999, S. 801, sieht den Unterschied dagegen in der Überschreitung des zulässigen Rahmens, was eine Eigenart des *squeezeout* sein mag, diesen jedoch kaum definiert.

sollen schließlich die Abgrenzung zum im Vordergrund dieser Arbeit stehenden *freezeout* deutlich werden lassen.
Zuvor ist aber noch auf den Unterschied zwischen Quotenverminderung, die einem Teilausschluß gleichkommt, und einem vollständigen Ausschluß hinzuweisen.

I. Quotenverminderung und vollständiger Ausschluß

Die Quotenverminderung oder Quotenverwässerung führt dazu, daß die Minderheit bestimmte, an einem Schwellenwert ihrer mitgliedschaftlichen Beteiligung (wie etwa 10%, 25% oder 50% der Aktien) anknüpfende Minderheitsrechte verliert. Das Mittel der Wahl hierfür ist die Kapitalerhöhung mit Bezugsrechtsausschluß. Die Rechtsprechung hat diesem „Teilausschluß"[30] der Minderheitsaktionäre enge Grenzen gesetzt.[31] Dieser in der vorliegenden Arbeit nicht behandelte „Teilausschluß" führt nicht dazu, daß ein Aktionär seine Mitgliedschaft insgesamt einbüßt oder (gezwungenermaßen) aufgibt, sondern führt zum Verlust mit der Innehabung eines bestimmten Aktienbesitzes verbundener Minderheitsrechte. Nicht verkannt werden darf freilich die Verwandtschaft beider Vorgänge; und nicht verkannt werden darf auch, daß sich der Teilausschluß durch Quotenverminderung häufig nur als Zwischenstufe vor dem endgültigen und vollständigen Ausschluß der Minderheit darstellen wird. Die Quotenverminderung ist insofern nichts anderes als ein notwendiger Zwischenschritt eines „Ausschlusses auf Raten". Darauf wird noch zurückzukommen sein.[32]

II. *„Going private"*

In der Presse[33] häufen sich in letzter Zeit Berichte über das sogenannte *Going private*, und auch die wissenschaftliche Literatur hat sich längst dieses Themas angenommen.[34]

---

[30] So schon Hirte S. 31.
[31] Vgl. grundlegend BGHZ 71, 40 ff. („Kali & Salz"); zum gegenwärtigen Stand etwa Hüffer, § 186 RdNr. 25 ff.
sowie Geßler/Hefermehl/Eckardt/Kropff – Bungeroth § 186 RdNr. 104.
[32] Vgl. dazu unten unter § 6 B I.
[33] Vgl. nur FAZ vom 5. Juni 2000, S. 40; FAZ vom 25. August 2000, S. 17; FAZ vom 29. August, S. 22; Der Spiegel 22 / 2000, S. 96; Handelsblatt vom 12. August 2000, S. 6.

Auch hier ist eine Begriffsklärung erforderlich. Vorauszuschicken ist, daß der Begriff *Going private*, der aus dem angelsächsischen Rechtskreis übernommen wurde, hierzulande meist ungenau gebraucht wird. Entgegen der verbreiteten Ansicht, *Going private* bezeichne allein den Totalrückzug von der Börse,[35] wird dieser Terminus jedenfalls in den USA viel weiter verstanden. *Going private* bezeichnet dort einen Vorgang, bei dem eine *publicly held corporation* in eine *closely held corporation* umgewandelt wird.[36] Das heißt folglich, daß *Going private* alles sein kann, was die Anteilseignerschaft zahlenmäßig so drastisch reduziert, daß sie überschaubar, ja „familiär" wird. Damit aber wäre beispielsweise auch die Umwandlung einer Publikumsaktiengesellschaft in eine GmbH, an der lediglich wenige Gesellschafter beteiligt sind, ebenso ein *Going private*, wie ein Ausschluß von Minderheitsaktionären gegen Barabfindung mit der Folge, daß nur noch der Mehrheitsaktionär übrig bleibt. Weil es im deutschen Recht aber bisher kein solches umfassende Recht gibt, einen Gesellschafter gegen dessen Willen auszuschließen (sogenanntes *freezeout*), dürfte sich das *Going private* in Deutschland zwar tatsächlich auf einen Totalrückzug von der Börse beschränken; genauer erscheint aber insofern die Bezeichnung als *delisting*, wenn man denn schon die angelsächsische Terminologie verwendet.[37]

---

[34] Kallmeyer AG 2000, S.59; Land/Hasselbach DB 2000, S.557; Bungert BB 2000, S. 53 ff. (zugl. Anmerkung zum Urteil des LG München I, BB 1999, S. 2634 ff.), Steck AG 1998, S. 460 ff; Klenke WM 1995, S. 1089 ff.

[35] So Land/Hasselbach aaO; Steck aaO; Schäfer/Hamann § 43 RdNr. 27; wohl ebenso Schindler S. 216f. Selbstverständlich kann auch dieser Fall ein *Going private* sein; er ist es aber nicht ausschließlich.

[36] So bereits Merkt S. 350, passim; vgl. die Definition des Begriffes auch bei Lutter/Drygala FS Kropff, S. 197. Ebenso Clark S. 500; Merkt RdNr. 1033; Gilson/Black S. 1245f.; Land/Hasselbach aaO S. 557; Vgl. auch die einleitenden Bemerkungen zum *freezeout* bei Brudney/Chirelstein S. 671 f. sowie die Fallbesprechungen S. 672 ff.

[37] Überwiegend wird auch vorerst auf das *delisting* abgestellt, welches zumindest in den USA – dann als Vorstufe für ein vollständiges *Going private* dient; vgl. Klenke WM 1995, S. 1089 ff., wohl auch Land/Hasselbach DB 2000, S. 558. Zudem wird in der Lehre zwischen einem *partial delisting* (also Rückzug von einer oder mehreren Börsen unter Verbleib an einer oder mehreren anderen; nach Steck eine *Börsenpräsenzreduktion* (aaO. S. 460, FN 1) sowie einem *downgrading* (also dem Wechsel von einem höheren in ein niedrigeres Marktsegment) differenziert; so Schwark/Geiser ZHR 1997, S. 742 ff., Radtke S. 21 ff. Zu den Problemen der Zulässigkeit eines *delisting* sowie zur gerichtlichen Kontrolle vgl. Schwark/Geiser ZHR 1997, S. 758 ff., sowie Radtke S. 29 ff., 45 ff.; Steck aaO.

Es stellt sich zunächst die Frage nach dem Sinn eines solchen *Going private*. Der umgekehrte Fall, das sogenannte *Going public*[38] ist in den letzten Jahren zu einer „normalen Option für die Entwicklung eines Unternehmens“[39] geworden. Es stellt sich die Frage, weshalb ein Unternehmen den entgegengesetzten Weg einschlagen und sich vom Kapitalmarkt zurückziehen sollte.[40]
Primär geht es dabei um Fälle, in denen die Börsennotierung nicht mehr benötigt wird, weil kein Eigenkapital mehr notwendig ist,[41] oder aber die Kosten einer Börsennotierung (die sich in den USA beispielsweise jährlich auf 60.000 bis zu 400.000 Dollar,[42] in Deutschland gar für relativ kleine Unternehmen auf siebenstellige Zahlen[43] summieren) zum Nutzen für die Gesellschaft in keinem Verhältnis stehen.
Diese Kosten entstehen beispielsweise durch Zulassungsfolgepflichten, die einen Emittenten ab Zulassung im Amtlichen Handel oder (über § 76 BörsenG) im Geregelten Markt treffen. Es handelt sich um Publikations-, Mitteilungs- und Mitwirkungspflichten etwa der §§ 44 bis 44c BörsenG; der §§ 53 ff., 63 ff. BörsenZulVO; §§ 15, 25, 26 WpHG, die alle zeitaufwendig und teuer sind und zudem eine Transparenz erfordern, die im Einzelfall den Interessen der beteiligten Gesellschafter auch widersprechen kann.[44]

Ein weiterer Grund für ein *Going private* kann auch sein, daß die Gesellschaft an den Kapitalmärkten seit Jahren unterbewertet ist, und deshalb die Gefahr einer feindlichen Übernahme bevorsteht.[45] Auf Grund chronischer Unterbewertung kann es einer Gesellschaft auch

---

[38] Auch dieser Terminus wird eigentlich zu eng verwendet; dennoch soll hier mit *Going public* der Börsengang im Sinne eines *initial public offering* (IPO) gemeint sein.
[39] Vgl. FAZ vom 05.Juni 2000, S. 40.
[40] Vgl. zu den Gründen, die für ein *Going private* sprechen, ausführlich Radtke S. 23 ff.
[41] Genauer: Eigenkapital ist für ein auf Wachstum bedachtes Unternehmen grundsätzlich immer notwendig. Dennoch kann solches auch privat – zB von den Altaktionären oder privat gewonnenen Neuinvestoren – zur Verfügung gestellt werden, oder das Wachstum wird stärker als bisher durch Fremdkapital gewährleistet.
[42] So Gilson/Black S. 1245.
[43] DER SPIEGEL 22/2000, S. 96; Handelsblatt vom 12. August 2000, S. 6.
[44] Zu Einzelheiten zu den genannten Zulassungsfolgepflichten detailliert Radtke S. 27 ff.
[45] Land/Hasselbach aaO, S. 557.

unmöglich sein, Eigenkapital aufzunehmen, so daß sich die erheblichen Kosten nicht mehr rentieren und sich die Gesellschaft (wohl meist nicht allein, sondern mit Hilfe von Investmentbanken oder Risikokapitalfonds) von der Börse zurückziehen muß.[46]

Beim *Going private* wird zudem oft auf die Verminderung der *agency costs* hingewiesen.[47] Dies sind Kosten, die eine Publikumsgesellschaft im Vergleich zur von privaten Investoren gehaltenen Gesellschaft hat, und zwar wegen der Interessengegensätze und Konflikte in der Gesellschaft.[48] So etwa besteht bei einer privat kontrollierten und gehaltenen Kapitalgesellschaft meist kein personeller Unterschied zwischen Anteilseignerschaft und Unternehmensleitung. Dies bedeutet auch, daß die Unternehmensleitung nun anders als in einer großen Publikumsgesellschaft für sich selbst arbeitet und sich deshalb auch mehr und effektiver um die Steigerung des Unternehmenswertes bemüht.[49] Durch diese Bemühungen selbst werden erneut Effektivität und der Wert des Unternehmens gesteigert.
Im übrigen fallen nach einem *Going private* die Kosten einer Börsennotierung selbst weg, die zumindest in Ländern mit hoch entwickeltem Kapitalmarkt erheblich sind.

Nach dem Dritten Finanzmarktförderungsgesetz[50] ist nun auch in § 43 Abs. 4 BörsG[51] eine Regelung zum *delisting* auf Antrag der betreffenden Gesellschaft getroffen.[52] Die Zulassung zu einem Marktsegment (Amtlicher Handel, Geregelter Markt, Freiverkehr) als begünstigender Verwaltungsakt[53] kann nun, außer von Amts wegen (vgl. §§ 43 Abs. 1 Nr. 2, 43 Abs. 3 sowie § 44d BörsG und nach dem VwVfG, vgl. § 43 Abs. 3 BörsG), auch auf Antrag der Gesellschaft rückgängig gemacht werden. Allerdings handelt es sich bei § 43 Abs. 4 BörsG um eine

---

[46] Vgl. Handelsblatt a.a.O.; DER SPIEGEL aaO; FAZ aaO.
[47] So etwa Clark S. 510, Merkt RdNr. 1046.
[48] Vgl. auch FAZ vom 05. Juni 2000, S. 40 sowie Handelsblatt vom 12. August 2000, S. 6.
[49] So Clark aaO.
[50] Drittes Finanzmarktförderungsgesetz vom 24. März 1998 (BGBl. I S. 529).
[51] Börsengesetz in der Bekanntmachung der Neufassung vom 9. September 1998 (BGBl. I S. 2682).
[52] Zu rechtsvergleichenden Hinweisen zum *delisting* vgl. Klenke WM 1995, S. 1094.
[53] So die ganz herrschende Auffassung in der Lehre, vgl. dazu nur Schäfer/Hamann § 37 RdNr. 4 sowie Schwark/Geiser, ZHR 1997, S. 752, 753.

Ermessensvorschrift, so daß für ein sicheres *delisting* auch eine Ermessensreduzierung auf Null vorliegen müßte.[54]
Zudem muß bei einem *delisting* – je nach Börsenordnung der einzelnen Börsenplätze[55] - in den meisten Fällen der Mehrheitsaktionär den Minderheitsaktionären ein Plichtangebot zur Übernahme aller Aktien zu einem Preis, der in einem angemessenen Verhältnis zum höchsten Börsenpreis der letzten sechs Monate vor Stellung des Widerrufsantrags steht, unterbreiten (§ 54a Börsenordnung der Frankfurter Wertpapierbörse, FWB, Frankfurt am Main). Da es sich dabei um eine äußerst kostspielige Maßnahme handelt, und der Widerruf nach § 54a Abs. 2 der Börsenordnung erst ein Jahr später wirksam wird, stellt dieser Weg für die Praxis keine flexible Option dar. Zudem wird bemängelt, selbst das Dritte Finanzmarktförderungsgesetz habe die Unklarheit hinsichtlich der Voraussetzungen des *delisting* nicht vollends beseitigt.[56]

Aus diesen Gründen wird in der Praxis der Weg des sogenannten *kalten delisting* vorgezogen.[57] Dieses zielt darauf ab, die Ermessensentscheidungen der Zulassungsstelle nach dem BörsG auf Null zu reduzieren.[58] So muß beispielsweise die Zulassung entzogen werden, wenn nachträglich die Voraussetzungen der Zulassung nicht mehr vorliegen.[59] Ein solcher Fall ist etwa dann gegeben, wenn eine börsennotierte Aktiengesellschaft auf eine nichtnotierte verschmolzen wird

---

[54] Bungert aaO, S. 53.

[55] Die Börsenordnungen sind Satzungen der öffentlich-rechtlichen Anstalt Börse; zugrunde gelegt wird hier exemplarisch § 54a der Börsenordnung für die Frankfurter Wertpapierbörse vom 5. August 1998. Die Frankfurter Wertpapierbörse (FWB) ist die in Deutschland wichtigste Börse und gilt als Zentralbörse neben den übrigen Regionalbörsen. Vgl. zu alldem auch Bungert BB 2000, S. 53f. sowie Klenke, WM 1995, S. 1089 (Einleitung).

[56] So etwa Steck aaO., S. 461, 462; aus Anlegerschutzgründen muß ein sogenanntes Marktentlassungsverfahren stattfinden, vgl. dazu Schäfer/Hamann, § 43 RdNr. 28, in dem die Belange der Beteiligten gegeneinander abgewogen werden, und das *delisting* auch unter Auflagen gestattet werden kann.

[57] Vgl. dazu vor allem Steck aaO; zum *delisting* allgemein – freilich allerdings noch ohne Berücksichtigung des Dritten Finanzmarktförderungsgesetzes – auch Radtke, insb. S. 39 ff., 45 ff.

[58] Dazu Schwark/Geiser ZHR 1997, S. 742 ff.

[59] Genauer: Widerrufsgrund ist vor allem die Nichterfüllung der kapitalmarktrechtlichen Emittentenpflichten (vgl. § 44 d BörsG) sowie ein voraussichtlich nicht mehr gewährleisteter ordnungsgemäßer Börsenhandel.

(§§ 2 ff. UmwG), oder eine börsennotierte Aktiengesellschaft in eine GmbH umgewandelt wird.[60]

Ist nun tatsächlich ein erfolgreiches *delisting* durchgeführt, so stehen die Minderheitsaktionäre vor folgendem Problem: Ihre Anteile sind nur noch sehr eingeschränkt handelbar und werden deshalb in aller Regel mit einem beträchtlichen Wertabschlag belegt, sollte der Eigner gewillt sein, sie zu veräußern. Um nun genau diese Wertminderung zu vermeiden, wird in der Phase vor dem endgültigen *delisting* der Mehrheitsaktionär den übrigen Anteilseignern ein Angebot zur Übernahme ihrer Anteile unterbreiten, so daß der Mehrheitsaktionär die anderen Mitgesellschafter faktisch zur Desinvestition „genötigt" hat, zumindest wenn diese nicht auf die Fungibilität ihrer Anteile verzichten wollen.

III. „Aushungern"

Der andere Weg, Kleinstbeteiligte zur Desinvestition zu bringen, ist das wirtschaftliche „Erdrücken" der Aktionäre. So wird vor allem von dem Recht, durch Beschluß über die Gewinnverwendung entscheiden zu können, in der Weise Gebrauch gemacht, daß sämtliche Gewinne ständig thesauriert und nicht an die Anteilsinhaber ausgekehrt werden.[61]

Eine andere in diesem Zusammenhang beschriebene Form ist die des in den USA oft beschriebenen sogenannten *siphoning*[62] (wörtlich: absaugen). Hierbei geht es um alle denkbaren Formen verdeckter Gewinnausschüttungen und Vermögensauszahlungen. Die Mehrheitsgesellschafter entziehen dem Gesellschaftsvermögen auf rechtsgeschäftlicher Grundlage Aktiva, ohne ihrerseits angemessene Gegenleistungen zu erbringen. Durch dieses Vorgehen wird nicht nur Bilanzgewinn und damit gleichzeitig der Gewinnanteil eines jeden Gesellschafters verkürzt, sondern auch das Vermögen der Gesellschaft geschädigt und dadurch der Liquidationsgewinnanteil jedes Aktionärs beeinträchtigt. Einzelne Gesellschafter, die demnach nicht mehr auf eine Gewinnauskehrung hoffen können, werden in der Folge dann vom Mehrheitsgesellschafter zu einem von diesem festgelegten Preis ausgekauft.

---

[60] Vgl. zu alldem ausführlich Steck aaO, S. 462 ff.

[61] Vgl. dazu schon Merkt RdNr. 1029; Cary/Eisenberg S.1168, FN 1; sowie Wiedemann S. 385.

[62] Vgl. auch Reinisch S. 10.

Diese Vorgehensweisen sind nach deutschem Aktienrecht unzulässig. Bei verdeckter Gewinnausschüttung besteht, neben Schadensersatzansprüchen, ein Anspruch auf Rückzahlung.[63] Bei einer ständigen Gewinnthesaurierung hingegen kann gemäß § 254 Abs. 1 AktG eine Minderheit, die zusammen ein Zwanzigstel des Grundkapitals hält (bzw. mit den von ihr gehaltenen Aktien einen Nennbetrag von DM 1 Million erreicht), die der Gewinnthesaurierung zugrunde liegenden Hauptversammlungsbeschlüsse anfechten und damit dann gerichtlich kontrollieren lassen, um eine „Aushungerungspolitik der Mehrheit“[64] zu verhindern.

IV. Ausnutzen von Kollektivhandlungsproblemen

Eine weitere Vorgehensweise, die im deutschen Schrifttum, soweit ersichtlich, bisher nicht vorgestellt und diskutiert worden ist, ist das Ausnutzen der fehlenden Organisation der Minderheitsbeteiligten (*collective action*) seitens des Hauptaktionärs. Gerade auf dem US-amerikanischen Markt werden diese Techniken der Ausübung von Druck oder das Inaussichtstellen eines durch den Mehrheitsaktionär beeinflußbaren Übels durchaus eingesetzt, um mißliebige Mitaktionäre aus der Gesellschaft zu drängen. Hier kommt insbesondere eine Vorgehensweise in Betracht, die in ihren Details mannigfaltig veränderbar ist: Es handelt sich um die sogenannte zweistufige Unternehmensübernahme (*two-step acquisition*[65]).

Eine solche Maßnahme kann wie folgt aussehen: Der Mehrheitsaktionär, der noch nicht über 75% des Grundkapitals und somit nicht über die für einen Verschmelzungsbeschluß nach deutschem Recht erforderliche Mehrheit verfügt oder der eine Verschmelzung nicht will, weil die Altaktionäre grundsätzlich an der neuen Gesellschaft beteiligt sind (vgl. §§ 29 ff. UmwG), bietet seinen Mitgesellschaftern die Übernahme ihrer Aktien zu einem (noch) für sie günstigen Preis an. In Frage kommt etwa der aktuelle Börsenkurs, verbunden mit einem für die Mitgesellschafter freilich verlockenden Zuschlag. Gleichzeitig aber deutet er den eventuell dissentierenden Aktionären mehr oder

---

[63] Vgl. dazu die §§ 57, 62 AktG sowie Hüffer § 57 RdNr. 8ff. und § 62 RdNr. 7ff.

[64] So ausdrücklich die Begründung zum Regierungsentwurf, abgedruckt bei Kropff, S. 340.

[65] Zu beachten ist hier wiederum die Terminologie: bei Merkt, RdNr. 1031, wird diese zweistufige Unternehmensübernahme als eine typische *freezeout*-Situation umschrieben. Es ist aber eben auch denkbar, daß dieses Vorgehen einem *squeezeout* dienen kann.

weniger deutlich an, daß sich für sie Nachteile ergeben würden, wenn sie ihre Anteile nicht auf dieses Angebot hin an ihn veräußern sollten: Die Gesellschaft werde, so die Ankündigung, nach der Übernahme der erforderlichen Mehrheit auf eine dem Mehrheitsaktionär gehörende Gesellschaft verschmolzen mit der Folge, daß das dann folgende Umtauschverhältnis für die verbliebenen Aktionäre der übertragenden Gesellschaft nachteilig, zumindest niedriger als der zuvor angebotene Übernahmepreis, sein werde.[66]

Nun ist in diesem Fall auf den ersten Blick eigentlich kein Problem für dissentierende Aktionäre entstanden: Wollen sie auf das Angebot nicht eingehen, so veräußern sie nicht und werden entsprechend ihrer Wahl nach der Verschmelzung an der neuen Gesellschaft beteiligt, § 29 ff. UmwG. Allerdings ist folgendes zu bedenken: Dadurch, daß sich die Aktionäre, die, jeder für sich genommen, lediglich Kleinstbeteiligungen halten, nicht wie *eine* Person verhalten können, und auch im Regelfall nicht koordiniert handeln können, wird ein Großteil dieser Beteiligten der drohenden Entwertung ihrer Kapitalanlage wegen schnell verkaufen wollen, um sich das „gute Angebot" nicht entgehen zu lassen, obwohl sie gemeinsam über eine Sperrminorität verfügen und ihnen der Mehrheitsaktionär deshalb an sich nichts anhaben könnte. Zudem droht nicht veräußerungswilligen Aktionären, daß sie tatsächlich mit einer geringeren Abfindung ausgeschlossen werden, und deshalb im Ernstfall ein langwieriges und kostenintensives Spruchverfahren mit aus ihrer Sicht oft unklarem Ausgang. Aus diesen Gründen wird in einem solchen Fall der „kleine" Kapitalanleger häufig einfach verkaufen. Genau dies ist freilich das Ziel des Hauptaktionärs gewesen, denn dadurch erlangt er die angestrebte qualifizierte Mehrheit (75% des Grundkapitals), so daß er die gewünschten Strukturänderungen beschließen und durchführen, beispielsweise ein *kaltes delisting*[67] durchsetzen kann, um auch noch die restlichen Aktionäre aus der Gesellschaft zu entfernen.

Eine Variation dieser *two-step acquisition* wäre denkbar, indem die Gesellschaft selbst, freilich im Rahmen der Kapitalerhaltungsvorschriften der §§ 71 ff. AktG, ein Aktienrückkaufprogramm auflegt, wiederum verbunden mit der Ankündigung des Mehrheitsaktionärs,

---

[66] Ob dies zulässig wäre, soll hier für das deutsche Recht nicht entschieden werden.
[67] Vgl. dazu bereits oben unter B. I.

daß in einem weiteren Schritt beispielsweise eine Verschmelzung auf eine ihm gehörende Gesellschaft geplant sei.
Der Mehrheitsaktionär nutzt in diesen Fällen also schlicht die Tatsache aus, daß ein Großteil der Mitgesellschafter in aller Regel keine Möglichkeit hat, ihr Verhalten zu koordinieren und ihre gemeinsamen Interessen koordiniert zu verfolgen. Wäre eine solche Kooperation dagegen möglich, so hätte der Mehrheitsaktionär gegen die ihn behindernde 25% - Beteiligung keine wirksame Handhabe.

V. Zusammenfassung und Abgrenzung

Wie die vorstehenden Beispiele des faktischen Herausdrängens von Minderheitsbeteiligten andeuten, kommt eine unüberschaubare Anzahl von Techniken in Frage, derer sich Mehrheitsgesellschafter bedienen können, um eine größere Beteiligung an der von ihnen bereits beherrschten Gesellschaft zu erlangen.[68] Es erscheint kaum möglich, alle denkbaren Vorgehensweisen nachzuzeichnen. In rechtlicher Hinsicht wirft dieser Problemkomplex insbesondere Fragen nach den Treupflichten der Gesellschafter untereinander auf. Dies ist wegen der Fülle möglicher Vorgehensweisen und der damit zusammenhängenden Rechtsfragen ein Gebiet, dessen sich eine eigene Bearbeitung annehmen müßte.

In der hier vorgelegten Bearbeitung bleibt dieser Bereich des Herausdrängens im einzelnen unbehandelt. Hier geht es vielmehr lediglich um den juristisch-technischen Ausschluß von Minderheitsbeteiligten, den sogenannten *freezeout*. Der englische Begriff des *freezeout* (wörtlich: *to freeze somebody out*, also jemanden aus dem Geschäft oder aus der Gesellschaft herausdrängen) bezeichnet allgemein Vorgehensweisen, derer sich Mehrheitsaktionäre einer Gesellschaft bedienen, um die Minderheitsaktionäre auszuschließen.[69] Dabei kommt es beim *freezeout* gerade auf die juristisch-technische Vorgehensweise an; der bisherige Mehrheitsaktionär will durch ein rechtliches Vorgehen Alleinaktionär werden. [70] Zu diesem Zweck werden die Minderheitsaktionäre – freilich auf verschiedenen Wegen – zwangsweise aus

---

[68] So auch Wiedemann S. 385, der diesen Problemkomplex ebenfalls aus oben genannten Gründen unbehandelt läßt.
[69] Vgl. Merkt RdNr. 1028; Clark S. 499.
[70] Anders beim *squeezeout;* dazu oben B.

der Gesellschaft ausgeschlossen; sie verlieren also, gegen Entschädigung, ihre Rechtsstellung als Gesellschafter.

In der US-amerikanischen Literatur wird dieses Ergebnis mit der Stellung eines Aktionärs von rückkaufbaren Vorzugsaktien (*redeemable preferred stock*) verglichen.[71] Solche Anteilscheine kann die Gesellschaft durch Ausübung ihres Rückkaufsrechtes zurückerwerben, so daß der Aktionär ebenfalls seine Gesellschafterstellung verliert. Zuzugeben ist diesem Vergleich zwar, daß sowohl bei *redeemable shares* als auch im Falle eines gesetzlich zugelassenen *freezeout* jederzeit ein Ausschluß droht, die Aktien also immer mit dieser Einschränkung versehen sind. Dennoch sind entscheidende Unterschiede zu beachten: Das Rückkaufrecht (*redemption*) ist zumindest in den USA eine zusätzliche Belastung einzelner, rückkaufbarer Aktien. Denn jedem Mitgliedschaftsrecht von Minderheitsgesellschaftern droht in den USA auf Grund der gesetzlichen Normierung verschiedenster Ausschlußtechniken ohnehin jederzeit ein Ausschluß.[72] Zudem erwirbt bei Ausübung des Rückkaufrechts die Gesellschaft die Anteile, im Falle des *freezout* dagegen der Mehrheitsaktionär, der diesen *freezeout* beschlossen hat.[73]

---

[71] So etwa Clark S. 500.

[72] Vgl. zu diesen Ausschlußtechniken im Einzelnen noch unten unter § 8.

[73] Eingehend zu *redeemable shares* aus deutscher Sicht Habersack, FS Lutter, S. 1329 ff., mit rechtsvergleichenden Hinweisen; dazu auch noch unten unter § 4 II.

§ 3 Für und Wider eines Aktionärsausschlusses

Zunächst stellt sich, bevor die einzelnen Vorgehensweisen im Detail darzustellen sind, die Frage, weshalb ein Aktionär überhaupt aus einer Aktiengesellschaft ausgeschlossen werden sollte. Eine Beteiligung, die einer natürlichen oder juristischen Person eingeräumt wurde, soll dieser nun wieder weggenommen werden. Welche Vorteile birgt ein Ausschluß von Minderheitsbeteiligten? Und welche nachteiligen Folgen sind dabei zu bedenken?

A. Allgemeines

Generell kann zunächst festgestellt werden, daß ein *freezeout*, also ein gezielter, juristisch – technischer Ausschluß von einzelnen Aktionären, wenn er gewählt wird, sicherlich in den meisten Fällen als *ultima ratio* anzusehen ist. Denn im Regelfall wird sich eine andere Möglichkeit finden, die Beteiligung von Mitaktionären zu erlangen, und sei dies auch nur eine Frage der Höhe des Angebotes, das der übernehmende Aktionär seinem auszukaufenden Mitaktionär gegenüber abgibt. Also muß es dem Mehrheitsaktionär und damit der Gesellschaft selbst im Falle eines zwangsweisen Ausschlusses wichtig sein, die Rechtsfolgen des *freezeout* eintreten zu lassen. Aus diesem Grund kann sich eine objektive Analyse der Kosten beispielsweise einer Zusammenlegung von Aktien oder einer Vermögensübertragung auf den Mehrheitsaktionär,[1] die neben den Kosten noch eine Strukturveränderung notwendig macht, im Einzelfall verbieten. So kann zum Beispiel ein Aktionärsausschluß für eine Gesellschaft auch dann sinnvoll sein, wenn er ökonomisch gesehen sinnlos zu sein scheint, wenn es beispielsweise um wirklich querulatorische Anteilseigner geht, die die Führung der Geschäfte blockieren und schlicht „Nerven" kosten.
Dieses Argument trifft freilich eher auf personalistisch geprägte Aktiengesellschaften als auf Publikumsgesellschaften zu. Zum einen ist in einer solchen, „kleinen" Aktiengesellschaft eher der Fall denkbar, daß ein Mitgesellschafter sich an den täglichen Geschäften beteiligt, zum anderen ist auf Grund der Nähe und meist persönlicher Verbundenheit der Gesellschafter untereinander eher eine Situation gegeben, die für die Gesellschaft belastend wirkt. In einer Publikumsgesellschaft wer-

[1] Zu beiden Rechtsfiguren ausführlich noch unten unter § 4.

den, abgesehen von der Erhebung unbegründeter Klagen, die meisten Aktionäre im Regelfall nicht die Möglichkeit haben, die Geschäftsführung ernsthaft und über längere Zeit zu blockieren.

Abgesehen davon ist zu betonen, daß ein Ausschluß von Mitaktionären auch für die ausgeschlossenen Gesellschafter nicht unbedingt ausschließlich negativ sein muß. Denn häufig werden für deren Aktien über dem Marktwert liegende Preise gezahlt, was für die Aktionäre natürlich einen außerplanmäßigen Vermögenszuwachs bedeutet. Zu dieser höheren Zahlung ist der Mehrheitsaktionär sicherlich auch deshalb bereit, damit ihm bei einer eventuellen späteren gerichtlichen Kontrolle nicht vorgeworfen werden kann, gegen die von der Rechtsprechung aufgestellten Maßstäbe verstoßen zu haben.[2] Diese Motive dürften jedoch für den Minderheitsaktionär keine Rolle spielen; er bekommt eine Mehrzahlung über den tatsächlichen Wert des Anteiles hinaus, was für ihn ohne weiteres positiv ist.

Die folgenden Aussagen müssen zwangsläufig sehr allgemein gehalten werden. Je nach Branche, Betrieb und Person ergeben sich unterschiedliche Vor- und Nachteile eines Ausschlusses von Aktionären;[3] demnach können Für und Wider lediglich in einer allgemeinen, generalisierenden Weise dargestellt werden.

B. Vorteile eines Ausschlusses von Mitaktionären

Es gibt mehrere Gründe, weshalb ein *freezeout*, also ein juristisch – technischer Ausschluß von Minderheitsaktionären, benutzt wird, um Mitaktionäre auszuschließen Diese folgenden Überlegungen werden auf Grund der vorherrschenden Praxis vor allem in der US-amerikanischen wissenschaftlichen Literatur diskutiert und sollen kurz vorgestellt werden.

---

[2] Vgl. Merkt aaO; zu der Beurteilung durch die Rechtsprechung vgl. zu den betreffenden Rechtsinstituten noch unten unter § 4.

[3] Eine umfassende Analyse findet sich bei Clark S. 504 ff. sowie Merkt RdNr. 1042 ff.

I. Ausschluß aus persönlichen Gründen

In Deutschland ist ein Problem bekannt, das sich kurz als tatsächlicher Mißbrauch der Aktionärsstellung beschreiben läßt. So gibt es „bundesweit bekannte Berufsaktionäre“,[4] die ihre Rechte als Gesellschafter (beispielsweise Rederecht und Stimmrecht auf der Hauptversammlung, Auskunftsrechte, aber auch Anfechtungsrechte nach § 243 AktG) insofern mißbräuchlich einsetzen, als sie diese Rechte dort ausnutzen, wo sie entweder objektiv gesehen für niemanden sinnvoll sind oder aber, wie es dann auch gewollt ist, blockierend wirken.[5] Es sind Fälle bekannt geworden, in denen sich natürliche Personen eine Aktie eines vor einer Verschmelzung mit einer anderen Gesellschaft stehenden Unternehmens gekauft haben und auf diese Weise hinsichtlich der Hauptversammlungsbeschlüsse zu Anfechtungsberechtigten im Sinne des § 243 Abs. 1 AktG wurden. Diese Personen haben dann die der Verschmelzung zugrundeliegenden Hauptversammlungsbeschlüsse angefochten, so daß der Registerrichter die Beschlüsse nicht eintragen konnte, die Verschmelzung damit nicht wirksam werden konnte und der Gesellschaft so erheblicher Image- und damit auch Kapitalverlust drohte. Diese anfechtenden Aktionäre einigten sich dann häufig mit den Vorständen der betroffenen Gesellschaften. Gegen eine „Abfindung“ zogen sie dann ihre Klagen zurück.[6]
Problematisch an solchen Fällen ist insbesondere, daß die betreffenden Aktionäre mit solchem Vorgehen nur selten rechtswidrig im Sinne des Strafrechts handeln und so schwerlich auf Unterlassen in Anspruch genommen werden können. Hier könnte ein gezielter Aktionärsausschluß ein vorteilhaftes Mittel sein, um ebensolche Aktionäre, die lediglich querulatorisch vorgehen und die Fortentwicklung der Gesellschaft unangemessen behindern, lediglich um sich selbst einen Vorteil zu sichern, auszuschließen,[7] bei allen Risiken, die eine solche „Waffe“ gegenüber zwar lästigen Aktionären, die aber berechtigte Interessen der Minderheit wahren, darstellen würde. Ein wie auch immer im Einzelnen geartetes Ausschlußrecht wäre für solche Fälle des Ausschlusses aus persönlichen Gründen also vorteilhaft.

---

[4] So Land / Hasselbach, DB 2000, S. 562.
[5] Vgl. zu „Berufsaktionären“ in Deutschland nur die Zahlen bei Baums, ZIP 2000, S. 1649ff. mit weiteren Nachweisen.
[6] Vgl. die Darstellung bei Baums aaO, S. 1651 und 1653 ff., insb. S. 1655.
[7] So auch Hoffmann – Becking, Stellungnahme, S. 2 (unter 1b).

II. Kosteneinsparung

Der wohl wichtigste Grund für einen Ausschluß von Minderheitsaktionären ist der, Kosten einzusparen. Dabei gibt es mehrere in Betracht kommende Kostenblöcke, die zu differenzieren sind.

1. „Minderheitsaufwand“

Man könnte der Auffassung sein, daß ein Mehrheitsaktionär, der über drei Viertel des Grundkapitals hält, sowieso die Gesellschaft lenken kann, ohne durch Mitgesellschafter behindert zu werden. Weshalb sollte dieser Mehrheitsaktionär also Kosten eines vollständigen Erwerbs der restlichen Anteile, die nicht in seiner Hand sind, tragen, also eigentlich Kosten verursachen? Der Grund ist gerade in der Beteiligung der Minderheit zu sehen. Der Aufwand, der zum besonderen Schutze der Minderheitsaktionäre nötig gewesen ist, ist mit deren Ausschluß und Abfindung nicht mehr notwendig.[8] Dieser Aufwand ergibt sich zum einen direkt aus den minderheitsschützenden aktienrechtlichen Vorschriften, so zum Beispiel die Informationspflichten oder die Vorschriften zur Einberufung und Durchführung der Hauptversammlung.

Zum anderen aber entsteht solcher Aufwand auch indirekt durch die Schädigungen, die ein Minderheitsaktionär hervorruft, etwa durch Erhebung unbegründeter Klagen, die die Durchsetzung geplanter Strukturmaßnahmen lediglich aufhalten.[9] Selbst wenn man Regreß beim betreffenden Aktionär nehmen könnte, was wohl ob mangelnder Beweisbarkeit eines Schädigungsvorsatzes in der Regel ausscheiden dürfte, so ist dennoch die Verzögerung, mit der beispielsweise eine strukturverändernde Maßnahme durch Klagen belastet ist, bereits eine Schädigung des Images.

Dieser Minderheitsaufwand wird durch einen Aktionärsausschluß endgültig beseitigt.

---

[8] Dazu Baums DJT, S. F 116; *ders.* in v. Rosen / Baums S. 181f.; Doralt ZGR 1998 S. 732 ff.

[9] Vgl. zu alldem Baums a.a.O.; Doralt a.a.O. Ebenso Hoffmann – Becking, Stellungnahme, S. 3 (unter c).

2. Ausschluß und *free riding*

Auch kann mit einem Ausschlußrecht verhindert werden, daß Aktionäre sogenanntes *free riding* betreiben. *Free riding* bedeutet allgemein gesprochen das Ausnutzen von Vorteilen, die andere erst möglich machen. Ein Beispiel soll dies verdeutlichen: Im Rahmen eines freiwilligen Übernahmeangebotes auf alle Aktien einer Aktiengesellschaft, das ein Mehrheitsaktionär an seine Mitgesellschafter ausgibt, wird es immer einige wenige Aktionäre geben, die lediglich den Preis für ihre Aktien durch Verweigerung der Veräußerung an den Mehrheitsaktionär in die Höhe treiben wollen, und denen es nicht auf die Gesellschafterstellung an sich ankommt.[10] Dadurch, daß alle anderen Aktionäre bereits veräußert haben und der Mehrheitsaktionär die Aktien alle erwerben will, können die *free riders* also einen sehr hohen Preis verlangen, den der Mehrheitsaktionär – solange sich der Erwerb trotz des hohen Preises für ihn betriebswirtschaftlich gesehen rechnet – zahlen wird. Anders formuliert, „der Wert der letzten noch im Fremdbesitz verbleibenden Aktie entspricht für den Erwerber dem Wert einer beliebigen anderen Aktie zuzüglich des Betrags des gesamten Minderheitsaufwands", so daß sich für jeden Aktionär der Anreiz ergibt, seine Aktie als letzter zu veräußern, um sich den höheren durch Verhandlungen mit dem Mehrheitsaktionär jedenfalls zum Teil noch zu sichern.[11] Wenn der Mehrheitsaktionär dann tatsächlich die fraglichen Anteile noch erwerben kann, so nur zu einem unverhältnismäßigen Preis.

Damit aber nutzen die dissentierenden Aktionäre eine Gegebenheit aus, um mehr zu erlangen als ihnen zusteht, und zwar auf Kosten aller übrigen Aktionäre.[12] Um diese Situation verhindern zu können, kann ein Ausschluß gegen den Willen dieser Restaktionäre sinnvoll sein. Denn die ausgeschlossenen Aktionäre erhalten dann lediglich die angemessene Abfindung für ihre Anteile, die die anderen, freiwillig veräußernden Aktionäre zuvor auch erhalten haben. Der dazu durch „Erpressung" erlangte Minderheitsaufwand muß ihnen nicht, auch nicht anteilig als Aufschlag, gezahlt werden.

---

[10] Vgl. Gilson/Black S. 1238 f.

[11] V. Rosen/Baums, S. 182.

[12] Diese Situation wird als *hold out* – Problem bezeichnet, vgl. v. Rosen/Baums aaO m. w. N.

3. Organisatorische Kosten

In der Literatur wird häufig darauf verwiesen, daß nach einem Ausschluß, der zwei Gesellschaften betrifft, also etwa bei einer Verschmelzung stattfindet, ein erheblicher Teil der Verwaltung und der Organisation wegfällt, weil diese Bereiche kostenreduzierend ebenfalls zusammengelegt werden könnten. Außerdem könnten gewisse Synergieeffekte durch den Zusammenschluß erreicht werden; so zum Beispiel bei Lagerung oder Einkauf.[13] Allerdings stellt sich hier die Frage, ob diese Effekte der Kostenreduzierung tatsächlich an dem zu Hilfe genommenen *freezeout* oder an dem *merger*, also der Verschmelzung,[14] an sich liegt. Es kann bezweifelt werden, daß ein Aktionärsausschluß dabei tatsächlich einen Unterschied macht; Synergieeffekte wie Vorteile bei schlankerer Verwaltung oder effektiveren Einkaufs sind Folge des Zusammenschlusses und nicht des Ausschlusses von Mitgesellschaftern.[15]

Ein weiterer, allerdings im Generellen gesprochen schwer zu bewertender Vorteil ist, daß eine Gesellschaft, die lediglich von einem Aktionär beherrscht wird, viel eher in der Lage ist, Geschäftsgeheimnisse und Pläne von Mitbewerbern fernzuhalten und zu bewahren und dadurch auch andernfalls eventuell benötigte Sicherungen für solche Geschäftsgeheimnisse nicht mehr benötigt werden.[16] Dies wird deutlich, wenn man sich vorstellt, daß ein Alleinaktionär eine Hauptver-

---

[13] So Merkt RdNr. 1044, 1045.

[14] Genauer: Der gesamte Bereich der Unternehmensübernahmen und –zusammenschlüsse wird im anglo-amerikanischen Raum (vor allem in der rechtsberatenden Praxis) unter dem Oberbegriff „*Mergers and Aquisitions*" (kurz M&A) zusammengefaßt. Dieser Oberbegriff faßt zwei große Bereiche zusammen, nämlich die Bereiche der *sale type combinations* – Kaufs- und Verkaufsvarianten – und der *merger type combinations* – Verschmelzungsvarianten –. Es ist jedoch dabei nach deutschem Verständnis der Unterschied zu beachten, daß im US-amerikanischen Recht der Begriff des *merger* häufig untechnisch verwandt wird. So fallen unter die Gruppe der *merger type combinations* auch Formen des Zusammenschlusses, die nicht Verschmelzungen im deutschen Rechtssinne und damit im Sinne der §§ 2 ff. UmwG sind, sondern durch andere technische Vorgehensweisen das gleiche Ergebnis erzielen. Vgl. dazu ausführlich Merkt S. 525ff. sowie erneut unten unter **§ 8**, wo auch die einzelnen *merger* – Varianten im US–amerikanischen Recht noch vorgestellt werden.

[15] So auch Clark aaO.

[16] Vgl. Clark aaO.

sammlung buchstäblich „mit sich selbst am Schreibtisch“ abhalten kann, eine Geheimhaltung wird also einfacher.
Auch die Folgekosten, die sich durch eventuelle Verstöße gegen die Sicherungsmaßnahmen ergeben, wie zum Beispiel Gerichtskosten oder – wichtiger – der Verlust von Geschäftsideen an die Mitbewerber, können so reduziert werden.

III. Tatsächliche Umstände als Rechtfertigung eines Ausschlußverlangens

Weitere Gründe, einem Mehrheitsaktionär die Möglichkeit, Mitaktionäre von der gemeinsamen Gesellschaft ausschließen zu können, zuzugestehen, sind rein praktischer Natur. So sind beispielsweise Fälle denkbar, in denen der Mehrheitsaktionär lediglich deshalb restliche Splitterbeteiligungen nicht erwerben kann, weil der Eigner dieser Beteiligungen nicht von diesen weiß;[17] sei es, daß er von einer angefallenen Erbschaft keine Kenntnis erlangt hat oder den Erwerb der Aktien vergessen hat oder sich etwa wegen schwerer Krankheit nicht mehr darum kümmern kann. Auch ein „Auswandern“ im Sinne eines kontinentübergreifenden Wohnsitzwechsels kann zu einer solchen Situation führen, daß Beteiligungen, vor allem wenn es sich um unwesentliche Beteiligungen handelt, schlicht „vergessen“ werden oder der Inhaber der Anteile nicht mehr aufzufinden ist. Will nun ein Mehrheitsaktionär die restlichen Aktien zu seiner Beteiligung hinzu erwerben, so ist ihm also aus rein tatsächlichen Gründen dieser Erwerb nicht möglich: Ein eventuelles Übernahmeangebot des Mehrheitsaktionärs an den Mitgesellschafter scheitert schon deshalb, weil der Aktionär nicht bekannt oder nicht erreichbar ist.

In solchen Fällen muß der Hauptaktionär die Möglichkeit haben, die Anteile zu erwerben; dies gilt vor allem dann, wenn keine gegenläufigen Interessen bestehen, so daß auch kein Schaden entstehen kann. Kann der Mehrheitsaktionär den unbekannten oder unerreichbaren Aktionär gegen eine angemessene Zahlung für seine Anteile abfinden, so kann, weil kein Interesse dagegen spricht, diese Abfindung ebensogut für den Aktionär bereit gehalten werden wie eine Beteiligung.

---

[17] So auch v. Rosen/Baums S. 181.

C. Nachteile eines Aktionärsausschlusses

Allerdings sind auch die negativen Seiten eines Aktionärsausschlusses nicht zu unterschätzen. Diese Nachteile sind vor allem beim ausscheidenden Minderheitsaktionär zu finden.

I. Nachteile für den ausgeschlossenen Aktionär

Die Abfindung des ausgeschlossenen Aktionärs unterliegt zunächst der Steuer, deren Entstehung er, wenn er den Zeitpunkt seines Ausscheidens nicht selbst bestimmen kann, auch nicht zeitlich so steuern kann, daß die Besteuerung ihn in einem steuerlich günstigen Zeitpunkt trifft. Durch die erzwungene Desinvestition hat der ausscheidende Gesellschafter erneute Reinvestitionskosten, wenn er das freigewordene Geld wieder investieren will. Erfahrungsgemäß dürften aber Steuer und Kosten der Reinvestition des freiwerdenden Kapitals durch die Prämie abgedeckt werden.[18]
Ebenso verhindert der Ausschluß eines Aktionärs für diesen auch, daß der Anteil an der Gesellschaft etwa vererbt und dadurch vielleicht steuerlich günstiger veräußert wird. Immerhin bedeutet auch eine bloße Steuerbelastungsverzögerung ein zinsloses Darlehen der öffentlichen Hand, so daß der Ausschluß schon deshalb für den Minderheitsaktionär nachteilig ist, weil er ihm in steuerlicher Hinsicht Spielraum nimmt.[19] Jedoch wird auch hier die Prämie, die dem Minderheitsaktionär zusätzlich zum Kurs gezahlt wird, den Preis für den Verlust des Handlungsspielraumes in aller Regel abdecken.

Keinesfalls abgedeckt von der Prämie wird das ideelle Interesse des Aktionärs, gerade an dieser Gesellschaft beteiligt zu sein. Ein solch ideelles Interesse kann man auch nicht pauschal als irrationale „Liebhaberei" des speziellen Aktionärs abtun. So kann ein Aktionär etwa, weil er dem Management persönliches Vertrauen entgegenbringt, besondere Erwartungen oder Hoffnungen in ein bestimmtes Geschäft oder eine bestimmte Strategie setzt, unbedingt an einer bestimmten Gesellschaft beteiligt sein und bleiben wollen. Jedenfalls die US-amerikanische Rechtsprechung hat bereits solche nicht lediglich finanziell motivierten Interessen als anerkennenswert honoriert.[20] Angesichts

---

[18] So Clark S. 505.
[19] Vgl. dazu auch Merkt RdNr. 1047.
[20] Vgl. Singer v. Magnavox Co., 380 A.2d 969, 977-978 (1977).

der gegenwärtigen Entwicklung der Kapitalmärkte und dem allgemeinen Bewußtsein für diese Entwicklung wird dieser Gesichtspunkt zunehmend an Bedeutung verlieren. Es dürfte in Zukunft eher nicht um eine persönliche Bindung an eine bestimmte Gesellschaft gehen, sondern vielmehr um die Investition und die Gewinnbeteiligung, also um finanzielles Kalkül gehen.

Ein weiterer Nachteil ist, daß eine „faire" Bewertung des einzelnen Anteils nur sehr schwer durchführbar ist. Eine Orientierung am Kurs kann unangemessen sein, wenn das Management der Gesellschaft den Zeitpunkt des Ausschlusses von Minderheitsaktionären bestimmt oder der ausschließende Mehrheitsaktionär über mehr Informationen als die auszuschließende Minderheit verfügt. Denn dann ist ein gezielter *freezeout* möglich, der eine momentane Kursschwäche oder Unterbewertung ausnutzt und damit unangemessene Entgelte für die Anteile der ausscheidenden Gesellschafter gezahlt werden.[21] Denkbar ist auch der Fall, daß ein Mehrheitsgesellschafter, der um eine bevorstehende erhebliche Wertsteigerung weiß, die Minderheitsgesellschafter zu einem Zeitpunkt herausdrängt, zu dem die Wertsteigerung nur Insidern bekannt ist, um die Werterhöhung selbst zu vereinnahmen.[22] Die besseren Informationsmöglichkeiten dürften immer auf Seiten des Mehrheitsaktionärs sein, so daß er den *freezeout* zu einem für ihn günstigen Zeitpunkt durchführen wird. Zu Recht wird daher beispielsweise in der US-amerikanischen Literatur gefordert, daß sich die Gerichte bei der Frage welcher Preis angemessen ist, gerade nicht zu sehr von dem vor dem Ausschluß liegenden Börsenkurs (*pre-freezeout market price*) leiten lassen, sondern unabhängige Einschätzungen der Unternehmenskraft vornehmen zu lassen.[23] Das ist auch in Deutschland zu fordern.

II. Nachteile des Ausschlusses für den Mehrheitsaktionär

Einige Nachteile können allerdings auch für den Mehrheitsaktionär gesehen werden: Dieser wird, schließt er Mitaktionäre aus, Mittel aufbringen müssen, um deren Beteiligung zu erwerben. Dieses Kapital ist im folgenden in der Gesellschaft gebunden und kann nicht für andere Investitionen seinerseits ohne weiteres liquidiert werden. Für struktur-

---

[21] Vgl. dazu auch die Analyse bei Cary/Eisenberg S. 1202 f.
[22] So Clark S. 507.
[23] Vgl. Brudney/Chirelstein S. 686 f.

verändernde Maßnahmen, sowohl während des Ausschlusses als auch danach, um eingesetztes Kapital frei zu setzen (etwa durch eine Kapitalherabsetzung) muß ebenfalls gezahlt werden.
Zudem trägt der Mehrheitsaktionär nach einem Ausschluß und Erwerb von Anteilen ein noch größeres unternehmerisches Risiko. Diese Nachteile werden allerdings durch den Mehrheitsaktionär bedacht und in aller Regel gewollt sein, so daß sie nicht ins Gewicht fallen dürften.

D. Spezielle *freezeout* – Situationen

Es lassen sich einige typische Gegebenheiten finden, die in der US-amerikanischen Literatur als *freezeout* – Situationen umschrieben werden. Dies sind solche, in denen sich ein *freezeout* auf Grund der rechtlichen und wirtschaftlichen Lage einer Gesellschaft geradezu anbieten, speziell wenn ein bestimmtes Ziel verfolgt wird.

I. Zweistufige Unternehmensübernahme

Zuerst kann ein *freezeout* dort für einen Übernahmeinteressenten sinnvoll sein, wo eine zweistufige Unternehmensübernahme (*two-step acquisition*) stattfindet. Zunächst unterbreitet der Übernahmeinteressent als natürliche oder juristische Person allen Aktionären der Zielgesellschaft ein Kaufangebot bezüglich sämtlicher von ihnen an der Zielgesellschaft gehaltener Aktien. Hat dieser Übernahmeinteressent dann eine Mehrheitsbeteiligung erreicht, so kann er in der zweiten Stufe dann durch einen Ausschluß die vorherigen dissentierenden Mitgesellschafter, die ihre Anteile nicht an den Übernehmer veräußern wollten, gegen Abfindung aus der Gesellschaft ausschließen. Die Form des Ausschlusses wird von dem Mehrheitsaktionär entsprechend seinen persönlichen Vorgaben gewählt. Für ihn steht allein die vollständige Beteiligung an der Gesellschaft im Vordergrund.
Dieser Ausschluß kommt insbesondere natürlichen Personen, die eine Gesellschaft übernehmen wollen, zugute: Ein Aktientausch zwischen ihnen und den Aktionären der Zielgesellschaft kommt bei natürlichen Personen offensichtlich nicht in Betracht, Aktien an natürlichen Personen sind rechtlich nicht möglich. Will die übernehmende Person aber Alleinaktionär werden, so muß sie sich – gleich, ob natürliche oder juristische Person – in der Praxis immer eines Aktionärsausschlusses bedienen, da es immer dissentierende Aktionäre geben wird. Welche Vorgehensweise eines Ausschlusses dabei gewählt wird, hängt von den Besonderheiten des Einzelfalles ab.

II. Der *parent-subsidiary merger*

Eine weitere Anwendungsmöglichkeit ist der *parent-subsidiary merger*,[24] also eine Übernahme der Tochter- durch die Muttergesellschaft. Will die Muttergesellschaft, aus welchen Gründen auch immer,[25] dabei eine vollständige Kontrolle an der Tochter erwerben und ist sie im Gegenzug nicht bereit, den Aktionären der Tochtergesellschaft Aktien an sich selbst im Tausch für solche der Tochter zu überlassen, so muß die Muttergesellschaft auch hier auf einen *freezeout* zurückgreifen. Ist dies geschehen, hat sie die Tochter vollständig übernommen, ohne von sich selbst Anteile an die (nun ausbezahlten) Altaktionäre der Tochter herausgegeben zu haben. Die anzuwendende Ausschlußtechnik richtet sich wiederum nach den Vorgaben des Einzelfalles.

Im deutschen Recht ist allerdings zu beachten, daß ein solches Vorgehen – anders als beispielsweise in den USA – fast nicht möglich ist. Grundsätzlich werden den Altaktionären bei solchen Umstrukturierungsmaßnahmen Aktien der „neuen" Gesellschaft oder wahlweise eine Abfindung angeboten; es handelt sich in Deutschland also um Austrittsrechte und nicht um einen gezwungenen Ausschluß.[26]

---

[24] Zum *parent-subsidiary merger* generell Clark S. 472ff; zum *freezeout* beim *parent-subsidiary merger* Clark S. 516 ff; Merkt RdNr. 1032.

[25] Zu Gründen, die für einen *freezeout* sprechen, vgl. oben unter **A.**

[26] Dazu noch unten unter **§ 4** A; einzige Ausnahme einer Umstrukturierung unter Ausschluß der Minderheit wäre die übertragende Auflösung. Vgl. dazu ebenfalls noch unter **§ 4** A II. Bei der Eingliederung dagegen wären die Minderheitsgesellschafter noch an der Hauptgesellschaft beteiligt, vgl. unten unter **§ 4** A. I.

§ 4 Der Ausschluß nach geltendem Recht

Die Arbeit befaßt sich nur mit dem Gesellschafterausschluß im Aktienrecht im engeren, technischen Sinne. Gleichwohl ist auch insoweit eine weitere Differenzierung vonnöten. Die Literatur unterscheidet zwischen dem unmittelbaren und dem mittelbaren Ausschluß.[1] Diese Unterscheidung liegt auch der vorliegenden Bearbeitung zugrunde.

Der *unmittelbare* Ausschluß meint Vorgehensweisen, die final auf einen Ausschluß des Mitglieds gerichtet sind. Die einzelnen Rechtshandlungen werden also gerade deshalb vorgenommen, um den fraglichen Aktionär aus der Gesellschaft zu entfernen, und erfüllen darüber hinaus keinerlei weiteren Zweck; lediglich der Ausschluß des Mitgliedes selbst ist das erklärte Ziel der Mitgesellschafter.[2]

Anders dagegen beim *mittelbaren* Ausschluß: Hier wird primär ein anderes Ziel verfolgt oder auch lediglich vorgeschoben. Der Ausschluß von Gesellschaftern ist lediglich eine Begleiterscheinung oder Folge. Ob diese tatsächlich gewollt oder in lediglich Kauf genommen wird, spielt keine Rolle; eine Differenzierung wird insoweit nicht mehr vorgenommen.[3] Es liegt in den Fällen mittelbaren Ausschlusses also gerade kein zielgerichtetes Handeln gegenüber dem auszuschließenden Mitglied vor.

Dieser Unterscheidung folgen auch die nachstehenden Ausführungen. Zunächst werden die möglichen Formen des mittelbaren Ausschlusses vorgestellt (dazu sogleich unter A.). Dann werden die unmittelbaren Ausschlußmöglichkeiten *de lege lata* aufgezeigt (vgl. dazu unten unter B.). Nach der generellen Darstellung der Gründe, die für einen Ausschluß sprechen, sowie etwa damit verbundener Nachteile wird dann ausführlich der *de lege ferenda* in Artikel 6 des Entwurfs eines Gesetzes zur Regelung von öffentlichen Angeboten zum Erwerb von Wertpapieren und von Unternehmensübernahmen des Bundesministeriums der Finanzen enthaltene Vorschlag eines unmittelbaren Ausschlusses,

---

[1] Vgl. dazu Wiedemann, S. 383 ff.; Grunewald S. 3; Reinisch S. 13 ff., der allerdings auf eine Sanktion abstellt.

[2] Vgl. Grunewald, S. 291.

[3] So auch Wiedemann aaO; Grunewald aaO.

der voraussichtlich im Laufe des Jahres 2001 verabschiedet werden soll, vorgestellt werden.[4]

A. Mittelbarer Ausschluß

Die in Deutschland *de lege lata* gegebenen Möglichkeiten eines mittelbaren Ausschlusses beschränken sich auf lediglich zwei gesetzlich geregelte Fälle: Die Mehrheitseingliederung nach §§ 319, 320 AktG (dazu sogleich unter I.) sowie die übertragende Auflösung nach § 179a AktG (dazu unten unter II.). Beides sind Maßnahmen, bei denen sich der Aktionärsausschluß lediglich als – gewollte oder ungewollte – mittelbare Folge ergibt.

I. Die Mehrheitseingliederung

Der erste gesetzlich normierte Fall des mittelbaren Ausschlusses eines Aktionärs betrifft die aktienrechtliche Mehrheitseingliederung nach §§ 319, 320 AktG.[5] Diese wurde als Form des Unternehmenszusammenschlusses schon 1965, mit Erlaß des AktG, eingeführt; früher also als die mit dem Umwandlungsgesetz 1994 vereinheitlichten Formen der Unternehmenszusammenschlüsse. Die Eingliederung ist wirtschaftlich betrachtet als abgeschwächte Verschmelzung auf Zeit zu verstehen; die Herrschaft der Hauptgesellschaft soll ermöglicht werden, ohne auf die Vorteile einer rechtlichen Selbständigkeit der eingegliederten Gesellschaft verzichten zu müssen.[6]

Systematisch betrachtet befindet sich die Eingliederung als Rechtsinstitut zwischen dem Beherrschungsvertrag (§§ 291 ff. AktG) und der Verschmelzung (§§ 2 ff. UmwG): Im Gegensatz zu ersterem steht bei der Eingliederung das Vermögen der eingegliederten Gesellschaft zur Disposition der Hauptgesellschaft, wobei aber, anders als bei der Verschmelzung, die Rechtspersönlichkeit der eingegliederten Gesellschaft

---

[4] Dazu eingehend unten unter § 5 bis § 9.

[5] An dieser Stelle ist sogleich anzumerken, daß die Eignung der Mehrheitseingliederung als Ausschlußtatbestand teilweise bezweifelt wird. Eine Stellungnahme zu dieser Einschätzung findet sich unten bei den Voraussetzungen der Mehrheitseingliederung.

[6] So Rodloff S. 1; Hüffer § 319 RdNr. 2; Wiedemann S. 877; Würdinger S. 313 f.

erhalten bleibt.[7] Bei einer Eingliederung wird ein Unternehmen einem anderen Unternehmen unterstellt. Es wird ein Abhängigkeitsverhältnis geschaffen, das erst durch den korporationsrechtlichen Vorgang der Eingliederung ermöglicht wird. Nach der Regierungsbegründung soll die eingegliederte Gesellschaft, kaufmännisch betrachtet, eine Betriebsabteilung der Hauptgesellschaft sein oder dieser doch zumindest nahe stehen.[8]

Die hier vor allem bedeutsame, weil allein einen Ausschlußtatbestand darstellende Mehrheitseingliederung stellt einen Sonderfall der Eingliederung dar: Für eine einfache Eingliederung wird das gesamte Grundkapital der einzugliedernden Gesellschaft in einer Hand benötigt, damit ein entsprechender Eingliederungsbeschluß gefaßt werden kann. Bei einer Mehrheitseingliederung reicht dagegen bereits eine 95%ige Beteiligung aus, um einen Beschluß der einzugliedernden Gesellschaft zur Eingliederung in die Hauptgesellschaft zu fassen.

1. Die Voraussetzungen der Eingliederung im Überblick

Für eine wirksame Eingliederung müssen mehrere Voraussetzungen erfüllt sein, die im folgenden für beide Varianten der Eingliederung (einfache und Mehrheitseingliederung) zusammenfassend kurz dargestellt werden sollen.
Zunächst muß es sich sowohl beim einzugliedernden Unternehmen als auch bei der zukünftigen Hauptgesellschaft um eine Aktiengesellschaft handeln, die beide ihren Sitz im Inland haben, obwohl § 319 Abs. 1 S.1 als auch § 320 Abs. 1 S.1 AktG dies lediglich für die zukünftige Hauptgesellschaft aussprechen.[9] Eine einzugliedernde Gesellschaft mit Sitz im Ausland unterläge nicht deutschem Recht.

Wie bereits bemerkt, müssen bei einer einfachen Eingliederung zudem alle Anteile der einzugliedernden Gesellschaft in der Hand der zukünftigen Hauptgesellschaft vereint sein, § 319 Abs. 1 AktG. Die einzugliedernde Gesellschaft muß demnach schon im Eigentum der späteren Hauptgesellschaft stehen. Bei der Mehrheitseingliederung, um

---

[7] KK/Biedenkopf-Koppensteiner, vor § 319 RdNr. 3; Geßler § 319 RdNr. 1/2; Hoffmann-Becking/Krieger, § 73 RdNr. 2.
[8] So Regierungsbegründung bei Kropff, S. 429/431; vgl. dazu auch Hüffer § 319 RdNr. 2.
[9] Vgl. Hoffmann-Becking/Krieger § 73 RdNr. 3; KK/Biedenkopf-Koppensteiner, vor § 319 RdNr. 4 sowie Nirk S. 1257, RdNr. 2577.

die es hier geht, schreibt § 320 Abs. 1 S.1 AktG vor, daß eine mindestens 95%ige Beteiligung ausreichend ist. Maßgeblich für das Vorliegen dieser Voraussetzungen ist bei Nennbetragsaktien im Sinne des § 8 II AktG der Gesamtnennbetrag, bei Stückaktien (§ 8 Abs. 3 AktG) die Gesamtzahl der gehaltenen Aktien. Eine Zurechnung über § 16 Abs. 4 AktG findet bei beiden Arten der Eingliederung nicht statt, so daß Aktien des einzugliedernden Unternehmens, die von einem anderen, von der Hauptgesellschaft abhängigen Unternehmen gehalten werden, oder für Rechnung der künftigen Hauptgesellschaft gehaltene Aktien nicht eingerechnet werden.[10]

Nach der Vorschrift des § 320 Abs. 2 AktG ist zudem eine ordnungsgemäß einberufene Hauptversammlung der einzugliedernden Gesellschaft abzuhalten, auf der den Aktionären in der durch § 320 Abs. 2 S. 1 AktG modifizierten Tagesordnung (§ 124 AktG) Firma und Sitz der zukünftigen Hauptgesellschaft mitgeteilt wird. Darüber hinaus muß den Aktionären nach Maßgabe der §§ 320 Abs. 2 S. 1 Nr. 2 bzw. 320b Abs. 1 AktG ein Abfindungsangebot für ihre Aktien, entweder in Form von Aktien der zukünftigen Hauptgesellschaft oder aber in Bargeld, gemacht werden. Die Aktionäre müssen nämlich frühzeitig entscheiden können, ob sie sich gegen die Eingliederung insgesamt, durch Anfechtung des Eingliederungsbeschlusses, wenden oder nur die Höhe der Abfindung im Spruchstellenverfahren einer gerichtlichen Kontrolle unterwerfen wollen (§ 320b Abs. 2 AktG). Aus diesem Grund ist auch ein vollständiges und konkretes Abfindungsangebot vonnöten, das heißt, es müssen die Umtauschmodalitäten sowie die Höhe der Barabfindung festgelegt sein.[11]
Sollte die Tagesordnung die verlangten Angaben nicht enthalten, so darf gemäß § 124 Abs. 4 S. 1 AktG nicht über die Eingliederung abgestimmt werden. Ein trotz dieses Verbotes gefaßter Eingliederungsbeschluß ist nach § 243 Abs. 1 AktG anfechtbar.[12] Der Beschluß der einzugliedernden Gesellschaft wird, da sich alle bzw. 95% ihrer Aktien in der Hand der Hauptgesellschaft befinden, zum bloßen Formalakt.[13]

---

[10] So Hüffer § 320 RdNr. 3; vgl. zu weiteren Details bzgl. der Aktien Hüffer aaO.
[11] Vgl. Henze RdNr. 1322; Hüffer § 320 RdNr. 7; KK/Biedenkopf-Koppensteiner § 320 RdNr. 8.
[12] So BGH AG 1974, S. 320, 322; Regierungsbegründung bei Kropff, S. 424; so auch bereits Prael, S. 110 ff. sehr ausführlich. Die Geltung der §§ 241 ff. AktG ist im übrigen unstreitig.
[13] Vgl. die Regierungsbegründung bei Kropff, S. 422.

Der zustimmende Hauptversammlungsbeschluß der zukünftigen Hauptgesellschaft bedarf in beiden Fällen der Eingliederung lediglich einer qualifizierten Mehrheit, §§ 319 Abs. 2, 320 Abs. 1 S. 3 AktG. Da im Gesetz kein Eingliederungsvertrag vorgesehen ist, wird der Vorstand der einzugliedernden Gesellschaft nicht zur Eingliederung befragt.
Nach § 320 Abs. 2 S. 2 AktG ist der Tagesordnung für die Hauptversammlung der späteren Hauptgesellschaft auch eine Erklärung über die Abfindung (§ 320 Abs. 2 S. 1 Nr. 1 AktG) beizufügen. Dies dient zugleich der frühzeitigen Information der Aktionäre über die der Gesellschaft bevorstehenden Belastungen und kann damit deren Abstimmungsverhalten beeinflussen.[14] Auch ein Verstoß gegen diese Vorschrift macht einen dennoch gefaßten Beschluß anfechtbar.[15]

Nach §§ 320 Abs. 1 S. 2, 319 Abs. 3 AktG sind zudem in beiden Fällen der Eingliederung Informationspflichten zu erfüllen. Diese Informationen sind im Geschäftsraum der zukünftigen Hauptgesellschaft von Einberufung der Hauptversammlung an auszulegen sowie gegebenenfalls als Abschrift einzelnen Aktionären zu erteilen, § 319 Abs. 3 Nr. 2 und 3 AktG. Sie umfassen den Entwurf des Eingliederungsbeschlusses, die Jahresabschlüsse und Lageberichte beider Gesellschaften der letzten drei Jahre sowie einen ausführlichen Bericht des Vorstands der zukünftigen Hauptgesellschaft, in dem der Zusammenschluß rechtlich und wirtschaftlich erläutert wird, den sogenannten Eingliederungsbericht.
Schließlich haben die Anteilsinhaber der zukünftigen Hauptgesellschaft in der Hauptversammlung Anspruch auf Auskunft über alle Angelegenheiten der einzugliedernden Gesellschaft, die im Zusammenhang mit der Eingliederung wesentlich sind, vgl. § 319 Abs. 3 S. 4 AktG.

Anders allerdings als bei der einfachen Eingliederung nach § 319 AktG ist bei der Mehrheitseingliederung eine sogenannte Pflichtprüfung vorgesehen, § 320 Abs. 3 S. 1 AktG. Diese Regelung bezweckt den Schutz der Minderheitsaktionäre bei der Mehrheitseingliederung, die gegen selbige, abgesehen von der Beschlußanfechtung bei Gesetzes- und Satzungsverstößen (§ 243 AktG), nicht vorgehen können und

---

[14] So die Regierungsbegründung bei Kropff, S. 424f.; Henze RdNr. 1322.
[15] Hoffmann-Becking/Krieger § 73 RdNr. 21; Henze RdNr. 1322; Hüffer § 320 RdNr. 9.

somit bei dieser Form der Eingliederung allein auf Abfindungsansprüche verwiesen sind, § 320b AktG. Zudem kann diese Regelung im Einzelfall das Spruchstellenverfahren nach §§ 306 f. in Verbindung mit § 320b Abs. 2 S.2 AktG entbehrlich machen oder zumindest abkürzen.[16]
Die Eingliederungsprüfer werden nach § 320 Abs. 3 S. 2 AktG vom Vorstand der zukünftigen Hauptgesellschaft bestellt. Sie haben nach §§ 320 Abs. 3 S. 3, 293d, 293e AktG die Aufgabe, das Eingliederungsvorhaben sowie den Eingliederungsbericht zu prüfen; wichtig ist dabei vor allem die Prüfung der Abfindungsregelung.[17]
Zuletzt muß die Eingliederung zur Eintragung in das Handelsregister angemeldet werden, §§ 319 Abs. 4, 320 Abs. 1 S. 2 AktG. Ist die Eingliederung eingetragen, so gilt die Eingliederung mit Eintragung als vollzogen, §§ 319 Abs. 7, 320 Abs. 1 S. 3 AktG; die Eintragung ist mithin konstitutiv. In den in § 327 AktG zwingend und erschöpfend geregelten Fällen endet die Eingliederung kraft Gesetzes.[18]

2. Sachliche Rechtfertigung als ungeschriebene Voraussetzung ?

Die vorstehenden Voraussetzungen sind bei der Eingliederung fraglos, da gesetzlich festgelegt. Umstritten ist dagegen, ob der Eingliederungsbeschluß zusätzlich einer sachlichen Rechtfertigung bedarf, also eine materielle Beschlußkontrolle in Betracht kommt, die eine Überprüfung dieser Maßnahme auf einen im Gesellschaftsinteresse liegenden Grund, auf die Erforderlichkeit und die Verhältnismäßigkeit zum Gegenstand hat.[19]
Diese Frage ist Teil der allgemeinen Diskussion, ob Grundlagenbeschlüsse, also solche, die den Abschluß von Unternehmensverträgen, Verschmelzungen, Umwandlungen und Mehrheitseingliederungen zum Gegenstand haben, allgemein einer materiellen Beschlußkon-

---

[16] So Hüffer § 320 RdNr. 10. Allerdings kann eine Eingliederungsprüfung auch unterbleiben, wenn sämtliche Aktionäre der einzugliedernden Gesellschaft wie auch der Hauptgesellschaft in öffentlich beglaubigter Verzichtserklärung auf eine solche verzichten, vgl. §§ 293a III iVm 320 III S. 3 AktG. Diese Regelung dürfte in der Praxis wohl kaum eine Rolle spielen.
[17] Vgl. zu Details Hüffer § 320 IV (RdNr. 10ff.).
[18] Hierzu detailliert Nirk S. 1270f., RdNr. 2612ff.
[19] Zur Inhaltskontrolle vgl. den generellen Überblick bei Grunewald GesR S. 290 f.; Schmidt S. 907 f.

trolle unterliegen.[20] Diese stark umstrittene Frage ist zwar für einzelne Mehrheitsbeschlüsse des Aktienrechts höchstrichterlich entschieden, nicht aber speziell für die Mehrheitseingliederung. Auch in der Lehre wird diese Frage nicht einheitlich beantwortet.

(a) Inhalts- und Treupflichtkontrolle bei Mehrheitsentscheidungen

Die Frage nach der sachlichen Rechtfertigung eines Mehrheitsbeschlusses gründet in der Problematik, ob eine Mehrheitsentscheidung generell auch eine richtige Entscheidung, ob „die formale Mehrheit auch die materiell richtige Mehrheit" darstellt.[21]
Dieses Problem stellt sich wiederum aufgrund des im Aktienrecht geltenden Mehrheitsprinzips, nach dem die Mehrheit der Minderheit einfach ohne weiteres ihren Willen aufzwingen kann. Dies kann dem Wortlaut des Gesetzes zufolge auf jegliche Art und Weise geschehen, ohne daß die Interessen der Minderheitsbeteiligten in irgendeiner Form zu berücksichtigen wären.
Diese gesetzgeberische Entscheidung wurde zunächst von der Rechtsprechung ohne weiteres hingenommen, allerdings schon bald vom Reichsgericht in Frage gestellt.[22]
Da die Mehrheit durch eine ausschließlich dem Mehrheitsprinzip folgende Entscheidung die Rechte der Minderheit aushöhlen und dies zu einer unzulässigen Verkürzung der Minderheitsrechte führen kann, muß sie, auch wenn das Gesetz für Entscheidungen (mit wenigen Ausnahmen, vgl. nur § 180 AktG) allenfalls eine qualifizierte Stimmenmehrheit des bei der Abstimmung anwesenden Grundkapitals verlangt[23], dennoch den berechtigten Belangen der Minderheit Raum lassen und darf diese nicht unnötig beeinträchtigen. Aus dieser „Treuhandposition der Mehrheit gegenüber der Minderheit"[24] ergibt sich,

---

[20] Vgl. dazu ausführlich Lutter/ders. § 13 RdNr. 31ff., m.w.N., Hüffer § 243 RdNr. 20 ff, insb. 26.
[21] Vgl. Timm ZGR 1987, S. 404.
[22] Vgl. nur RGZ 132, S. 149ff., sog. „Viktoria"-Entscheidung. Auf S. 163 führt das RG aus: *„Aus der Befugnis, im Wege des Mehrheitsbeschlusses zugleich auch für die Minderheit zu beschließen und damit mittelbar über deren in der Gesellschaft gebundene Vermögenswerte zu verfügen, ergibt sich ohne weiteres die gesellschaftliche Pflicht der Mehrheit, im Rahmen des Gesamtinteresses auch den berechtigten Belangen der Minderheit Berücksichtigung angedeihen zu lassen und deren Rechte nicht über Gebühr zu verkürzen."*
[23] Vgl. den Fall der satzungsändernden Beschlüsse des § 179 AktG.
[24] So Timm aaO., S. 405.

daß Beschlüsse der Mehrheit eben nicht lediglich einer formalen, nämlich der gesetzlichen, sondern darüber hinaus auch einer inhaltlichen Kontrolle unterliegen.[25] Diese den Mehrheitsentscheidungen immanenten Schranken werden im Schrifttum zumeist aus den gesellschafterlichen Treupflichten abgeleitet.[26] Allerdings ist hier im Einzelnen sehr streitig, welche Mehrheitsbeschlüsse welchen Anforderungen unterliegen. Obwohl Rechtsprechung und Literatur sich mit dieser Problematik seit Jahrzehnten beschäftigen, ist nach wie vor kein einheitliches Bild erkennbar.

Grundsätzlich läßt sich eine durch die Rechtsprechung bestätigte Einteilung vornehmen, die durch das wissenschaftliche Schrifttum vorbereitet wurde. Die „materielle Beschlußkontrolle" (oder „Inhaltskontrolle") wurde in der „*Kali und Salz*" – Entscheidung des Bundesgerichtshofes entwickelt.[27] Hier wird nach dem Gesellschaftsinteresse an einer Maßnahme sowie nach ihrer Verhältnismäßigkeit gefragt, wenn der Mehrheitsaktionär mit dieser wesentlich und stark in die Rechte der Minderheit eingreift.[28] Diese Berechtigung der Überprüfung wurde zunächst auf eine Analogie zu § 243 Abs. 1 AktG gestützt. Eine Inhaltskontrolle ist aber der Rechtsprechung zufolge auf einige wenige Sachverhalte beschränkt, so etwa auf den Fall des rechtsgeschäftlichen Ausschlusses des Bezugsrechts junger Aktien bei Kapitalerhöhungen durch den Mehrheitsaktionär.[29] Diese Sachkontrolle ist echte Wirksamkeitsvoraussetzung für den in Frage kommenden Mehrheitsbeschluß; sie zielt auf den Beschlußinhalt ab und fragt nach dessen Rechtfertigung.[30]

Neben diese „harte", da sehr detaillierte und an strengen Maßstäben orientierte Kontrolle hat die *Linotype* – Entscheidung des Bundesgerichtshofes[31] die sogenannte Treupflichtkontrolle analog § 243 Abs. 2

---

[25] Über diese grundlegende Frage besteht Einverständnis, vgl. Lutter ZGR 1981, S. 171 ff., Martens ZGR 1979, S. 493 ff., Timm JZ 1980, S. 665 ff., Hüffer § 243 RdNr. 22 ff., Henze FS Boujong S. 235 ff. Vgl. dazu auch ausführlich Hirte, S. 129ff. sowie Lutter ZHR 1989, S. 449 (unter III. 1.).

[26] Hierzu ausführlich Henze RdNr. 881, mit weiteren Nachweisen.

[27] BGHZ 71, S. 40 ff. Vgl. auch zu dieser Einteilung Lutter ZHR 1989, S. 448f.

[28] Im Falle „Kali+Salz" ging es um den Ausschluß des gesetzlichen Bezugsrechts für Aktien bei Kleinaktionären; vgl. die Darstellung der Entwicklung auch bei Ulmer ZGR 1999, S. 763 ff.

[29] Vgl. dazu die Nachweise bei Hüffer § 243 RdNr. 25 ff.

[30] So Willms S. 134.

[31] BGHZ 103, S. 184 ff; dazu noch detailliert unten unter II. 2.

AktG gestellt. Diese will lediglich Mißbrauchsfälle unterbinden und ist wegen des relativ unscharfen Topos der Treupflicht[32] flexibler. Sie betrifft insbesondere Fälle, die mit den gesetzlichen Instrumenten nicht zu erfassen sind, dennoch aber dem Wesen der Aktiengesellschaft widersprechen und mithin zu unterbinden sind.[33] Diese Kontrolle bewirkt gleichfalls eine Einschränkung der Mehrheitsmacht; aber die Beachtung der Treupflicht ist keine Wirksamkeitsvoraussetzung, sondern lediglich Korrektiv.[34] In den neueren Entscheidungen wird diese Kontrolle nicht mehr auf eine entsprechende Anwendung des § 243 Abs. 2 AktG, sondern vielmehr auf eine Analogie zu § 243 Abs. 1 AktG gestützt;[35] dies wohl vor allem deshalb, weil § 243 Abs. 2 AktG die Möglichkeit des „Freikaufes" durch „angemessenen Ausgleich" des den anderen Aktionären entstandenen Schadens eröffnet, die nunmehr ausgeschlossen werden soll.

Noch ist unklar, wie weit diese Kontrollen im einzelnen reichen und bei welchen Fallgestaltungen sie eingreifen.[36] Dennoch ist nicht zuletzt aufgrund der fast einhelligen Zustimmung im Schrifttum eine Rückentwicklung dieser Rechtsprechung nicht zu erwarten.[37] An dieser Stelle können nicht allgemein und in aller Breite Möglichkeiten und Schranken der Kontrolle von Mehrheitsbeschlüssen erörtert werden. Eine Diskussion der wesentlichen Gesichtspunkte, bezogen auf die Mehrheitseingliederung, muß für die Zwecke der vorliegenden Arbeit genügen.[38]

(b) Zur Inhalts- und Treupflichtkontrolle bei der Mehrheitseingliederung

Einer älteren Auffassung zufolge, die maßgeblich von *Martens* und *Wiedemann* entwickelt worden ist, soll jeder Mehrheitsbeschluß der Hauptversammlung ohne weiteres einer strengen materiellen Inhalts-

---

[32] Zur generellen gesellschaftsrechtlichen und spezifisch aktienrechtlichen Treupflicht, ihrer Entwicklung und den Voraussetzungen und Rechtsfolgen vgl. die ausführliche Darstellung bei Willms, S. 102 ff. m.w.N.

[33] Vgl. zum Verhältnis von Sachkontrolle und Rechtsmißbrauchskontrolle Willms S. 134 f.

[34] Vgl. Willms S. 135.

[35] BGHZ 138, S. 71 ff. („Sachsenmilch"); BGH WM 1999, S. 1767 („Hilgers AG").

[36] Vgl. dazu ausführlich Willms S. 118 ff.

[37] Vgl. Hüffer § 243 RdNr. 23; Baums DJT S. 41 ff., insb. S. 44.

[38] Vgl. zu einer breiteren Diskussion Willms S. 116 ff.

kontrolle unterliegen.[39] Folglich unterläge auch die Mehrheitseingliederung dem Erfordernis einer sachlichen Rechtfertigung. Diese Auffassung erscheint freilich als zu undifferenziert. So ist kein Grund dafür ersichtlich, weshalb beispielsweise ein Beschluß über eine Änderung der Firma der Gesellschaft einer strengen Inhaltskontrolle im Interesse der Minderheit unterliegen sollte. Es darf nicht übersehen werden, daß mit der Stimmabgabe jeder Aktionär primär das Schicksal seines Investments privatautonom und eigennützig mitbestimmt. Eine umfassende Pflichtbindung im Drittinteresse ist hiermit nicht vereinbar.

Zu einem anderen Ergebnis kommt hier *Zöllner*: Nach seiner Ansicht soll nur ein solcher Beschluß, der mitgliedschaftliche Rechte entzieht, den aus dem Verfassungsrecht abgeleiteten Grundsätzen der Verhältnismäßigkeit entsprechen.[40] So müßten beispielsweise Bezugsrechtsausschluß, Verschmelzung, Konzernierungen, Aktieneinziehung und eben auch die Mehrheitseingliederung sachlich kontrolliert werden.

Nach differenzierender und wohl herrschender Ansicht soll dagegen bei jedem Beschluß, der in die Rechte der Minderheit eingreift und deshalb zwar grundsätzlich der Rechtfertigung bedarf, zunächst die Frage gestellt werden, ob der Schutz der Minderheit vielleicht bereits durch das Erfordernis der qualifizierten Zustimmung sowie weiteren, „flankierenden" Schutzmaßnahmen hinreichend sichergestellt ist. Dies soll insbesondere immer dann der Fall sein, wenn das Gesetz selbst bereits eine Abwägung zu Lasten der betroffenen Minderheitsgesellschafter vorgenommen hat.[41] Nur wenn dem Gesetz selbst eine solche Abwägung zu Lasten der Minderheit nicht zu entnehmen ist, soll eine inhaltliche Kontrolle in Betracht kommen. In jedem Fall jedoch wird in einer „Prüfung der ersten Stufe" kontrolliert, ob der Beschluß er-

---

[39] So Martens FS Fischer, S. 445; Wiedemann JZ 1989, S. 447 ff. (Anmerkung zum BGH-Urteil v. 1.2.1988 – II. ZR 75 / 87, „Linotype"); ders., ZGR 1980, S. 157. Vgl. auch die Darstellung des Streitstandes in Großkomm/Wiedemann § 179 RdNr. 169 ff.

[40] So KK/Zöllner, Einleitung, RdNr. 55.

[41] Vgl. Timm ZGR 1987, S. 410, der dort umfassend die einzelnen Auffassungen in der Lehre skizziert. Weitere Differenzierungen in den Auffassungen der Lehre sind bei Willms, S. 122 ff. mit weiteren Nachweisen zu finden.

messensmißbräuchlich oder willkürlich ist oder die Beteiligten ungleich behandelt.[42]

Nach dieser Ansicht bedarf die Eingliederung keiner sachlichen Rechtfertigung. Eindeutige Mißbrauchsfälle können nur mit dem Korrektiv der Treubindung – also der oben genannten, zweiten Korrekturmöglichkeit – verhindert werden.[43]

Anzufügen bleibt, daß der Gesetzgeber diese Frage, zumindest für die Mehrheitseingliederung, im Grunde bereits selbst entschieden hat. Der Regierungsbegründung zum Aktiengesetz 1965 zufolge sollte nämlich gerade eine Eingliederung nicht daran scheitern, daß sich „noch eine kleine Minderheit von Aktien in den Händen bekannter oder unbekannter anderer Aktionäre befindet".[44]

Das bedeutet aber, daß diese notfalls auch gegen ihren Willen ausscheiden müssen. Wenn dies aber der erklärte Wille des Gesetzgebers ist, so wäre es widersprüchlich, diesen Ausschluß dann als treupflichtwidrig anzusehen, wenn das Ziel der Eingliederung darin besteht, Minderheitsaktionäre auszuschließen. Ansonsten ergäbe sich für die Mehrheitseingliederung kein sinnvoller Anwendungsbereich; diese soll es ja gerade möglich machen, gegen den Willen der Minderheitsaktionäre eine Eingliederung durchzuführen mit der Folge, daß diese ausscheiden. Es soll also auch gerade eine Minderheit ausgeschlossen werden können.

Damit benötigt der Eingliederungsbeschluß nach hier vertretener Auffassung keiner weiteren sachlichen Rechtfertigung; eine materielle Beschlußkontrolle kommt nicht in Betracht.[45]

---

[42] Lutter aaO; Hüffer aaO; Timm ZGR 1987, S. 421 ff. Wie hier ist allerdings auch die Ansicht der Rspr. des BGH zu verstehen, vgl. dazu nur Lutter/Drygala FS Kropff, S. 215 f.

[43] Vgl. nur Geßler/Hefermehl/Eckardt/Kropff – Semler, § 320 RdNr. 10ff. und Geßler/Hefermehl/Eckardt/Kropff – Grunewald § 320 RdNr. 8; Hoffmann-Becking/Krieger, § 73 RdNr. 15; Hüffer § 320b RdNr. 8 sowie § 293 RdNr. 6. Im Ergebnis ebenfalls gegen eine materielle Beschlußkontrolle ist Reinisch, S. 27, allerdings mit anderer Begründung.

[44] Vgl. den Abdruck der Begründung bei Kropff, S. 424.

[45] So auch Geßler/Hefermehl/Eckardt/Kropff – Semler, § 320 RdNr. 10 ff. und Geßler/Hefermehl/Eckardt/Kropff – Grunewald § 320 RdNr. 8; Hoffmann-Becking/Krieger, § 73 RdNr. 15; Hüffer § 320b RdNr. 8 sowie § 293 RdNr. 6 und Reinisch aaO.

3. Die Rechtsfolgen der Mehrheitseingliederung

Als Rechtsfolge normiert § 320a S. 1 AktG, daß nach der Eintragung der Mehrheitseingliederung im Handelsregister diejenigen Anteile an der einzugliedernden Gesellschaft, die sich noch nicht in den Händen der jetzigen Hauptgesellschaft befanden, kraft Gesetzes auf die Hauptgesellschaft übergehen. Gemeint sind damit die Mitgliedsrechte, so daß die eingegliederte Gesellschaft notwendig Einmann - Gesellschaft wird.[46]
Ebenfalls kraft Gesetzes entsteht für die Aktionäre, die diese Anteile bis zur Eingliederung gehalten haben, ein Abfindungsanspruch, der sie für den erlittenen Rechtsverlust entschädigen soll, § 320b AktG. Dieser Anspruch wird – sollten Aktienurkunden ausgegeben worden sein – durch die Aktienurkunden verbrieft, § 320a S. 2 AktG. Die Ansprüche entstehen kraft Gesetzes, Rechtsgeschäfte müssen nicht abgeschlossen werden.[47]
Da die einzugliedernde Gesellschaft rechtlich selbständig bleibt, begründet die Eingliederung ein Konzernverhältnis.[48]
Wesentliche Rechtsfolgen sind zudem in § 321 AktG, der den Gläubigerschutz sichert, sowie in § 322 AktG normiert, wonach die eingegliederte Gesellschaft und die Hauptgesellschaft gesamtschuldnerisch für die Verbindlichkeiten der eingegliederten Gesellschaft haften. Diese Regelungen haben hier jedoch außer Betracht zu bleiben.

Für die in unserem Zusammenhang erörterten Fragen bleibt vielmehr festzuhalten, daß diejenigen Aktionäre bei der Mehrheitseingliederung, die neben der Hauptgesellschaft am Grundkapital der einzugliedernden Gesellschaft beteiligt waren, kraft Gesetzes mit der Eintragung der Eingliederung im Handelsregister ihre Mitgliedschaft in der eingegliederten Gesellschaft gegen einen Abfindungsanspruch verlieren. In diesem Zusammenhang wird in der Literatur eingewandt, bei der Mehrheitseingliederung handele es sich nicht um einen echten Ausschlußtatbestand im Sinne eines unfreiwilligen Verlustes der Mitgliedschaft, da die Aktionäre nach § 320b Abs. 1 AktG grundsätzlich immer einen Anspruch auf Aktien an der Hauptgesellschaft haben.

---

[46] So Hüffer § 320 a RdNr. 2.
[47] So bereits Prael, S. 106 (unter G.).
[48] Vgl. zu Einzelheiten zur Eingliederung und deren Rechtsfolgen Geßler § 319 RdNr. 8; zur Klage und zum sog. Registerverfahren der §§ 319 V und VI vgl. ausführlich Hüffer § 319 RdNr. 14 ff.

Über die Abhängigkeit der eingegliederten Gesellschaft von der Hauptgesellschaft seien sie deshalb weiter sowohl wirtschaftlich und aufgrund der umfassenden Weisungsrechte nach § 323 AktG auch mittelbar rechtlich an der eingegliederten Gesellschaft beteiligt.[49] Diese Ansicht vermag bei einer differenzierenden Betrachtungsweise aber nicht zu überzeugen.

Zwischen Vorgängen, die sich auf den Ebenen der verschiedenen Gesellschaften – der eingegliederten und der Hauptgesellschaft – abspielen, ist strikt zu trennen. Zwar ist *Grunewald* zuzugeben, daß es den ausgeschiedenen Aktionären wirtschaftlich häufig gleichgültig sein dürfte, ob sie nun direkt in der Hauptversammlung der eingegliederten Gesellschaft oder über ihre Weisungsbefugnis des § 323 AktG bei der Leitung der eingegliederten Gesellschaft mitwirken. Dies ist aber nicht die entscheidende Alternative. Sondern entscheidend ist, daß die Hauptgesellschaft als Mehrheitsgesellschafterin die einzugliedernde Gesellschaft gegen den Willen der Minderheit zu einer nachgeordneten Betriebsabteilung umgestalten und die Minderheit gegen ihren Willen aus dieser ursprünglich zwar abhängigen, aber doch rechtlich und auch wirtschaftlich sehr viel selbstständigeren Gesellschaft verdrängen kann. Festzuhalten ist, daß die Aktionäre ihren Aktionärsstatus in der eingegliederten Gesellschaft kraft Gesetzes verlieren, ohne sich dagegen wehren zu können.

Man muß sich weiter vor Augen halten, daß die Aktionäre sogar ein Austrittsrecht haben, wenn die Hauptgesellschaft selbst Konzerngesellschaft ist (§ 320b Abs. 1 S.3 AktG). Selbst dieses *Austritts*recht ändert aber nichts daran, daß ebendiese Aktionäre auf Ebene der eingegliederten Gesellschaft zuvor *ausgeschlossen* wurden.[50]

Nach allem liegt also – anders als bei den sehr ähnlich strukturierten *Austritts*rechten des Aktionärs nach UmwG und AktG[51] – ein tatsächlicher *Ausschluß* vor, da sich der Aktionär nicht für einen Verbleib in der Gesellschaft entscheiden kann, sondern vielmehr kraft Gesetzes ausscheidet, § 320a AktG. Festzuhalten bleibt somit auch, daß eine

---

[49] So etwa Grunewald, S. 291.

[50] Ebenso Timm ZGR 1987, S. 436; differenzierend nochmals Reinisch, S. 25 ff., dessen Schlußfolgerung allerdings nicht deutlich wird. Vgl. dazu auch Kühn, BB 1992, S. 296, 297, der die Mehrheitseingliederung zwar auch grds. als Ausschlußtatbestand anerkennt, ebenso aber einräumt, daß diese „ im Ergebnis nicht endgültig zum Ausschluß der Minderheitsaktionäre“ führt. Dazu auch differenzierend Schindler S. 113 f. m. w. N.

[51] Dazu bereits oben unter **§ 2** B. I. 2.

Mehrheitseingliederung, die zwar nicht unmittelbar auf einen Gesellschafterausschluß abzielt, doch im Rahmen des § 320a AktG zumindest auf Ebene der eingegliederten Gesellschaft notwendig zu einem solchen führt. Es handelt sich mithin um einen Fall des gesetzlich geregelten mittelbaren Ausschlusses der Minderheitsaktionäre.

Ob dieses gesetzliche Instrument allerdings vom Mehrheitsaktionär sinnvoll dazu eingesetzt werden kann, sich von Minderheiten zu trennen, ist, von Fällen eines Rechtsmißbrauchs einmal abgesehen, zweifelhaft. Das Institut der Mehrheitseingliederung erscheint hierfür zum einen als zu kompliziert und als an zu viele Voraussetzungen gebunden. Zum anderen wird die rechtliche Struktur der eingegliederten Gesellschaft so stark verändert, daß dies Zielen des Mehrheitsaktionärs leicht widersprechen kann. Zwar ist eine umfassende Beherrschbarkeit der eingegliederten Gesellschaft durch die Hauptgesellschaft durch § 323 AktG gesichert. Dagegen mag dem Mehrheitsaktionär die Aktionärsstruktur der Hauptgesellschaft, die nunmehr auch aus den Altaktionären der Hauptgesellschaft besteht, widerstreben. Er muß insofern auch wiederum Rücksicht auf die Minderheiten in der Gesellschaft nehmen, so daß sich sein Anliegen, eine Minderheit gegen deren Willen aus der Gesellschaft auszuschließen, lediglich von der eingegliederten Gesellschaft auf die Hauptgesellschaft verlagert haben mag.

Für die Praxis stellt sich die Eingliederung also kaum als sinnvolles Instrument dar, um Minderheitsaktionäre auszuschließen; wohl auch aus diesem Grund spielt dieses Institut in diesem Zusammenhang keine größere Rolle.

II. Die „übertragende Auflösung“

Die zweite Gestaltung, die als Fall eines mittelbaren Gesellschafterausschlusses darzustellen ist, ist die sogenannte übertragende Auflösung[52] nach § 179a Abs. 3 in Verbindung mit §§ 179a Abs. 1, 179

---

[52] Diese Rechtsfigur wurde in einer jüngeren Arbeit umfassend gewürdigt; dort wurden auch Fragen angesprochen, die hier aus Platzgründen nicht diskutiert werden können. Zu verweisen ist insofern auf die Dissertation von *Willms*, Auflösung einer Kapitalgesellschaft und Vermögensübernahme durch den Mehrheitsgesellschafter oder dessen Tochtergesellschaft, Frankfurt am Main 1999.

AktG.[53] § 179a AktG, der zum 1. Januar 1995 den § 361 AktG a.F. im Zuge der Umsetzung des Gesetzes zur Bereinigung des Umwandlungsrechts (UmwBerG) mit nahezu unverändertem Wortlaut ablöste[54], regelt den Fall der Übertragung des im wesentlichen[55] gesamten Gesellschaftsvermögens. Zudem kommt ein Vorgehen nach § 179a AktG dann in Betracht, wenn eine Verschmelzung (§§ 2 ff. UmwG) aus wirtschaftlichen Gründen ausscheidet, etwa weil als Gegenleistung keine Anteile der übernehmenden Gesellschaft gewährt werden sollen oder ein grenzüberschreitender Sachverhalt vorliegt, der in Form der Verschmelzung unzulässig ist.[56]

Dem Anwendungsbereich dieser Vorschrift können zwei verschiedene Vorgehensweisen unterfallen, die allerdings im Ergebnis zu den gleichen Problemen führen.

Zum einen kann zunächst ein Auflösungsbeschluß im Sinne des § 262 Abs. 1 Nr. 2 AktG gefaßt werden, dem dann der Erwerb der Unternehmens aus der Abwicklungsmasse durch den Mehrheitsaktionär folgt.[57] Zum anderen könnte auch sofort ein Beschluß nach § 179a

---

[53] Lutter/Drygala qualifizieren diese übertragende Auflösung ebenfalls als mittelbare Ausschlußtechnik, vgl. FS Kropff, S. 201. Ebenso auch Willms S. 1f., passim.

[54] Vgl. dazu Geßler § 179a RdNr. 1 ff. und Willms S. 5 FN 16.

[55] Es besteht Einigkeit, daß die Formulierung „des ganzen Gesellschaftsvermögens" in § 179a Abs. 1 AktG auch dann gelten soll, wenn lediglich unwesentliche Bestandteile des Vermögens bei der Gesellschaft verbleiben; vgl. dazu BGHZ 83, 122, 128 („Holzmüller"); so auch bereits Geßler/Hefermehl/Eckardt/Kropff – Kropff, § 361 RdNr. 14; ferner Hüffer § 179a RdNr. 5 m.w.N. Anders aber wohl Willms S. 6, dessen Verweis auf die Holzmüller Entscheidung des BGH jedoch fehlgeht: Dieser stellt in BGHZ 83, 122, 129 lediglich fest, daß eine entsprechende Anwendbarkeit des § 361 AktG a.F. ausscheiden muß, wenn lediglich ein den Schwerpunkt bildender Unternehmensanteil, der aber das Betriebsvermögen nicht im wesentlichen erschöpft, ausgegliedert werden soll.

[56] So Geßler/Hefermehl/Eckardt/Kropff – Kropff, § 361 RdNr. 4 ff. Vgl. zur Problematik der Unzulässigkeit grenzüberschreitender Verschmelzungen nur Lutter/ders. § 1 RdNr. 5 ff. Zwar ist umstritten, ob das UmwG überhaupt auf Heraus- oder Hereinverschmelzungen anwendbar ist oder ob es lediglich eine sog. „kodifikatorische Teilregelung" darstellt. Dennoch kommen solche Vorgänge wegen mangelnder Rechtssicherheit praktisch nicht in Betracht, vgl. dazu auch die Anmerkungen von Lutter/ders. aaO RdNr. 8, der zutreffend auf das „Wohlwollen des betreffenden Registerrichters" verweist.

[57] Dieses Vorgehen wird in den USA als *dissolution freezeout* bezeichnet; vgl. dazu Clark S. 501f. sowie Merkt RdNr. 1035. Der *dissolution freezeout* ist eine in den USA nicht mehr gebräuchliche Technik, da sich dort mittlerweile beinahe in jedem Staat die Möglichkeit des sog. *cash-out merger* bietet: Mißliebige Aktionäre können im Rahmen von Unternehmensumstrukturierungen unter Verlust ihrer Mitgliedschaft schlicht mit Bargeld abgefunden werden. Vgl. dazu auch Gilson/Black S.

AktG gefaßt werden, der sowohl die Übertragung der (relevanten) Unternehmensteile auf den Mehrheitsaktionär als auch die anschließende Auflösung (nach § 179a Abs. 3 AktG) vorsieht.[58] Wie darzustellen sein wird, ist dabei in beiden Fällen nicht der Auflösungsbeschluß problematisch. Schwierig ist allein die Behandlung des das Vermögen übertragenden Beschlusses, insbesondere dann, wenn eine Vermögensübertragung auf den Mehrheitsgesellschafter stattfindet.

Dazu ist bereits eingangs zu bemerken, daß der vom Gesetzgeber gemeinte Normalfall des § 179a AktG darin besteht, daß das Gesellschaftsvermögen an einen gesellschafts*externen* Dritten übertragen wird.[59] Hier interessiert jedoch die sogenannte übertragende Auflösung wegen der Besonderheit, daß das Gesellschaftsvermögen vom Mehrheitsgesellschafter erworben wird.[60] Im wirtschaftlichen Ergeb-

---

1253 f. sowie beispielhaft die gesetzlichen Regelungen zum *cash out merger* in § 251 (b) (5) Del.Gen.Corp.Law; § 902 (a) (3) N.Y.Bus.Corp.Law; § 1101 (d) Cal.Corp.Code und § 11.01 (b) (3) RMBCA. Der *dissolution freezeout* wurde in den USA bisweilen in der Rechtsprechung wegen Verstoßes gegen das Gleichbehandlungsgebot der Aktionäre untersagt, vgl. etwa so bereits im Fall Mason v. Pewabic Mining Co. 133 U.S. 50 (1890); Zimmermann v. Tide Water Associated Oil Co., 143 P. 2d 409 (1943); aber vgl. auch Kirtz v. Grossman, 463 S.W. 2d 541 (1971) oder Rossing v. State Bank of Bode, 165 N.W. 254 (1917). Zum deutschen Recht vgl. Willms S. 13ff.

[58] Dieses Vorgehen wird in den USA als *sale-of-assets freezeout* bezeichnet; dazu generell Clark S. 501; Merkt RdNr. 1036. Allerdings wird auch hier die Zulässigkeit seitens der Gerichte aus o. g. Gründen teilweise bestritten. Ablehnend z. B. Cathedral Estates Inc. v. Taft Realty Corp., 157 F. Supp. 895 (1954); Cardiff v. Johnson, 218 P. 269 (1923); vgl. aber auch Blumenthal v. Roosevelt Hotel, Inc., 115 N.Y.2d 52 (1952): in diesem Fall reichte dem Gericht das *appraisal right* der Aktionäre zum Schutz der Aktionärsinteressen aus. Dieses sogenannte *appraisal right* – auch *appraisal remedy*, da es sich um einen Rechtsbehelf handelt – ist in den USA ein Instrument zum Schutz von Aktionären, welches meist im Falle eines *sale* oder *merger*, also bei einer Strukturänderung der Gesellschaft, Bedeutung erlangt. Gemeint ist das Recht auf Auszahlung zu einem marktgerechten Preis, der im Streitfall in einem speziellen gerichtlichen Verfahren festgestellt wird, da in den USA kein Aktionär gezwungen werden kann, seine Anteile an der Altgesellschaft in solche der Neugesellschaft einzutauschen. Das *appraisal right* ist in praktisch allen einzelstaatlichen Aktienrechten der USA – freilich mit Unterschieden und in unterschiedlichem Umfang – geregelt, vgl. nur Chapter 13 des RMBCA. Sehr ausführlich zum *appraisal right* etwa Clark S. 443 ff. Zum deutschen Recht vgl. Willms S. 5 ff.

[59] So Lutter/Leinekugel ZIP 1999, S. 263 m. w. N.

[60] Der Begriff der „übertragenden Auflösung“ ist von Lutter geprägt worden, vgl. Lutter/Drygala aaO S. 193 sowie Lutter/Leinekugel aaO S. 263, und scheint sich durchzusetzen, vgl. nur die Übernahme des Begriffs durch das BayObLG, Beschluß vom 17. September 1998 – 3Z BR 37 / 98 („MagnaMedia / WEKA“), abgedruckt in

nis trennt sich der Mehrheitsgesellschafter damit gezielt von Mitgesellschaftern mit unwesentlicher Beteiligung. Der Mehrheitsgesellschafter führt das von der Gesellschaft erworbene Unternehmen allein, in eigener Regie, fort; die Minderheitsaktionäre bleiben an der aufgelösten Altgesellschaft, deren Aktivvermögen im wesentlichen nur mehr aus dem vom Mehrheitsgesellschafter gezahlten Kaufpreis besteht, beteiligt. Im Ergebnis hat so der Mehrheitsgesellschafter die Minderheit vom Unternehmen getrennt, „ausgeschlossen", und auf einen Abfindungsanspruch verwiesen. Die rechtliche Beurteilung eines solchen Vorgehens soll im folgenden untersucht werden.

Zunächst sind aber in einem knappen Überblick die Voraussetzungen und Rechtsfolgen einer Vermögensübertragung im allgemeinen zu skizzieren.

1. Die Voraussetzungen der Vermögensübertragung

§ 179a AktG betrifft die vertragliche Verpflichtung der Aktiengesellschaft, ihr ganzes Vermögen außerhalb des UmwG zu übertragen. Die Vorschrift dient vor allem dem Aktionärsschutz, insbesondere im Hinblick auf die Verpflichtung zur Vermögensübertragung auf den Mehrheitsaktionär.[61] Dem Aktionärsschutz dienen vor allem die Mitwirkungskompetenz der Hauptversammlung und die Beschränkung der Vertretungsmacht des Vorstandes, der die Gesellschaft bei Abschluß des Verpflichtungsvertrages, wie sich aus § 179a I AktG ergibt, nicht wirksam allein, ohne Mitwirkung der Hauptversammlung, vertreten kann.[62]

Die Vermögensübertragung muß folgenden Voraussetzungen genügen:

Zunächst muß ein zustimmender Beschluß der Hauptversammlung der ihr Vermögen übertragenden Gesellschaft zum Abschluß des entsprechenden Verpflichtungsvertrages gefaßt werden; § 179a Abs. 1 S.1 AktG verweist insofern auf § 179 AktG. Zu beachten ist, daß sich die-

ZIP 1998, S. 2002ff., S. 2003, passim. Ebenso folgt nun auch das BVerfG dieser Terminologie, vgl. das Urteil 1 BvR 68/95 vom 23. August 2000, abgedruckt in ZIP 2000, S. 1670ff. und in DNotZ 2000, 868 ff. mit Anmerkung Fleischer.

[61] Vgl. dazu bereits Geßler/Hefermehl/Eckardt/Kropff – Kropff, § 361 RdNr. 3; Hüffer § 179a RdNr. 1.

[62] So auch Hüffer aaO.

se Zustimmungspflicht lediglich auf die Verpflichtung zur Übertragung, nicht auf die darauf folgenden Übertragungsgeschäfte bezieht.[63]
Wie bereits festgestellt, reicht für § 179a AktG auch aus, daß einige unwesentliche Vermögensgegenstände nach dem Verpflichtungsvertrag bei der übertragenden Gesellschaft verbleiben sollen; es besteht Einigkeit darüber, daß nicht an der Formulierung „ganzes Vermögen" zu haften ist.[64]
Zudem hat es die höchstrichterliche Rechtsprechung als ausreichend angesehen, daß der Hauptversammlung zum Zeitpunkt der Beschlußfassung ein vollständiger Vertragsentwurf vorlag. Einer notariellen Beurkundung bedarf es zu diesem Zeitpunkt noch nicht.[65] Dies ist vor allem wirtschaftlich sinnvoll, denn eine teure notarielle Urkunde wäre überflüssig, wenn die Hauptversammlung dann doch nicht zustimmt.

Die Vermögensübertragung darf ferner nach § 179a Abs. 1 S.1 AktG nicht den Vorschriften des UmwG unterfallen. Das bedeutet, daß keine Verschmelzung im Sinne der §§ 2 ff., 60 ff. UmwG, kein Sonderfall der Vermögensübertragung (§§ 174 ff., 178 ff. UmwG) und auch kein Formwechsel gemäß §§ 190 ff., 260 ff. UmwG vorliegen darf.[66]
Da im Umwandlungsrecht auch andere Schutzvorschriften zu beachten sind, ist hier eine eindeutige Trennung erforderlich.

Nach ganz überwiegender Auffassung in der Lehre und nach ständiger Rechtsprechung ist unter Zustimmung der Hauptversammlung das zu verstehen, was das allgemeine Zivilrecht vorgibt (§§ 182 ff. BGB). Es kann also sowohl eine Einwilligung wie auch eine Genehmigung seitens der Hauptversammlung erfolgen, also eine Zustimmung vor oder erst nach Abschluß des Übertragungsvertrages erteilt werden.[67]
Der Verweis auf § 179 AktG bedeutet nicht, daß diese Zustimmung eine Satzungsänderung ist. Vielmehr wird die Stimmenmehrheit des § 179 Abs. 2 AktG, nämlich die qualifizierte Mehrheit des anwesenden Grundkapitals, benötigt. Zudem muß die einfache Stimmenmehrheit des § 133 Abs. 1 AktG, also die Mehrheit der abgegebenen Stim-

---

[63] Vgl. Hüffer aaO RdNr. 4.
[64] Dazu bereits FN 55; vgl. auch Henze RdNr. 802 m.w.N.
[65] Vgl. BGHZ 82, 188, 193 f. („Hoesch / Hoogovens"); dazu auch Henze RdNr. 800 m. w. N.
[66] Vgl. dazu auch Geßler/Hefermehl/Eckardt/Kropff – Kropff, § 361 RdNr. 7; Hüffer aaO RdNr. 6.
[67] BGHZ aaO S. 193 f.; Geßler/Hefermehl/Eckardt/Kropff – Kropff aaO RdNr. 32.

men, vorliegen.[68] Andererseits ist eine Satzungsänderung meist deshalb vonnöten, weil die Übertragung des Vermögens eine Änderung des Unternehmensgegenstandes bewirkt.[69]

2. Ungeschriebene Voraussetzungen der übertragenden Auflösung ?

Die bisher dargestellten Voraussetzungen sind bei der Vermögensübertragung wie auch im Spezialfall der übertragenden Auflösung unstreitig. Nun ist aber auch hier, wie bereits bei der Mehrheitseingliederung, nicht geklärt, ob es zudem weitere, ungeschriebene Voraussetzungen gibt. Diese Frage ist in Rechtsprechung und Lehre umstritten. Namentlich ist fraglich, ob weiterer Schutz von Minderheitsaktionären, der bei der übertragenden Auflösung im Gesetz nicht vorgesehen ist, geboten ist. Verschiedene Vorschläge versuchen diesen Aktionärsschutz in die Beschlußfassung des § 179a AktG zu integrieren: Zum Teil wird wiederum verlangt, daß ein sachlicher Grund für den Beschluß gegeben sein müsse. Eine neuere Auffassung in der Lehre befürwortet eine entsprechende Anwendung der umwandlungs- und konzernrechtlichen Schutzvorschriften des UmwG und des AktG. Diese Auffassungen sollen im folgenden dargestellt werden.

Hinsichtlich der allgemeinen Diskussion der sachlichen Rechtfertigung bei Mehrheitsbeschlüssen kann auf die Darstellung bei der Mehrheitseingliederung verwiesen werden. Es ist nahezu unbestritten, daß die Mehrheitsmacht einer weiteren, ungeschriebenen Schranke zu unterwerfen ist, wie bereits dargestellt wurde.[70]
Während bei der Mehrheitseingliederung die ungeschriebene Voraussetzung eines sachlichen Grundes noch fast einhellig abgelehnt wird, ist dies bei der übertragenden Auflösung umstritten. Mit dieser Frage haben sich auch bereits mehrere Gerichte befassen müssen. Diese Entscheidungen betreffen dabei auch und insbesondere die aktuellere Auffassung, ob anstelle des unscharfen „sachlichen Grundes“ eine Analogie zu minderheitsschützenden Vorschriften des AktG oder des UmwG in Frage kommt.

---

[68] Allgemeine Auffassung; vgl. nur BGH NJW 1975, S. 212; RGZ 125, S. 359; Hüffer § 179 RdNr. 14 iVm § 179a RdNr. 11.
[69] Hüffer § 179a RdNr. 8.
[70] Vgl. dazu oben unter A. I. 2.

(a) Die Rechtsprechung zum Schutz von Minderheitsaktionären bei übertragender Auflösung

Den Beginn nahm die Rechtsprechung mit einem Urteil des BGH, in dem schlicht festgestellt wurde, daß ein Auflösungsbeschluß keines sachlichen Rechtfertigungsgrundes bedürfe.[71] Diese Entscheidung bezog sich zunächst allein auf die GmbH.
In der folgenden *Linotype* – Entscheidung des BGH[72], die als aktienrechtliche Ergänzung der vorgenannten Entscheidung gelten kann, stellte der BGH klar, daß auch eine Aktiengesellschaft jederzeit aufgelöst werden kann, ohne daß dieser Beschluß einer sachlichen Rechtfertigung bedarf.[73] Lediglich im Einzelfall könne eine solche Entscheidung als Rechtsmißbrauch seitens des Mehrheitsgesellschafters zu werten sein; eine generelle Inhaltskontrolle von Auflösungsbeschlüssen komme aber nicht in Betracht.[74] Vielmehr sei es dem Mehrheitsgesellschafter jederzeit gestattet, die Desinvestition zu betreiben; ansonsten erfahre das von diesem investierte Kapital eine Bindung, die über die vom Gesetz aufgestellten Voraussetzungen hinausginge und die auch im Gesetz keinerlei Stütze finde.[75]
Vor der Beschlußfassung durch die Hauptversammlung der übertragenden und aufzulösenden Gesellschaft hatten allerdings bereits Absprachen zwischen Vorstand und Mehrheitsaktionär stattgefunden, die diesem bindend die Möglichkeit eines Erwerbs der wesentlichen Teile des aufzulösenden Unternehmens in Aussicht stellten. Der Bundesgerichtshof sah daher in diesem Einzelfall eine mißbräuchliche Rechtsausübung: Hierin liege eine Treupflichtverletzung des Mehrheitsaktionärs, die zu einer Anfechtung entsprechend § 243 Abs. 2 AktG berechtige, weil den Minderheitsaktionären aufgrund der Absprache zumindest rechtlich die Möglichkeit genommen werde, das Unternehmen selbst zu erwerben.[76]

---

[71] So die Vorentscheidung zu *Linotype*, vgl. BGHZ 76, S. 352 ff. (= ZIP 1980, S. 275 ff.), auf Seite 353.
[72] BGHZ 103, 184 ff. (= ZIP 1988, S. 301 ff.).
[73] BGHZ aaO, S. 192.
[74] BGHZ aaO, S. 191.
[75] BGHZ aaO.
[76] BHGZ aaO, S. 193. In dieser Entscheidung erkannte der BGH erstmals auch ausdrücklich die Treupflicht zumindest des Mehrheitsaktionärs gegenüber seinen Mitgesellschaftern an, vgl. S. 194/195. Siehe dazu auch den Überblick bei Ulmer ZGR 1999, S. 766 f. sowie die Diskussion von Timm in WM 1991, S. 481 ff., sowie Lutter, Die Treupflicht des Aktionärs, ZHR 1989, S. 446 ff. und Flume ZIP 1995, S. 161 ff.

Eine Inhaltskontrolle sei dagegen nicht zu verlangen; auch sei eine Umgehung von umwandlungsrechtlichen Vorschriften, die den Schutz der Aktionäre vorsähen, wie etwa §§ 4 bis 12, 306 UmwG, nicht gegeben.[77] Denn der entscheidende Unterschied zwischen Verschmelzung und Vermögensübertragung liege darin, daß erstere – insbesondere bei Verbleib der betreffenden Aktionäre in der Gesellschaft – zu größeren finanziellen Risiken bei eben diesen Minderheitsaktionären führe, die das Gesetz durch einen Abfindungsanspruch kompensiere. Bei der Vermögensübertragung aber sei dies gerade nicht der Fall, da der Gesellschafter aus der Gesellschaft ausscheide und mithin auch keinerlei weitergehende Risiken tragen müsse. Wolle er aber dennoch für einen erlittenen Schaden Ersatz erlangen, so sei er auf eine Schadensersatzklage verwiesen. Eine analoge Anwendung der verschmelzungsrechtlichen Regelungen sei jedenfalls nicht angebracht.[78]

Damit scheint die Meinung des Bundesgerichtshofes deutlich zu sein: der Auflösungsbeschluß bedarf grundsätzlich zu seiner Wirksamkeit keines sachlichen Grundes; eine materielle Beschlußkontrolle scheidet aus. Mißbräuchliche Einzelfälle sind durch die Treupflicht – die aber paradoxerweise für eine häufig in der Lehre vertretene Auffassung die Notwendigkeit der sachlichen Rechtfertigung des Beschlusses begründen soll[79] – zu korrigieren, die im Einzelfall ein Anfechtungsrecht analog § 243 Abs. 2 AktG geben soll.[80] Die minderheitsschützenden Normen aus dem Aktienkonzernrecht wie dem Umwandlungsrecht können mangels vergleichbarer Schutzwürdigkeit der Minderheitsbeteiligten nicht angewendet werden. Zahlreiche obergerichtliche Entscheidungen haben diese Grundsätze bestätigt, wenn auch teilweise eingeschränkt.
Zunächst entschied das Oberlandesgericht Düsseldorf einen Fall, in dem es dem Bundesgerichtshof auf ganzer Linie folgte.[81] Das Oberlandesgericht Stuttgart ging in den Gründen seines knapp drei Wochen

---

[77] BGHZ aaO, S. 186 ff.
[78] Vgl. zu all dem BGHZ aaO, S. 187 bis 189.
[79] Vgl. Timm JZ 1980, S. 667; ders. ZGR 1987, S. 408 mit allen Nachweisen.
[80] Nunmehr § 243 I analog. Es soll also nicht die „harte" Kali+Salz – Kontrolle, sondern die Treupflichtkontrolle eingreifen.
[81] OLG Düsseldorf, Urteil vom 9. Dezember 1993 (6 U 2/93), abgedruckt in WM 1994, S. 337 ff. Vgl. zu diesem Urteil vor allem Henze FS Boujong, S. 234 ff.

später verkündeten Urteils[82] nicht ganz so weit wie der Bundesgerichtshof: Während dieser im *Linotype* – Fall nur festgestellt hatte, die Absprache des Vorstandes und des Mehrheitsaktionärs sei deshalb unzulässig, weil diese den Aktionären die *rechtliche* Möglichkeit nehme, mit dem Mehrheitsbeteiligten um den Erwerb des Unternehmens zu konkurrieren, verlangte das Oberlandesgericht Stuttgart, es sei darüberhinaus erforderlich, daß die Minderheitsaktionäre die *tatsächliche* Möglichkeit hätten, dieses zu erwerben.[83] Es könne nicht richtig sein, daß sich Minderheitsaktionäre auf eine Treupflichtverletzung der Mehrheit berufen könnten, wenn sie selbst nicht die Mittel aufbringen könnten, um an dem Ergebnis des Vorganges – nämlich der Veräußerung an den Mehrheitsaktionär – etwas zu ändern.[84] Zudem entfalle der Treupflichtverstoß, wenn die Übernahme des Unternehmens durch den Mehrheitsaktionär dem Interesse der Gesellschaft entspreche und jedenfalls zu keinem Schaden der Gesellschafter führe.[85]

Zu beachten ist, daß der Bundesgerichtshof die Annahme der Revision zu diesem Urteil ablehnte. Außerdem stimmte ein Literat aus Kreisen des Gerichtes diesem Urteil zu,[86] so daß es naheliegt, daß der Bundesgerichtshof mit dem Oberlandesgericht Stuttgart übereinstimmte und so wohl der Revision keine Erfolgsaussichten zudachte.[87]

Die darauf folgenden Entscheidungen weiterer Gerichte stellen auf Folgeprobleme ab; hierbei geht es vor allem um die entsprechende Anwendbarkeit umwandlungs- oder konzernrechtlicher Vorschriften. Die Frage zumindest nach dem sachlichen Grund scheint nach all dem „erledigt“.[88]

---

[82] OLG Stuttgart, Urteil vom 21. Dezember 1993 (10 U 48/93), abgedruckt in ZIP 1995, S. 1515 ff. Dieses Urteil hat ebenso wie das *Linotype*-Urteil des BGH Berühmtheit erlangt; es wird unter dem Namen „MotoMeter I“ diskutiert.

[83] OLG Stuttgart ZIP 1995, S. 1519.

[84] OLG Stuttgart aaO.

[85] OLG Stuttgart aaO, S. 1520.

[86] Vgl. nur Henze in ZIP 1995, S. 233 ff.

[87] So ebenfalls Lutter/Drygala, FS Kropff, S. 193/195.

[88] So wird auch seitens der Lehre lediglich zu einem neueren Urteil eines OLG bemerkt, es habe „wenig überraschend“ festgestellt, daß ein sachlicher Grund nicht vorhanden sein müsse, wie der BGH auch bereits in zwei Entscheidungen festgestellt habe; vgl. Lutter/Drygala FS Kropff S. 194. Die Diskussion beschränkt sich in neuerer Zeit eher auf die Frage der Analogie zu UmwG und Aktienkonzernrecht.

In der *„MotoMeter II“* genannten Entscheidung des Oberlandesgerichtes Stuttgart[89] hat dieses, dem Bundesgerichtshof (*„Linotype“*) folgend, festgestellt, daß eine analoge Anwendung der minderheitsschützenden Vorschriften über Spruchverfahren des Aktienkonzern- und Umwandlungsrechtes (§§ 306 AktG, 305 UmwG) und die formellen, den Hauptversammlungsbeschluß vorbereitenden Vorschriften der §§ 4 – 12 UmwG für einen Beschluß nach § 179a AktG nicht in Betracht kommt.
Es stellt, ebenso wie der Bundesgerichtshof, darauf ab, daß die betroffenen Minderheitsaktionäre nicht schutzwürdig seien, da in Fällen des § 179a AktG eine andere Sachlage gegeben sei. Bei Verschmelzung, Eingliederung und Umwandlung bestehe die betroffene Gesellschaft nicht mehr in gleicher Rechtsform weiter. Eine durch Auflösungsbeschluß aufgelöste Gesellschaft lebe dagegen in Form der Gesellschaft in Liquidation fort, so daß die Minderheitsaktionäre weiterhin an dieser beteiligt seien und auch Ansprüche auf Anteile am Liquidationserlös hätten. Demzufolge sei eine analoge Anwendbarkeit mangels vergleichbaren Sachverhaltes ausgeschlossen.[90] Die gesetzliche Wertung, daß keine Kontrolle im Spruchverfahren gewährt werde, verstoße auch nicht gegen Verfassungsrecht.[91]

Das nächste Gericht, das sich mit der Frage der entsprechenden Anwendbarkeit der oben genannten Normen des AktG und des UmwG zu beschäftigen hatte, war das Bayrische Oberste Landesgericht. In seinem Beschluß, der unter dem Namen *„MagnaMedia / WEKA“* bekannt wurde[92], stellte dieses ebenso wie die anderen Gerichte fest, daß die ausscheidenden Aktionäre lediglich durch Anfechtungsklagen nach §§ 243 ff. AktG ihre Rechte wahren können. Zunächst führt das Bayrische Oberste Landesgericht aus, daß ein Anspruch auf Abfindung, der durch Anwendung der Regelungen über Spruchstellenverfahren entstehen könnte, bei einer übertragenden Auflösung nicht bestehe, da es sich in diesem Fall weder um eine Verschmelzung, noch um eine Mehrheitseingliederung oder einen Konzernvertrag im Sinne des § 291 AktG handele. Das Bayrische Oberste Landesgericht hält im

---

[89] Beschluß vom 4. Dezember 1996 – 8 W 43/93, abgedruckt in ZIP 1997, S. 362 ff.
[90] Vgl. zu all dem OLG Stuttgart ZIP 1997, S. 362.
[91] OLG Stuttgart aaO S. 363 f. Zur Verfassungsmäßigkeit des § 361 AktG a.F. vgl. bereits Windbichler, Die Rechte der Hauptversammlung bei Unternehmenszusammenschlüssen durch Vermögensübertragung, in: AG 1981, S. 169 ff., S. 169.
[92] BayObLG Beschluß vom 17. September 1998 – 3 Z BR 37/98; abgedruckt in ZIP 1998, S. 2002 ff.

Gegensatz zu den übrigen Gerichten eine Anwendbarkeit der §§ 305 UmwG, 306 AktG für grundsätzlich möglich, verneint aber einen materiellrechtlichen Anspruch auf Abfindung in einem solchen Verfahren. Zwar bedeute es einen Wertungswiderspruch, daß die Minderheitsaktionäre lediglich bei der Verschmelzung, nicht aber bei der übertragenden Auflösung die Möglichkeit haben, die Angemessenheit der Barabfindung gerichtlich überprüfen zu lassen. Dennoch habe sich der Gesetzgeber bewußt dafür entschieden, die Interessen der so eventuell benachteiligten Aktionäre im Anfechtungsverfahren zu wahren.[93] Auch aus verfassungsrechtlichen Gründen sei dies solange nicht zu beanstanden, wie den Aktionären mit der Anfechtungsklage ein effektiver Rechtsbehelf zur Seite stehe und sie finanziell voll entschädigt werden.[94]

Auch dieses Gericht hat mithin die vom Bundesgerichtshof vorgezeichnete Linie weiterentwickelt. Daher kann zunächst festgehalten werden, daß die Rechtsprechung weder einen sachlichen Grund für den Beschluß nach § 179a AktG fordert, noch einen Minderheitenschutz durch entsprechende Anwendung von in ähnlichen Fällen gewährtem Schutz, wie den Spruchverfahren nach Aktienkonzern- und Umwandlungsrecht, zuläßt.
Eine Ausnahme stellt aber ein jüngerer Beschluß des Landgerichtes Karlsruhe dar.[95] In diesem Beschluß, der im Rahmen einer Kostenentscheidung nach § 91a ZPO erging, da die Anfechtungsfristen versäumt worden waren, erklärte das erkennende Gericht ausdrücklich entgegen anders lautender Urteile[96] das Umwandlungsgesetz für entsprechend anwendbar. Dieses Urteil wurde heftig angegriffen.[97]

---

[93] Vgl. BayObLG aaO S. 2003 ff.
[94] BayObLG aaO S. 2005.
[95] LG Karlsruhe, Beschluß vom 6. November 1997 – O 43 / 97 KfH I (rechtskräftig); abgedruckt in AG 1998, S. 99ff. Bekannt wurde dieser Beschluß unter dem Namen „Badenwerk AG“. Vgl. dazu auch die Anmerkung von Bork in EWiR § 125 UmwG 1/97, S. 1147 f.
[96] So verweist es auf die Entscheidung des LG Hamburg AG 1997, S. 238 („Wünsche AG“), in der – wie auch in allen anderen Urteilen – das genaue Gegenteil entschieden wurde.
[97] Vgl. die scharfe Kritik von Bungert NZG 1998, S. 367 ff.

(b) Die in der wissenschaftlichen Literatur vertretenen Auffassungen

Die Lehre hat zum sachlichen Grund bei der übertragenden Auflösung sowie zur analogen Anwendbarkeit bereits bestehender Schutzvorschriften sehr unterschiedliche Standpunkte eingenommen.[98] In der älteren Literatur wird zwischen den einzelnen Arten von Mehrheitsentscheidungen nicht besonders unterschieden. Vielmehr wird eine generelle und umfassende inhaltliche Kontrolle bei allen Entscheidungen der Mehrheit, durch die die Position der Minderheitsaktionäre beeinträchtigt werden könnte, gefordert.[99]

Im völligen Gegensatz dazu steht ist eine andere Ansicht, die der Rechtsprechung des Bundesgerichtshofes in vollem Umfang zustimmt, also eine generelle inhaltliche Kontrolle, abgesehen von Einzelfällen des Mißbrauchs, ablehnt.[100]
Speziell im Fall der übertragenden Auflösung wird aber zum Teil differenziert.

(1) So soll nach *Timm* lediglich dann, wenn ein Abhängigkeitsverhältnis begründet wird, der zustimmende Beschluß einigen besonderen materiellen Beschlußvoraussetzungen unterliegen. Die Maßnahme muß namentlich erforderlich und verhältnismäßig und das schonendste Mittel zur Erreichung des angestrebten Zwecks sein.[101] Obwohl auf den ersten Blick nicht einleuchtet, weshalb dann im Falle der Vermögensübertragung nach § 361 AktG a.F. (§ 179a AktG heutiger Fassung) eine Sachkontrolle gefordert werden soll, wenn es sich dabei nicht um die Begründung eines Konzernverhältnisses handelt, kommt

---

[98] Vgl. auch die zusammenfassenden Darstellungen der verschiedenen Auffassungen bei Timm ZGR 1987 S. 408ff. sowie bei Henze FS Boujong S. 237 ff.

[99] So etwa Martens, Der Ausschluß des Bezugsrechts: BGHZ 33, S. 175, in: FS Fischer, S. 446 ff., 459; Wiedemann ZGR 1980, S. 157; ders., Entwicklungen im Kapitalgesellschaftsrecht, in: DB 1993, S. 141 ff., 144. Vgl. zu dieser Auffassung bereits oben bei der Mehrheitseingliederung unter A. I. 2. (b).

[100] So insbesondere Henze FS Boujong, S. 232 ff. sowie Bungert NZG 1998, S. 369; Hirte S. 143/144 sowie S. 152 ff., der allerdings zwischen Eingriffen in die Herrschaftsrechte und inhaltlichen Beeinträchtigungen der Beteiligung differenziert; Hoffmann-Becking/ders. S. 695/696 RdNr. 4/5. Im Ergebnis wohl zunächst ebenfalls Timm JZ 1980, S. 667 ff. Eine materielle Beschlußkontrolle bei der übertragenden Auflösung wird auch von Lutter/Drygala abgelehnt, vgl. FS Kropff S. 215 f. (unter IV.).

[101] Vgl. Timm ZGR 1987, S. 421ff., 424/425.

Timm in seinen Ausführungen zu eben diesem Schluß:[102] Dadurch, daß der Mehrheitsaktionär eine Vermögensübertragung anstelle einer Verschmelzung als Vorgehen wähle, umgehe er die verschmelzungsrechtlichen Schutzbestimmungen für Minderheitsaktionäre (damals §§ 339 ff. AktG). Die Altaktionäre würden durch dieses Vorgehen von „ihrem Unternehmen" getrennt. Damit sei aber die Anwendbarkeit gerade der Sachkontrolle nahezu zwingend. Weil die Vermögensübertragung wirtschaftlich eine Verschmelzung sei, müsse mindestens dabei auch die für die Verschmelzung geltende Wertkontrolle gelten. Mithin müsse der auf die Vermögensübertragung gerichtete Beschluß sachlich gerechtfertigt sein und auf Erforderlichkeit und Verhältnismäßigkeit geprüft werden.[103]

(2) *Lutter* hingegen stellt zunächst nicht auf die Notwendigkeit einer sachlichen Rechtfertigung bei der übertragenden Auflösung ab, sondern will die formellen, den Hauptversammlungsbeschluß vorbereitenden Regeln der §§ 4 bis 12 UmwG sowie die Vorschriften zum Spruchstellenverfahren (§§ 306 AktG, 305 UmwG) entsprechend anwenden, um so die Minderheitsaktionäre zu schützen.[104]
Vor allem aber differenziert *Lutter* zwischen den Rechtsfolgen, die die Mitgliedschaft, und den denjenigen, die die Vermögensposition des auszuschließenden Aktionärs betreffen.[105] Allgemein könne bemerkt werden, daß ein Vorgehen nach § 179a AktG die strengen Anforderungen, die das UmwG mit Umwandlungsbericht, Barabfindung und deren gerichtlicher Kontrolle bei allen Rechtsformen und Umwandlungsmöglichkeiten als Vermögensschutz für die Minderheit bereithält, schlicht umgehe.[106]
Was die Vermögensinteressen angehe, sei zwischen der Umwandlung und der übertragenden Auflösung wertungsmäßig kein Unterschied zu sehen,[107] so daß eine entsprechende Anwendung der vermögensschüt-

---

[102] Vgl. Timm aaO S. 434 f unter 5.
[103] So Timm aaO S. 435; ähnlich Hirte S. 193 ff. bei inhaltlichen Beeinträchtigungen der Beteiligung.
[104] Vgl. Lutter/Leinekugel ZIP 1999, S. 267; Lutter/Drygala FS Kropff S. 208 für die Vermögensinteressen, S. 213 für das Bestandinteresse. Für eine Übertragung der Abfindungsrechte von AktG und UmwG auch Wiedemann in Groß-komm/Wiedemann § 179 RdNr. 179 ff.
[105] Vgl. Lutter/Drygala aaO S. 197 ff.
[106] So Lutter/Drygala aaO S. 198.
[107] Lutter/Drygala aaO S. 207; dies sieht das BayObLG im übrigen genauso, vgl. BayObLG ZIP 1998, S. 2003.

zenden Regelungen des UmwG auf die übertragende Auflösung geboten sei.
Dagegen sei es nicht richtig anzunehmen, der Bestandsschutz der Mitgliedschaft als solcher sei durch ein Vorgehen nach § 179a AktG insofern außer Kraft gesetzt, als das UmwG insoweit einen wesentlich anderen Maßstab anlege. Denn die Mitgliedschaft sei nicht unantastbar, so daß auch gewichtige Gründe für die Möglichkeit eines zwangsweisen Gesellschafterausschlusses sprächen.[108]

Im Ergebnis sei nach allem eine übertragende Auflösung ohne sachlichen Grund nicht schlechterdings als unzulässig zu bewerten. Vielmehr sei zum Schutze insbesondere der Vermögensinteressen der Kleinaktionäre eine entsprechende Anwendbarkeit der vermögensschützenden Vorschriften des AktG und des UmwG anzunehmen.[109] Des weiteren sei, dem Bundesgerichtshof folgend, eine Inhaltskontrolle nicht geboten, da eine solche Bindung des investierten Kapitals über das Gesetz hinausgehe.[110] Zuletzt sei grundsätzlich immer dann, wenn es gerade keine Inhaltskontrolle gebe, auf die im Einzelfall beschränkend wirkende Treupflichtkontrolle zurückzugreifen.[111]

(3) Im Anschluß an diese Überlegungen haben sich vor allem *Kallmeyer*[112] und *Willms*[113] mit der Frage der analogen Anwendbarkeit von Schutzvorschriften des UmwG auf die übertragende Auflösung beschäftigt. Diese kommen entgegen *Lutter*, mit teilweise unterschiedlicher Begründung, zu dem Ergebnis, daß das UmwG nicht analog auf den Fall der übertragenden Auflösung des § 179a AktG anwendbar sei.[114]
Den Untersuchungen *Willms* zufolge stellt das Vorgehen nach § 179a AktG überhaupt keine Umgehung der umwandlungsrechtlichen Schutzvorschriften dar, denn das UmwG sei keine abschließende Regelung der möglichen Umstrukturierungsmöglichkeiten von Gesell-

---

[108] Vgl. Lutter/Draygala aaO S. 209ff., S. 213, mit Heranziehung rechtsvergleichender Hinweise, S. 212 f.
[109] So Lutter/Draygala aaO S. 213 ff.; im Ergebnis ebenso Schindler, S. 209 f.
[110] Lutter/Drygala aaO S. 216.
[111] Lutter/Drygala aaO S. 216 mit weiteren Differenzierungen.
[112] Vgl. Kallmeyer, FS Lutter, S. 1246 ff.
[113] Willms, S. 18 ff., S. 147 ff. sowie zur treupflichtbedingten Informations- und Verhaltenspflicht des Mehrheitsaktionärs gegenüber den ausscheidenden Minderheitsaktionären S. 166 ff., S. 169 ff.
[114] Kallmeyer aaO, S. 1260.

schaften. Vielmehr stehe die übertragende Auflösung als weitere Möglichkeit neben denen des Umwandlungsrechts. Nach *Willms* ist schon deshalb eine Analogie zum Minderheitenschutz im Umwandlungsrecht nicht geboten, weil das UmwG Vorteile biete, die die übertragende Auflösung nicht gewähre, so daß bei einem Vorgehen nach § 179a AktG auch das Umwandlungsrecht nicht beachtet zu werden brauche.[115]
Dennoch sollen zugunsten der Minderheitsaktionäre einzelne Informations- und Berichtspflichten des Umwandlungsrechts im Falle der übertragenden Auflösung durch den Mehrheitsaktionär bzw. den Vorstand zu erfüllen sein. *Kallmeyer* begründet dies mit der Ausstrahlungswirkung des UmwG. Im Einzelfall solle der Vorstand in eigener Verantwortung unternehmensspezifisch den Minderheitenschutz selbst gestalten.[116] *Willms* hingegen lehnt eine Anwendbarkeit auch der vermögensschützenden Vorschriften des Umwandlungsrechts und ihrer Grundsätze im allgemeinen ab.[117] Er untersucht vielmehr, ob sich aus der Treupflicht des Mehrheitsaktionärs gegenüber der Minderheit entsprechende Pflichten herleiten lassen, und bejaht dies zwar für die GmbH, nicht aber für die Aktiengesellschaft.[118]

Der von *Lutter* vertretenen Auffassung ist zuzugeben, daß sie auf ein vorgeformtes gesetzliches Modell verweisen kann, auf das die anderen Auffassungen nicht zurückgreifen können. Insbesondere ist einzuräumen, daß das UmwG von 1994 detaillierte Schutzvorkehrungen wie das Spruchstellenverfahren (§ 305 UmwG) sowie die den Hauptversammlungsbeschluß vorbereitenden Regelungen der §§ 4 – 12 UmwG vorsieht, und damit erneut den Willen des Gesetzgebers verdeutlicht, den es deshalb nicht nur bei der Verschmelzung, sondern auch bei dem ähnlich gelagerten Fall der „wirtschaftlichen Fusion", wie die übertragende Auflösung vielfach bezeichnet wird,[119] zu beachten gilt.

---

[115] So Willms, S. 18 ff., S. 25 f. Ähnlich auch Kallmeyer aaO S. 1246 f.
[116] Vgl. Kallmeyer, S. 1254 zum Bewertungsbericht, der nicht streng im Sinne der §§ 8 UmwG, 293a, 319 Abs. 3 Nr. 3 AktG, sondern vielmehr mit dem Inhalt des § 131 AktG gefordert werden können soll; ablehnend hingegen bzgl. Spruchverfahren und Strukturprüfung, vgl. S. 1255 ff., S. 1257 ff.
[117] Vgl. die Untersuchung auf S. 155 ff.
[118] Vgl. Willms, S. 166 ff., S. 169 ff. Auch Willms lehnt ein Spruchverfahren ab, vgl. S. 176 f.
[119] Vgl. nur Lutter/Leinekugel ZIP 1999, S. 263 und die Ausführungen des BayObLG zur übertragenden Auflösung als mit der Verschmelzung nahezu austauschbarem Vorgang, ZIP 1998, S. 2004 (unter (aa)). So auch Kallmeyer aaO, auf S. 1246, passim.

Diese Überlegungen hat auch das Bundesverfassungsgericht in einer neueren Entscheidung angestellt, wie im folgenden zu zeigen sein wird.

(c) Die Vorgaben des Bundesverfassungsgerichtes

Das Bundesverfassungsgericht hat auf mehrere Verfassungsbeschwerden, die sich gegen die *„MotoMeter I und II"* – Urteile sowie die Nichtannahme der Revision durch den Bundesgerichtshof wendeten, in einer kürzlich veröffentlichten Entscheidung über die Verfassungsmäßigkeit einer übertragenden Auflösung entschieden.[120] Dabei ist zu beachten, daß in der Sache viel mehr gesagt wurde als ein Annahmebeschluß hätte erwarten lassen.[121] In dem Beschluß hat das Gericht die von *Lutter* eingeführte Unterscheidung zwischen der Beeinträchtigung der mitgliedschaftlichen Interessen einerseits und der vermögensrechtlichen Interessen des ausscheidenden Aktionärs andererseits übernommen.

Das Gericht stellt fest, daß die vorrangige Berücksichtigung der Interessen des Hauptaktionärs verfassungsrechtlich nicht zu beanstanden sei, wenn dies mit hinreichenden Schutzvorkehrungen für die Minderheitsaktionäre verbunden sei, die auf die Vermögenskomponente der Beteiligung konzentriert werden dürften.[122]
Es sei grundsätzlich, vom Bestandsinteresse an der Mitgliedschaft her betrachtet, unproblematisch, eine Minderheit auch gegen ihren Willen aus der Gesellschaft herauszudrängen. Die herrschaftsrechtliche Seite der Beteiligung sei für Kleinaktionäre ohnehin begrenzt, weil sie auf die Politik des Unternehmens keinerlei maßgeblichen Einfluß nehmen könnten. Somit sei allein im Lichte des Artikel 14 GG (der nach stän-

---

[120] Der bereits in FN 60 zitierte Beschluß wurde vom BVerfG am 13. September 2000 veröffentlicht. Dazu auch FAZ vom 14. September 2000, S. 21 sowie Handelsblatt vom 14. September 2000 S. 4. Die Verfassungsbeschwerden, die im Verfahren verbunden wurden, wurden im Ergebnis zwar mangels grundsätzlicher verfassungsrechtlicher Bedeutung (vgl. § 93a Abs. 2 Nr. a BVerfGG) nicht zur Entscheidung angenommen. Dennoch setzte sich das BVerfG detailliert mit der verfassungsrechtlichen Frage nach der Zulässigkeit der übertragenden Auflösung auseinander. Vgl. den Abdruck des Beschlusses in ZIP 2000, S. 1670 ff. sowie die Beurteilung durch die Rechtsanwälte Rodewig und Schüppen in Börsen Zeitung Nr. 202 vom 19. Oktober 2000, S. 25 sowie die Anmerkung Feischers DNotZ 2000, S. 876 ff.

[121] Ebenso Schmidt in Handelsblatt vom 14. September 2000, S. 4.

[122] BverfG ZIP 2000 S. 1671 am Ende.

diger Rechtsprechung des Bundesverfassungsgerichtes auch das Aktieneigentum umfaßt[123]) festzustellen, daß die Beeinträchtigung der Mitgliedschaftsrechte nicht als besonders schwerwiegend zu bewerten sei, sofern die Aktionäre eine dem Wert der Kapitalanlage entsprechende Entschädigung erhielten.[124]

Das Bundesverfassungsgericht kommt zu dem Schluß, § 179a AktG sei nicht verfassungswidrig, auch wenn er den verfassungsrechtlichen Anforderungen nach Schutzvorkehrungen für das Vermögensinteresse der Minderheit anders als das UmwG nicht durch Gewährung von Abfindungsansprüchen oder deren gerichtlichen Kontrolle nachkomme. Vielmehr handele es sich um den gesetzlichen Normalfall, daß das Vermögen an einen gesellschaftsexternen Dritten veräußert werde. Eines besonderen Schutzes durch die Gewährung von Abfindungsansprüchen oder einer Beschlußkontrolle bedürfe die Minderheit in diesem Fall nicht. Der Fall der übertragenden Auflösung sei die Ausnahme, wobei der Interessenkonflikt durch eine gerichtliche Kontrolle zu lösen sei.[125] Somit hätten die Gerichte, ähnlich den Spruchverfahren des AktG und des UmwG, die Angemessenheit der Abfindung zu prüfen.

Im Gegensatz zur oben ausgeführten Auffassung des Bayrischen Obersten Landesgerichtes, das für Recht erkannt hatte, daß die Regelungen zum aktienrechtlichen – und somit wohl auch zum umwandlungsrechtlichen Spruchstellenverfahren – grundsätzlich nicht analog angewandt werden könnten, hielt das Bundesverfassungsgericht die entsprechende Anwendbarkeit dieser Schutzvorkehrungen grundsätzlich für möglich. Eine solche analoge Anwendung sei aber nicht verfassungsrechtlich geboten. Die Zulassung einer Anfechtungsklage, in deren Verlauf eine detaillierte Prüfung stattfinde, reiche von Verfassungs wegen aus.[126]

---

[123] Vgl. dazu bereits BVerfGE 14, S. 263 ff., S. 276 f. („Feldmühle"); BVerfGE 100, S. 289 ff., S. 301ff.; BVerfG ZIP 1999, S. 1798 ff., S. 1799 sowie BVerfG ZIP 1999, S. 1801 ff., S. 1802.

[124] BverfG ZIP 2000 S. 1672. Zu eben diesem Ergebnis kamen auch Lutter/Drygala FS Kropff S. 222 (unter VII.2.) – freilich nicht auf Artikel 14 GG bezogen, obwohl dieser auch in Lutter/Leinekugel ZIP 1999, S. 266 zur Begründung herangezogen wird.

[125] BVerfG ZIP 2000 S. 1672.

[126] BVerfG aaO S. 1672/1673.

Schließlich sei die einheitliche Meinung der Zivilgerichte, daß bei der übertragenden Auflösung generell keine Inhaltskontrolle stattfände, verfassungsrechtlich nicht zu beanstanden. Lediglich die Möglichkeit einer Mißbrauchskontrolle sei aus Artikel 14 GG abzuleiten. Allein darin aber, daß sich ein Mehrheitsaktionär seiner Mitgesellschafter entledigen wolle, könne ein Mißbrauch wirtschaftlicher Macht nicht gesehen werden.[127]

(d) Stellungnahme

Trotz der nunmehr die grundsätzlichen Vorgaben klärenden Entscheidung des Bundesverfassungsgerichtes ist eine Stellungnahme vonnöten; die Feststellung, daß etwas „verfassungsrechtlich nicht geboten ist", kann nicht bedeuten, daß ein Grundsatz nicht dennoch anzuwenden wäre.
Eingangs ist zunächst noch einmal festzustellen, daß sich im Fall der übertragenden Auflösung ein Konflikt zwischen den Interessen des übernehmenden Großaktionärs und denjenigen der übrigen Aktionäre ergibt, der im gesetzlichen Normalfall der Vermögensübertragung an einen Dritten, welcher bloßer Verkaufsvorgang ist, gerade nicht auftritt. Zudem ist auch nie die Auflösung der Gesellschaft selbst als problematisch angesehen worden,[128] sondern allein die Übertragung des Vermögens an den Mehrheitsaktionär, so daß der Terminus der „übertragenden Auflösung" das Problem etwas verdunkelt. Dennoch sollte es bei diesem Begriff verbleiben, der sich durchgesetzt hat.
Der Mehrheitsaktionär versucht bei einer solchen „übertragenden Auflösung" entgegen den Interessen der Mitgesellschafter, den Kaufpreis – gleichgültig, ob er das Unternehmen durch Vertrag vor der Auflösung oder aus der Abwicklungsmasse heraus erwirbt – zu drükken und auch alle anderen Faktoren des Erwerbs in seinem Sinne zu beeinflussen. Dies ist legitim, wenn die Bedingungen, unter denen verhandelt wird, fair sind. Im Falle des Erwerbs durch eine gesellschafts*externe* Partei wollen sowohl Mehrheits- als auch Minderheitsaktionäre einen hohen Kaufpreis für ihre Anteile erzielen – sie ziehen also sozusagen am „gleichen Strang". Bei der „übertragenden Auflösung" ist dies gerade nicht der Fall.

---

[127] BVerfG aaO.
[128] Dazu bereits zutreffend Timm WM 1991, S. 484 ff., der die Auflösung im Rahmen eines milderen Mittels in Zusammenhang mit den Treupflichten der Kleinaktionäre anhand der Girmes – Entscheidung diskutiert.

Wegen dieses Interessenunterschieds und des sich im Regelfall daraus ergebenden Konflikts aber muß sich zwangsläufig auch eine unterschiedliche Behandlung der übertragenden Auflösung und der Übertragung, der eventuell eine Auflösung folgt, ergeben.[129]

(1) Inhaltskontrolle?

Zunächst stellt sich im Fall der übertragenden Auflösung die Frage nach der Inhaltskontrolle. Soweit es um den Auflösungsbeschluß geht, kann dies ohne weiteres abgelehnt werden, weil dieser keinerlei Probleme aufwirft.[130]
Fraglich ist dies lediglich bei der sachlichen Rechtfertigung des vermögensübertragenden Beschlusses. Eine Inhaltskontrolle käme bei letzterem vor allem dann in Betracht, wenn der Gesetzgeber nicht durch besonders hohe Anforderungen an die beschließende Stimmenmehrheit eine solche schon deshalb erübrigt hat, weil sonst das fragliche Rechtsinstitut faktisch nicht mehr anwendbar wäre, würde man den Minderheitenschutz zu Lasten der Mehrheit überdehnen. Nach der Regelung des § 179a AktG, der insoweit auf § 179 AktG verweist, ist eine qualifizierte Mehrheit des anwesenden Grundkapitals zur Beschlußfassung erforderlich. Fraglich ist, ob diese Mehrheit schlicht, ganz ohne weiteres, ausreicht, um einen Beschluß zu fassen, welcher im Extremfall der übertragenden Auflösung dann bis zu einem Viertel und mehr[131] des Aktienkapitals aus der Gesellschaft „entfernen" kann, oder ob eine weitere Kontrolle geboten ist, die die Frage nach dem Zweck sowie der Verhältnismäßigkeit der Maßnahme stellt.

An dieser Stelle bietet sich zur Beantwortung der Frage nach der materiellen Beschlußkontrolle eine Parallele zum geschriebenen Recht an: Im Fall der Mehrheitseingliederung nach § 320 AktG ist es lediglich möglich, maximal 5% der Aktionäre gegen ihren Willen aus der Gesellschaft zu entfernen. Auch *de lege ferenda* ist eine 5%-Schwelle in einem anderen Ausschlußverfahren, dem *freezeout*, geplant; dieser *freezeout* wird als Zugeständnis für die geplante Verpflichtung zur Abgabe eines öffentlichen Übernahmeangebotes nach dem WÜG in

---

[129] So auch Lutter/Leinekugel aaO S. 263, 264.
[130] Vgl. zu dieser Frage Willms S. 124 ff., der eine sehr detaillierte Begründung erarbeitet.
[131] Aufgrund sinkender Hauptversammlungspräsenzen kann es durchaus vorkommen, daß eine Beteiligung von 30% am Grundkapital für satzungsändernde Beschlüsse ausreicht. Vgl. zu dieser Tatsache noch unten unter **§ 5** B. I.

den §§ 327 a ff. AktG n.F. eingeführt werden.[132] Mithin erscheint es sachgerecht, generell eine Inhaltskontrolle in den Fällen abzulehnen, in denen der Mehrheitsaktionär bei Beschlußfassung nach § 179a AktG mindestens eine 95%ige Beteiligung an der übertragenden Gesellschaft hat. Vorbehaltlich mißbräuchlichen Vorgehens des Hauptaktionärs im Falle der Übertragung, das mit der Treupflichtkontrolle analog § 243 Abs. 1 AktG durch Anfechtungsklage angegriffen werden kann, ist eine Inhaltskontrolle im Sinne der „Kali und Salz" – Rechtsprechung nicht geboten. Denn der Gesetzgeber mißt in vergleichbaren Fällen der Entscheidung des Mehrheitsaktionärs eindeutig das ausschlaggebende Gewicht bei, sich von einer völlig unbedeutenden Minderheit ohne weiteres trennen zu dürfen. Diese Beteiligungsgrenze kann terminologisch mit der Umschreibung des Mehrheitsaktionärs als „Hauptaktionär" benannt werden.[133]

Hält der Mehrheitsaktionär hingegen weniger als 95%, also zwischen 75% und 95% der Anteile, so muß eine Überprüfung stattfinden, um zu gewährleisten, daß der Mehrheitsaktionär nicht einfach einen Beschluß nach § 179a AktG faßt, allein um sich der Minderheitsaktionäre zu entledigen.[134] Denn dieses Vorgehen seitens eines bloßen Mehrheitsaktionärs, der nicht Hauptaktionär ist, war vom Gesetzgeber nicht eingeplant. Hier ist dann aber nicht etwa generell von einer unzulässigen Verdrängung der restlichen Aktionäre auszugehen, sondern es ist nach einer Rechtfertigung durch das Gesellschaftsinteresse zu fragen. Erfolgt eine übertragende Auflösung zum Wohle der Gesellschaft, und drohen ohne diese Maßnahmen schwere Nachteile, so kann das Unternehmen der Gesellschaft unter Verdrängung der Minderheit durch den Mehrheitsaktionär nach § 179a AktG übernommen werden. Die gleiche Meßlatte legt bereits die Treupflicht- oder Mißbrauchskontrolle an, die bei entsprechenden Anzeichen bei jedem Mehrheitsbeschluß in Betracht kommen kann.[135] Damit kann aber keine Notwendigkeit für eine umfassende Inhaltskontrolle mehr festgestellt werden.

---

[132] Dazu noch unten unter § 5.

[133] Diese Terminologie wird durch das in Planung befindliche WÜG eingeführt. Mehrheitsaktionär kann derjenige sein, der zwischen 50% und 95% des Grundkapitals hält; der Aktionär, der über 95% des Grundkapitals hält, wird in den §§ 327a ff. AktG n. F. (Art. 6 WÜG) als „Hauptaktionär" bezeichnet.

[134] Lutter/Drygala aaO, S. 220, sind generell schon für eine Unzulässigkeit einer Verdrängung von über 5% der Aktionäre; sie halten dieses im Hinblick auf die gesetzgeberische Wertung des § 320 AktG für rechtsmißbräuchlich.

[135] So auch Großkomm/Wiedemann § 179 RdNr. 169.

Wie das Bundesverfassungsgericht zudem festgestellt hat, kann nicht lediglich in dem Wunsch des Hauptgesellschafters, die alleinige Herrschaft im Unternehmen an sich zu ziehen, per se ein Rechtsmißbrauch erblickt werden.

Dagegen könnte nun eingewandt werden, in Wirklichkeit verbleibe dann auch kein Raum mehr für eine Treupflichtkontrolle. Diesem Einwand wäre aber nicht zuzustimmen, da ein Ausschluß aus unsachlichen, „gesellschaftsfremden" Gründen (etwa aus persönlichen Rachemotiven) oder auch ein Verstoß gegen § 53a AktG einen Treupflichtverstoß darstellen mögen, auch wenn der Ausschlußbeschluß als solcher unter diesem Gesichtspunkt nicht per se angreifbar ist. Vor allem kommt aber als Treupflichtverstoß in Betracht, daß sich der Mehrheitsaktionär das Unternehmen zu unfairen Bedingungen einzuverleiben versucht.[136] Die Beschränkung auf eine Treupflichtkontrolle ist daher auch hier ausreichend. Diese ist in allen Fällen der über 75%-igen Beteiligung, also auch bei einer Übertragung des Unternehmens auf den Hauptaktionär, möglich.
Eine abschließende Abwägung der betroffenen Belange ist durch den Gesetzgeber bereits vorgenommen worden, so daß eine umfassende Inhaltskontrolle bei einem Beschluß nach § 179a AktG keinesfalls geboten ist.[137]

(2) Entsprechende Anwendbarkeit von Schutzvorschriften?

Im Sonderfall der „übertragenden Auflösung" muß eine erhöhte Transparenz gefordert werden, wie sie sich etwa bereits im Umwandlungsrecht bei den zitierten vergleichbaren Fällen[138] finden läßt. Diese Transparenz ist beispielsweise bei der Verschmelzung dadurch gewährleistet, daß nach § 4 Abs. 2 UmwG ein Entwurf des betreffenden

[136] Dazu noch im Folgenden gesondert unter 2.
[137] Zu denselben Ergebnissen kommt mit anderen Argumenten Willms, vgl. S. 129 ff., S. 134 ff.
[138] Wie bereits mehrfach betont, wird die technische Verschmelzung der §§ 2 ff. UmwG der wirtschaftlichen Verschmelzung – nämlich der hier zu diskutierenden übertragenden Auflösung – gleichgestellt. So wird selbst von der im Prinzip ablehnenden Rechtsprechung durch die grundsätzliche Austauschbarkeit der beiden Rechtstechniken, die dennoch durch den Gesetzgeber unterschiedlich behandelt werden, ein Wertungswiderspruch sowie ein rechtspolitischer Fehler gesehen, vgl. BayObLG aaO S. 2004. Dennoch gelangt das BayObLG unverständlicherweise zu einer Rechtfertigung dieser unterschiedlichen Behandlung, da der Gesetzgeber dies planvoll gewollt habe.

Verschmelzungsvertrages mit dem (vor allem) in § 5 Abs. 1 Nr. 3 ff. UmwG normierten Inhalt, der zugunsten der außenstehenden Aktionäre wirkt, da er nach § 5 Abs. 3 UmwG der Hauptversammlung und damit allen Aktionären zuzuleiten ist. Ferner gilt nach § 8 Abs. 1 UmwG, daß die Vorstände der beteiligten Rechtsträger einen Bericht zu erstatten haben, sowie nach § 9 ff. UmwG, daß der Vertrag über die Verschmelzung von unabhängigen Prüfern zu durchleuchten und das Ergebnis nach § 12 UmwG in einem schriftlichen Bericht zu erstatten ist, der der Hauptversammlung vorgelegt wird.

Vom Mehrheitsaktionär her betrachtet können diese Anforderungen nicht als überzogen bezeichnet werden. Bei einer sorgfältig geplanten und wohlüberlegten Umstrukturierungsmaßnahme müßte dem Mehrheitsaktionär eine solche Transparenz sogar wichtig sein, weil er sich andernfalls dem Verdacht aussetzt, reine persönliche Interessenpolitik ohne Rücksicht auf die geschäftlichen Belange der Minderheit zu betreiben.

Weiter stellt sich die Frage, ob die Vorschriften, die eine gerichtliche Kontrolle der Abfindungszahlung durch ein Spruch(stellen)verfahren ermöglichen (§§ 305 UmwG, 306 AktG), angewendet werden können. Nach Meinung des Bayrischen Obersten Landesgerichtes sollen die umwandlungs- und konzernrechtlichen Regelungen zur gerichtlichen Überprüfung der Höhe der Barabfindung, die in einem Spruch(stellen)verfahren nach §§ 305 UmwG, 306 AktG durchgesetzt werden kann, nicht entsprechend anwendbar sein.[139] Dies sei einmal dadurch begründet, daß das materielle Recht kein Spruch(stellen)verfahren im Fall des § 179a AktG vorsehe. Zum anderen habe der Gesetzgeber bewußt mit dem UmwBerG eine entsprechende Regelung unterlassen, obwohl er § 179a AktG zumindest seiner Stellung nach neu gefaßt hat und ihm die Problematik dieser Vorschrift bekannt sein mußte.[140] Diesen Ausführungen ist mit Recht, auch seitens des Bundesverfassungsgerichtes, widersprochen worden. So sieht das Gesetz als Normalfall eben die Übertragung an einen Dritten vor. Für die konfliktträchtige Ausnahme der übertragenden Auflösung, bei dem gezielt Minderheitsaktionäre durch den Mehrheitsaktionär ausgeschlossen werden können, sieht das Gesetz keine adäquate Lösung vor. Es ist vielmehr entgegen dem Bayrischen Ober-

---

[139] Vgl. BayObLG aaO S. 2003 ff.
[140] Vgl. BayObLG aaO S. 2003.

sten Landesgericht anzunehmen, daß der Gesetzgeber diesen Konflikt bei der Umstellung des § 179a AktG durch das UmwBerG nicht bedacht hat. Jedenfalls läßt sich aus dem gesetzgeberischen Unterlassen nicht der Schluß ziehen, der Gesetzgeber wolle einen bewußten Unterschied zwischen den Umwandlungsformen des UmwG und übertragender Auflösung, da es nicht sein Ziel war, das gesamte Umwandlungsrecht zu harmonisieren und zu kodifizieren.[141] Vielmehr hat sich das Gesetzgebungsverfahren im Falle des UmwBerG gerade darauf beschränkt, diejenigen Umstrukturierungsmaßnahmen zu regeln, die sich der Technik der Gesamtrechtsnachfolge bedienen; die Einzelrechtsnachfolge des § 361 AktG a.F. wurde lediglich aus formalen und redaktionellen Gründen an die Stelle des jetzigen § 179a AktG verschoben.[142]

Dagegen zu bedenken ist vor allem der Umstand, daß das Umwandlungsgesetz, wie bereits ausgeführt, ein geschlossenes Schutzsystem für Kleinaktionäre im Falle der Umstrukturierung ihrer Gesellschaft vorsieht, während sich der Mehrheitsaktionär im Aktiengesetz ohne solche strengen Vorschriften entscheiden kann, das Unternehmen umzustrukturieren. Dies bedeutete, daß der Mehrheitsaktionär entscheiden kann, wieviel Schutz er den Minderheitsaktionären zukommen läßt. Das aber ist eine Konsequenz, die nicht gewollt sein kann und die lediglich durch eine gleichwertige Behandlung der genannten Sachverhalte zu lösen sein kann.
Fraglich ist aber dennoch, ob zu Recht eine – nach dem Vorstehenden zumindest mögliche – analoge Anwendung der Regelungen über das Spruchstellenverfahren und der den Hauptversammlungsbeschluß vorbereitenden Vorschriften der §§ 4 bis 12 UmwG in den Fällen der übertragenden Auflösung gefordert wird. Fraglich ist auch, ob die etwas engere Auffassung *Kallmeyers* und *Willms* zutrifft. Eine solche Analogie (oder zumindest Ausstrahlungswirkung) zum Schutz der Minderheitsaktionäre könnte man dann ablehnen, wenn eine einfachere Möglichkeit bestände, die den Mehrheitsaktionär weniger belastet und die Minderheitsaktionäre ebenso schützt. Dies soll im folgenden geprüft und bejaht werden.[143]

---

[141] Vgl. dazu Lutter/Leinekugel aaO S. 264, mit Abdruck der Gesetzesbegründung in FN 25; ebenso Schindler, S. 209 f.

[142] So Lutter/Leinekugel aaO S. 265 m. w. N.

[143] In der Literatur finden sich bereits – allerdings noch nicht ausgearbeitete – Ansätze in Richtung der im Text entwickelten Vorstellungen. Vgl. dazu Henze ZIP 1995 S. 1478 f. sowie Willms S. 156.

(3) „Mitbewerberverfahren“

Zur Klarstellung muß zunächst erneut auf die zugrundeliegende Frage verwiesen werden. Problematisch ist nach Rechtsprechung und Literatur nicht, daß eine Gesellschaft durch den Mehrheitsaktionär aufgelöst werden kann.[144] Insofern sind auch die Fallvarianten denkbar, daß die Gesellschaft nicht aufgelöst wird, womit eine Anknüpfung an die Auflösung sowieso unbrauchbar wäre. Auch eine Übertragung der wesentlichen Teile eines Unternehmens an den Mehrheitsaktionär soll nach unbestrittener Auffassung grundsätzlich zulässig sein. Problematisch ist die Gefahr der Übervorteilung der Minderheitsaktionäre wegen des Interessengegensatzes zum Mehrheitsaktionär.[145] Dies drückt sich insbesondere darin aus, daß nahezu alle Abhandlungen, die sich mit diesem Problem beschäftigt haben, zumindest auf Informationsrechte der Minderheitsgesellschafter verweisen – sei es, indem das UmwG analog angewandt wird, dessen Ausstrahlungswirkung bemüht, oder zumindest die Treupflicht des Mehrheitsaktionärs herangezogen wird.

Gleichzeitig erscheint aber eine einfache Lösung möglich. Wenn nämlich der Mehrheitsaktionär in Fällen, in denen er das Unternehmen unter Ausscheiden der übrigen Aktionäre übernimmt, belegt, daß er einen angemessenen Preis für das Unternehmen bezahlt, die Kleinaktionäre also für ihre Beteiligung eine dem Marktpreis entsprechende Zahlung erhalten, sind die Interessen der ausscheidenden Aktionäre ausreichend geschützt.[146] Denn der Verlust der mitgliedschaftlichen Stellung wird nicht kritisiert, solange der Mehrheitsaktionär die ausscheidenden Aktionäre voll wirtschaftlich entschädigt.

---

[144] So auch Lutter ZHR 1989, S. 449, der anmerkt, daß man an der „Richtigkeit des Satzes *„Ein mit der nötigen Mehrheit gefaßte Auflösungsbeschluß bedarf keiner sachlichen Rechtfertigung, er trägt seine Rechtfertigung in sich.*“, den der BGH in BGHZ 76, 352, 353 festschrieb, nicht zweifeln sollte, da es „kein rechtlich geschütztes Interesse der Korporation selbst“ gebe, „stets und immer am Leben zu bleiben“.

[145] Ebenso Henze ZIP 1995, S. 1478 f.

[146] Nach Willms, S. 156, soll eine hinreichende Schutzmöglichkeit durch die Kräfte des Marktes nicht möglich sein – eine Begründung dieser Feststellung wird von Willms freilich nicht geliefert. Allerdings verläßt sich die im Text entwickelte Lösung nicht ausschließlich auf eine Marktbewertung; vielmehr kann diese durch Drohung mit einer Anfechtungsklage durch die Minderheitsaktionäre auch erzwungen werden.

Dies muß dann auch gerichtlich überprüfbar sein. Es kommt deshalb zum Beweis des ordnungsgemäßen Vorgehens des Mehrheitsaktionärs insbesondere eine öffentliche Aufforderung an Dritte, eventuell mit dem Mehrheitsaktionär konkurrierende Parteien in Betracht, Gebote für die zu veräußernden Aktiva des Unternehmens abzugeben. Es muß also eine Art Versteigerung stattfinden, die es auch anderen Interessenten als dem Mehrheitsaktionär ermöglicht, ein Gebot auf das Unternehmen abzugeben. Zugleich dient ein Auktionsverfahren der Herausbildung oder Ermittlung eines Marktpreises. In diese Versteigerung wären selbstverständlich die Minderheitsbeteiligten wie auch deren Geschäftspartner einbezogen; wichtiger aber ist die tatsächliche Öffentlichkeit dieser Versteigerung, weil dann der Mehrheitsaktionär, wenn er das Unternehmen wirklich erwirbt, den unter Marktgesichtspunkten höchstmöglichen Preis zu entrichten hätte. Läßt sich kein Mitbieter finden, spricht dies für die Unattraktivität des Unternehmens und dafür, daß eine Veräußerung an den Mehrheitsaktionär zum „wahren Wert" (meist Börsenkurs samt Sicherheitsaufschlag, wie es auch die gängige Praxis darstellt) sachgerecht ist. Wichtig ist allein, wie der Markt – und damit auch die Konkurrenten des Mehrheitsaktionärs, die eigene Interessen verfolgen – das Unternehmen bewertet. Auf diese Weise würde ein sachgerechter Ausgleich zwischen den Interessen des Mehrheitsaktionärs und denen der Minderheitsaktionäre bewirkt, weil allein der Markt entscheidet, der objektiv und damit am ehesten „gerecht" ist. In beiden vorstellbaren Fällen, also sowohl wenn der Mehrheitsaktionär einen ob der Mitbewerber hohen wie auch einen – mangels Mitbewerbern – niedrigen Preis zu entrichten hat, sind jedenfalls die Minderheitsaktionäre nicht übervorteilt worden. Sie bekommen den Ausgleich, der ihnen nach den Regeln des Marktes auch zusteht.

Sollte aber durch die Versteigerung ein Preis für das Unternehmen gezahlt werden müssen, der für den Mehrheitsaktionär die Vorteile der Übernahme der ganzen Gesellschaft übersteigt, so wird dieser den Kauf des Unternehmens nicht durchführen. Denn auch der Mehrheitsgesellschafter wird lediglich den Preis zahlen, der für ihn – objektiv oder auch subjektiv – noch sinnvoll ist.

Nun könnte argumentiert werden, daß große Kapitalmengen benötigt würden, um in einem solchen Verfahren mitzubieten, und sich so kaum Mitbieter finden lassen werden. Diese Bedenken ließen sich aber zerstreuen. Entscheidend dafür, ob auf ein Unternehmen geboten wird, ist letzten Endes nicht die absolute Höhe der zu finanzierenden

Kaufpreissumme, sondern der Vorteil, den sich der Bieter von dem Kauf verspricht, also der Überschuß, der nach Abzug der Erwerbskosten verbleibt. Tägliche Pressemeldungen über Übernahmen und Fusionen belegen, daß auch sehr hohe Kaufpreise ohne weiteres finanziert und aufgebracht werden.

Ein weiterer Einwand gegen die hier vertretene Linie könnte lauten, daß sich unter Umständen Bieter von einem durchaus mit hohem Aufwand verbundenen Gebot dann abhalten lassen könnten, wenn von vorne herein klar ist, daß der Mehrheitsaktionär selbst an dem Unternehmen interessiert ist. Konsequent zu Ende gedacht liefe dieser Einwand aber darauf hinaus, daß das Unternehmen der Gesellschaft gar nicht von deren Mehrheitsaktionär übernommen werden dürfte, also auch nicht in Fällen, in denen von vorne herein kein anderer Bieter ein Interesse am Erwerb hat. Worum es nur geht, ist, sicherzustellen, daß dritte Interessenten eine faire und realistische Erwerbschance haben. Daß dritte Bieter unter Umständen – wegen ihres höheren Aufwands – weniger bieten als der Mehrheitsaktionär selbst, der schon die erforderlichen Informationen besitzt, kommt nur den Minderheitsaktionären zugute.

Zu überprüfen ist die Durchführung und ordnungsgemäße Abwicklung des hier vorgeschlagenen Mitbieterverfahrens zweckmäßigerweise im Rahmen einer Anfechtungsklage gegen den nach § 179a AktG erforderlichen Zustimmungsbeschluß. Praktisch bedeutet dies, daß die Zustimmung zur Übertragung des Gesellschaftsvermögens auf den Mehrheitsaktionär erst und nur erfolgen darf, nachdem ein Mitbewerberverfahren durchgeführt worden ist, und kein außenstehender Bieter ein besseres Gebot als der Mehrheitsaktionär abgegeben hat. Kann die Gesellschaft dies nicht darlegen, ist der Beschluß im Sinne des § 179a AktG gemäß § 243 Abs. 1 AktG wegen Treupflichtverletzung anfechtbar.

Es erübrigt sich nach allem, die umwandlungsrechtlichen oder aktienkonzernrechtlichen Vorschriften zum Schutze der Minderheitsaktionäre entsprechend anzuwenden. Für einen effektiven Minderheitenschutz in diesen Fällen genügt es vielmehr, wenn der Mehrheitsaktionär durch die Forderung nach einer öffentlichen Aufforderung zum Mitbieten um das Unternehmen zur Zahlung einer angemessenen Abfindung an die außenstehenden Aktionäre gezwungen wird und dies auch gerichtlich mit Hilfe einer Anfechtungsklage durchgesetzt werden kann. Die den Minderheitsaktionären zu liefernden Informationen haben sich hierauf zu beziehen; eine Analogie zu den zitierten umwandlungsrechtlichen Vorschriften erscheint insofern als sachfremd und wenig geeignet.

Auch eine Unternehmensbewertung im Rahmen eines Spruch(stellen)verfahrens ist entbehrlich. Zwar hätten Spruchstellenverfahren den Vorteil, daß in solchen der Wert des Unternehmens und damit auch der Anteilswert durch Sachverständigengutachten ermittelt wird. Dennoch ist deren Anwendung weder verfassungsrechtlich geboten noch sinnvoll, da es sich um sehr langwierige und kostspielige Verfahren handelt.[147] Zudem ist die formale Bewertung im Spruchstellenverfahren deshalb überflüssig, weil das Unternehmen durch den Kapitalmarkt selbst bewertet worden ist.

3. Fazit zur übertragenden Auflösung

Festzuhalten bleibt, daß bei der übertragenden Auflösung Minderheitsaktionäre gegen ihren Willen zur Desinvestition gezwungen werden können. In allen Fällen der übertragenden Auflösung ist eine Mißbrauchskontrolle möglich. Der Beschluß nach § 179a AktG unterliegt also bei mißbräuchlichem Vorgehen des Mehrheits- oder Hauptaktionärs immer der Möglichkeit der Anfechtung analog § 243 Abs. 1 AktG durch die ausgeschlossenen Aktionäre.
Zudem muß der Mehrheitsaktionär detailliert dartun können, daß er das Unternehmen marktgerecht erworben hat, was er bereits *de lege lata* durch ein von ihm durchgeführtes „Mitbewerberverfahren", wie oben eingeführt, tun kann. In der Praxis werden bisher Gutachten, die von einer „unparteiischen" Wirtschaftsprüfungsgesellschaft erstellt werden und das Unternehmen bewerten, vorgezogen.[148] Dies sollte in Zukunft nicht mehr genügen. Auf Anfechtungsklage eines Minderheitsaktionärs hin (§ 243 Abs. 1 AktG) ist der Beschluß nach § 179a AktG darauf zu überprüfen, ob eine Marktbewertung durch ein Mitbieterverfahren stattgefunden hat.

---

[147] So auch Rodewig / Schüppen in Börsen – Zeitung Nr. 202 vom 19. Oktober 2000, S. 25, die allerdings zu einem anderen Ergebnis gelangen; sie gehen von der analogen Anwendbarkeit der Spruchstellenverfahren aus.
[148] Vgl. Henze ZIP 1995, S. 1478.

B. Unmittelbarer Ausschluß

Im folgenden sind die Möglichkeiten des zielgerichteten Aktionärsausschlusses, die *de lege lata* in Deutschland möglich sind, vorzustellen und zu erläutern. Lediglich vier Fälle des unmittelbaren Ausschlusses kommen dabei in Betracht. Drei dieser Vorgehensweisen sind gesetzlich normiert. Es handelt sich um die sogenannte Kaduzierung (dazu sofort unter I.) sowie um die Aktieneinziehung (dazu unten unter II.). Ferner können Aktien zusammengelegt werden, im deutschen Recht aber nur unter sehr engen Voraussetzungen (dazu unten unter III.).
Außerdem wird in Rechtsprechung und Lehre seit langer Zeit kontrovers diskutiert, ob es einen – gesetzlich nicht geregelten – Ausschluß aus wichtigem Grund im Aktienrecht gibt, der im Personengesellschaftsrecht gesetzlich vorgesehen und im Recht der GmbH zumindest richterrechtlich anerkannt ist (dazu unter IV.).

I. Die Kaduzierung von Aktien

Das in § 64 f. AktG geregelte Kaduzierungsverfahren betrifft den Ausschluß säumiger Aktionäre, die trotz Aufforderung durch den Vorstand nach § 63 AktG ihrer Pflicht zur Einlagenleistung aus § 55 AktG nicht nachgekommen sind. Der dann nach § 64 AktG mögliche Ausschluß bedeutet dabei den Verlust sämtlicher mitgliedschaftlicher Rechte und Pflichten unter Aufrechterhaltung der Aktie als solcher. Die Kaduzierungsregelungen der §§ 64 und 65 AktG sind als „rechtliche Regelungseinheit“[149] zwingend (§ 23 Abs. 5 AktG).[150] Es soll damit eine reale Kapitalaufbringung erreicht werden, so daß die §§ 64 f. AktG einem der Grundprinzipien des Aktienrechts, nämlich dem Grundsatz der Kapitalaufbringung und damit dem Gläubigerschutz, dienen.[151] Die Parallelvorschrift ist in § 21 GmbHG zu finden; das Verfahren sowie die Rechtsfolgen sind nahezu identisch.[152]
Im folgenden sollen kurz die Voraussetzungen, die Rechtsfolgen und die Bedeutung der Kaduzierung im Aktienrecht skizziert werden.

---

[149] So Geßler/Hefermehl/Eckardt/Kropff – Hefermehl/Bungeroth § 64 RdNr. 4.

[150] So die allgemeine Auffassung, vgl. Geßler/Hefermehl/Eckardt/Kropff – Hefermehl/Bungeroth aaO; Hüffer § 64 RdNr. 1.

[151] Geßler/Hefermehl/Eckardt/Kropff – Hefermehl/Bungeroth § 65 RdNr. 1.

[152] Vgl. Reinisch S. 17; zur Geschichte aller Kaduzierungsregeln Grunewald S. 50.

1. Die Voraussetzungen der Kaduzierung

Ein Kaduzierungsverfahren setzt zunächst voraus, daß die Personen, die sich zur Übernahme von Anteilen am Grundkapital der betreffenden Gesellschaft gegen Gewährung einer Einlage verpflichtet haben, ihrer Einlagepflicht nicht nachkommen. „Einlagen" im Sinne des § 64 Abs. 1 AktG bezeichnet dabei lediglich Geldeinlagen.[153] Es ist allerdings möglich, auch Sacheinlagen zu kaduzieren, wenn diese in Geldforderungen übergehen (beispielsweise aus Gründen von Leistungsstörungen). Ansonsten sind auch Nebenleistungen im Sinne des § 55 AktG, namentlich also Zinsen, Vertragsstrafen und ähnliche Leistungen, wie Sacheinlagen nicht kaduzierbar. [154] Eine Besonderheit stellt die sogenannte „gemischte Einlage" dar: Eine solche liegt vor, wenn sowohl eine Sach- als auch eine Geldeinlage geschuldet sind. In diesem Fall kann der Geldanteil kaduziert werden, der Sachanteil jedoch nicht. Allerdings ergibt sich aus der Kaduzierung des Geldanteils die widersprüchlich wirkende Rechtsfolge, daß sich der Verlust der geleisteten Teile der Einlage auch auf die Sacheinlage erstreckt, die Einlage mithin auch die Sacheinlage betrifft.[155]

Die Zuständigkeit für das Kaduzierungsverfahren ist gesetzlich nicht ausdrücklich begründet. Jedoch ergibt sich bei systematischer Auslegung des § 64 AktG, daß der Vorstand für das gesamte Kaduzierungsverfahren ausschließlich zuständig ist.[156]
Die Einforderung der Geldeinlage, auf die § 64 Abs. 1 AktG abstellt, ist die Zahlungsaufforderung des Vorstandes nach § 63 Abs. 1 AktG. Mit dieser wird ein Termin gesetzt, nach dessen Ablauf eine Einzahlung als verspätet gilt. Es kommt demnach also gerade nicht auf das Vorliegen der Verzugsvoraussetzungen der §§ 284 ff. BGB und insbesondere auch nicht auf ein Verschulden an.[157] Die Kaduzierung be-

---

[153] Streitig, aber ganz herrschende Meinung; vgl. KK/Lutter § 64 RdNr. 10 ff.; Hüffer § 64 RdNr. 3; Reinisch S. 17 f.; sehr ausführlich Geßler/Hefermehl/Eckardt/Kropff – Hefermehl/Bungeroth § 64 RdNr. 10 ff.; Hoffmann-Becking/Wiesner S. 99 RdNr. 11.
[154] Vgl. dazu auch Hoffmann-Becking/Wiesner aaO; Reinisch aaO; sowie Nirk S. 207f. RdNr. 357; ebenso auch Würdinger S. 68.
[155] So KK/Lutter § 64 RdNr. 8; Geßler/Hefermehl/Eckardt/Kropff – Hefermehl/Bungeroth § 64 RdNr. 14.
[156] Dies ist unstreitig; auf die Nähe zu § 63 stellt insbesondere Geßler/Hefermehl/Eckardt/Kropff – Hefermehl/Bungeroth § 64 RdNr. 36 ab. Vgl. des weiteren Cöster S. 23; Nirk S. 208 RdNr. 358; Hüffer aaO RdNr. 2.
[157] Vgl. Hüffer aaO RdNr. 3.

ginnt mit der Nachfristsetzung, mit der gemäß § 64 Abs. 1 AktG der Verlust der Mitgliedschaft sowie der etwa bereits geleisteten Einzahlungen angedroht werden muß. Dabei können die Nachfristsetzung und die Zahlungsaufforderung, anders als beispielsweise in § 326 Abs. 1 BGB, nicht miteinander verbunden werden.[158]

Die Nachfristsetzung muß nach § 64 Abs. 2 S. 1 AktG in den Gesellschaftsblättern – also nach § 25 AktG zumindest im Bundesanzeiger – bekanntgemacht werden, und zwar dreimal innerhalb bestimmter Fristen. Nachdem dies geschehen ist, gilt die Nachfrist als bekanntgemacht; § 64 Abs. 2 S. 2 und 3 AktG regeln Einzelheiten. Die betroffenen Aktionäre sind bei der Bekanntmachung zu bezeichnen; allgemeine Hinweise wie etwa „alle säumigen Aktionäre haben bis ... zu zahlen“ sollen dabei nicht ausreichen, da sie die Warnfunktion verfehlen.[159] Zu beachten ist dabei noch, daß bei vinkulierten Namensaktien, also Aktien, deren Übertragung von der Zustimmung der Gesellschaft abhängig gemacht wurde, gemäß § 64 Abs. 2 S. 4 AktG auch eine individuelle Androhung gegenüber dem säumigen Aktionär ausreicht, was den Vorteil der Kosteneinsparung hat.[160]

Der Vorstand kann[161] bei fruchtlosem Ablauf der Nachfrist die säumigen Aktionäre ihrer Aktien sowie eventuell geleisteter Beträge für verlustig erklären (sogenannte Ausschlußerklärung, § 64 Abs. 3 Satz 1 AktG). Auch diese Erklärung muß wiederum in den Gesellschaftsblättern veröffentlicht werden und wird mit Ausgabe des letzten Gesellschaftsblattes wirksam.[162] Bis zu diesem Zeitpunkt kann der Ausschluß noch jederzeit durch Zahlung seitens des Aktionärs abgewendet werden. Die Aktiengesellschaft, vertreten durch den Vorstand, kann bis zu diesem Zeitpunkt ebenfalls jederzeit das Kaduzierungsverfahren beenden, indem sie davon Abstand nimmt.[163]

---

[158] Ganz herrschende Auffassung; vgl. KK/Lutter § 64 RdNr. 16; Hüffer aaO RdNr. 4; Hoffmann-Becking/Wiesner S. 99f. RdNr. 13.
[159] So Hüffer aaO RdNr. 5; KK/Lutter aaO RdNr. 19.
[160] Vgl. dazu Cöster S. 23; Nirk S. 210 RdNr. 361.
[161] Er muß dies aber nicht, vgl. KK/Lutter aaO RdNr. 23 m.w.N. zur Rechtsprechung.
[162] So Nirk S. 211 RdNr. 363; KK/Lutter aaO RdNr. 25; Hüffer aaO RdNr. 6.
[163] Vgl. Geßler/Hefermehl/Eckardt/Kropff – Hefermehl/Bungeroth § 65 RdNr. 10; Einzelheiten bei Hüffer aaO RdNr. 6.

2. Die Rechtsfolgen der Kaduzierung

Folge des Kaduzierungsverfahrens ist, daß die von der Kaduzierung betroffenen Mitglieder der Gesellschaft ihre mitgliedschaftliche Stellung verlieren. Das bedeutet, daß die mitgliedschaftlichen Rechte, wie etwa das Stimm- und Auskunftsrecht oder das Dividendenbezugsrecht, ebenso wie die mitgliedschaftlichen Pflichten enden.[164] Zudem – und dies ist eine bemerkenswerte Folge der Kaduzierung – verlieren die Betroffenen ihre unter Umständen bereits eingezahlten Teile der Einlagen. Sie erhalten für diesen Verlust auch keinerlei Kompensation, so daß die Kaduzierung also wie eine „entschädigungslose Enteignung"[165] wirkt.

Die Mitgliedschaft selbst geht aber nicht unter.[166] Somit stellt sich die Frage, wem diese dann zuzuordnen ist. Sie dem betroffenen Aktionär zuzuordnen wäre widersprüchlich; es geht im Kaduzierungsverfahren gerade darum, dem säumigen Aktionär die Mitgliedschaft zu entziehen.[167] In Frage kommt insofern eine Zuordnung entweder zur Aktiengesellschaft, die das Verfahren betrieben hat, selbst[168] oder überhaupt keine Zuordnung. Letzteres hieße, daß es sich bei der Mitgliedschaft um ein „herrenloses Recht" handelte.[169] Für die Argumentation, es handele sich um Anteile, welche der Gesellschaft zuzurechnen sind, spricht vordergründig bereits der Wortlaut: Nach § 64 Abs. 3 AktG werden die säumigen Aktionäre ihrer Rechte *zugunsten der Gesellschaft* für verlustig erklärt. Andererseits wird dies als Hinweis auf die

---

[164] Vgl. Nirk S. 211 RdNr. 364; Hüffer aaO RdNr. 7; KK/Lutter RdNr. 29 ff.

[165] Geßler/Hefermehl/Eckardt/Kropff – Hefermehl / Bungeroth § 64 RdNr. 1.

[166] Dies ist im übrigen unstreitig; vgl. Geßler/Hefermehl/Eckardt/Kropff – Hefermehl/Bungeroth § 64 RdNr. 43ff., 47; Hüffer aaO RdNr. 8; KK/Lutter aaO RdNr. 27; Reinisch S. 18; wohl auch Schmidt S. 1124; so auch Würdinger S. 68. Ungenau insofern Nirk S. 211 RdNr. 365, der die sofort zu diskutierende streitige Frage, wem die Anteile zuzuordnen sind mit der Frage des Untergangs der Mitgliedschaft vereint.

[167] Die Auffassung, die kaduzierte Mitgliedschaft dem Aktionär zuzuordnen, wurde früher wohl vereinzelt vertreten, ist nunmehr aber aufgegeben worden. Vgl. dazu die Nachweise bei Geßler/Hefermehl/Eckardt/Kropff – Hefermehl/Bungeroth § 64 RdNr. 47.

[168] So vertreten von KK/Lutter aaO RdNr. 35; Hüffer aaO RdNr. 8 m. w. N.

[169] Dies wird auch „subjektloses Recht" bezeichnet, wobei eine Unterscheidung nicht ersichlich ist. So vertreten von BGHZ 42, 89, 92 (zur GmbH); Geßler/Hefermehl/Eckardt/Kropff – Hefermehl/Bungeroth § 64 RdNr. 49 m. w. N.

Verwertungsbefugnis aus § 65 AktG betrachtet,[170] so daß dieser Hinweis auf den Wortlaut allein nicht als ausreichend erscheint.
Gegen ein „subjektloses" oder „herrenloses Recht" spreche aber, daß ein solches, im Gegensatz zur herrenlosen Sache, nicht denkbar sei.[171] Auch dieses Argument ist vordergründig zutreffend, kann aber nicht gänzlich überzeugen; es ist sehr wohl denkbar, daß man die Mitgliedschaft als zumindest vorübergehend nicht an ein Rechtssubjekt gebunden, sondern als isoliert bestehend ansieht. Zwar erscheint die Auffassung der Zuordnung zur Gesellschaft allein deshalb bereits vorzugswürdig, weil sie eine durchgängige Zuordnung der Anteile bei der Gesellschaft sichert. In dem Fall, daß die Verwertung fehlschlägt, steht der Gesellschaft ohnedies die Inhaberschaft zu, so daß auch von einer durchgängigen Inhaberschaft ausgegangen werden kann.[172] Dann ist aber nicht zu erklären, weshalb die Gesellschaft bei durchgängiger Inhaberschaft nicht berechtigt sein soll, die Anteile zu bilanzieren.[173] Letztendlich kann diese Frage, wem die kaduzierten Anteile zuzurechnen sind, aber dahinstehen. Es ist allenfalls dogmatisch reizvoll, aber praktisch wenig ergiebig, diese Frage zu klären, weil sich der Unterschied nicht auswirkt.[174] Somit sind die Auffassungen verständlich, welche die Frage nach der Zuordnung bewußt offenlassen.[175] Die praktischen Rechtsfolgen einer Kaduzierung sind nämlich weitgehend unstreitig: Das Stimmrecht aus den kaduzierten Anteilen kann weder von der Gesellschaft selbst noch von einem Dritten ausgeübt werden; Dividenden und Liquidationsgewinnanteile werden auf die kaduzierten Aktien nicht ausgeschüttet.[176] Wichtig ist in diesem Zusammenhang lediglich, daß für die Aktiengesellschaft, die nach § 65 AktG das Verwertungsrecht an den kaduzierten Anteilen hat, eine Verwertung außerhalb des § 65 AktG nicht in Betracht kommt. Die alten Aktienurkunden werden, soweit sie ausgegeben sind, mit der Ausschlußerklärung des Vorstandes kraftlos; § 65 Abs. 4 S. 1 AktG schreibt dann auch die Ausgabe neuer Aktienurkunden an Stelle der alten vor. Un-

---

[170] So zumindest Geßler/Hefermehl/Eckardt/Kropff – Hefermehl/Bungeroth aaO.
[171] So Hüffer aaO RdNr. 8.
[172] KK-Lutter aaO RdNr. 35, der von einer „interimistischen Inhaberin" spricht.
[173] Das Verbot der Bilanzierung der Anteile ist unstreitig, vgl. dazu Geßler/Hefermehl/Eckardt/Kropff – Hefermehl/Bungeroth aaO RdNr. 48.
[174] So zutreffend Reinisch S. 18; Hüffer aaO RdNr. 8.
[175] Ebenso Reinisch aaO m.w.N.
[176] Geßler/Hefermehl/Eckardt/Kropff – Hefermehl/Bungeroth aaO RdNr. 45; Hüffer § 64 RdNr. 7.

terbleiben kann dies nur, wenn die Mitgliedschaft nicht verbrieft worden ist.[177]

Eine weitere Besonderheit beim Kaduzierungsverfahren besteht darin, daß der kaduzierte Aktionär nach § 64 Abs. 4 S. 2 AktG sogenannter Ausfallschuldner bleibt. Dies bedeutet, daß er zwar nicht mehr die Einlage schuldet, dennoch aber für die ausstehenden Einlageverbindlichkeiten – wenn auch lediglich subsidiär – haftet.[178] Diese Subsidiarität der Haftung ergibt sich aus § 65 Abs. 1 AktG, wonach jeder Rechtsvorgänger in Anspruch genommen werden kann, wenn der Betrag von seinem Nachfolger nicht zu erlangen ist.[179] Die Haftung ist nach § 65 Abs. 2 AktG allerdings auf zwei Jahre befristet.[180]
Gegen Zahlung des ausstehenden Betrages durch einen anderen verpflichteten Eigenkapitalgeber wird gemäß § 65 Abs. 1 S. 4 AktG eine neue Aktienurkunde ausgehändigt. Sollte auf diese Weise der ausstehende Betrag nicht erlangt werden können, so wird die Aktie auf dem nach § 65 Abs. 3 AktG vorgegebenen Weg veräußert,[181] nämlich zum amtlichen Börsenpreis oder, bei Fehlen eines solchen, durch Versteigerung.

3. Die praktische Bedeutung der Kaduzierung

Das Kaduzierungsverfahren scheint sich in der Praxis keiner großen Beliebtheit zu erfreuen. Das wird daran deutlich, daß – soweit ersichtlich – lediglich zwei höchstrichterliche Entscheidungen zum Kaduzierungsverfahren speziell im Aktienrecht ergangen sind, die beide bereits über ein halbes Jahrhundert zurückliegen.[182]
Die geringe praktische Relevanz der Regelungen zum Kaduzierungsverfahren im Aktienrecht hat mehrere Gründe. Zum einen entstehen

---

[177] Hüffer aaO RdNr. 9; vgl. dazu detailliert Geßler/Hefermehl/Eckardt/Kropff – Hefermehl/Bungeroth aaO RdNr. 50 ff.
[178] Dazu KK-Lutter aaO RdNr. 40; Hüffer aaO RdNr. 7.
[179] So Grunewald GesR S. 238 RdNr. 219.
[180] Zu Einzelheiten zur Befristung wie zur Verjährung vgl. noch umfassend Geßler/Hefermehl/Eckardt/Kropff – Hefermehl/Bungeroth § 65 RdNr. 18 ff.
[181] So Würdinger S. 68; Kübler S. 178; zu Einzelheiten bzgl. § 65 AktG noch Nirk S. 213, RdNr. 369 ff.
[182] Diese sind RGZ 79, S. 174 ff. (zur Zuständigkeit des Vorstandes u. a.) sowie RGZ 85, S. 366 ff. (zum Gleichbehandlungsgebot u. a.). Ansonsten ist eine Reihe von Entscheidungen zum Kaduzierungsverfahren im Recht der GmbH ergangen, welche aufgrund der weitgehenden Übereinstimmung freilich auch im Aktienrecht eine gewisse Bedeutung erlangen.

heute Aktiengesellschaften vornehmlich im Wege der Umwandlung von bereits in anderen Rechtsformen bestehenden Gesellschaften; das UmwG ist der häufigsten beschrittene Weg, der zur Aktiengesellschaft hinführt.[183] Dies bedeutet aber, daß säumige Aktionäre, die ihrer Einlagepflicht nicht nachkommen, nur im Rahmen der Kapitalerhöhung auftreten und das Kaduzierungsverfahren mithin einen beschränkten Anwendungsbereich hat.
Auch ist der Fall, daß sich eine Person entschließt, Aktionär zu werden, und dann die Einlage nicht leistet, in der Praxis wohl selten. Dieser Entschluß bedeutet, sich am Kapitalmarkt durch Investitionen zu beteiligen; sei es, um Mitgesellschafter einer ganz bestimmten Aktiengesellschaft zu werden, sei es, um lediglich eine Kapitalanlage zu ermöglichen und eine möglichst hohe Rendite auf das eingesetzte Kapital zu erlangen. Dieses Vorhaben aber setzt wiederum eine umfassende Information und Vorbildung und damit relativ viel Aufwand seitens der zur Investition bereiten Person voraus, so daß ein einmal gefaßter Entschluß, Aktionär zu werden, in aller Regel wohl nicht an der Einlagenleistung scheitert, die von Beginn an eingeplant war.
Zum anderen setzt die Kaduzierung voraus, daß die betreffende Gesellschaft bereits im Handelsregister eingetragen, der Aktionär also Gesellschafter ist und die mitgliedschaftlichen Rechte und Pflichten bereits vor Einlagenerbringung erworben hat.[184] Da die §§ 36 Abs. 2, 36a Abs. 1 AktG aber vorschreiben, daß eine Eintragung erst erfolgen darf, wenn bereits auf jeden Anteil 25% des Nennbetrages samt Agio gezahlt wurden, bleibt auch insofern wenig Raum für Kaduzierungsfälle.[185]

Im vorliegenden Zusammenhang interessiert die Kaduzierung vornehmlich als Mittel zum Ausschluß von Minderheitsgesellschaftern. In diesem Sinne wird die Kaduzierung für den Mehrheitsgesellschafter kaum Bedeutung erlangen, da der auszuschließende Gesellschafter in seiner Person eine Ursache setzen muß; es kann ja nach dem Dargestellten nicht ohne weiteres ein Ausschluß erfolgen. Dennoch ist im Ergebnis festzuhalten, daß die Kaduzierung nach § 64 AktG eine gesetzlich geregelte Form des unmittelbaren Aktionärsausschlusses darstellt, wenn auch lediglich dann, wenn der Aktionär durch die Säumnis selbst eine Ursache setzen muß.

---

[183] Ebenso Reinisch S. 19.
[184] Vgl. Geßler/Hefermehl/Eckardt/Kropff – Hefermehl/Bungeroth § 65 RdNr. 6.
[185] Vgl. zu all dem auch Reinisch S. 19.

II. Die Einziehung von Aktien

Die Einziehung von Aktien nach § 237 AktG, auch Amortisation genannt, ist die zweite gesetzlich geregelte Form des unmittelbaren Aktionärsausschlusses.[186]

1. Allgemeines

§ 237 AktG betrifft dabei die Einziehung von Aktien als dritte Form der Kapitalherabsetzung neben der ordentlichen Kapitalherabsetzung des § 222 AktG und der einfachen Kapitalherabsetzung nach § 229 AktG, wobei kraft Verweisung bei allen drei Formen die Regeln der ordentlichen Kapitalherabsetzung teilweise oder umfassend Anwendung finden.[187] Die Einziehung von Aktien ist dabei lediglich in der Weise möglich, die § 237 AktG vorgibt;[188] die Regelung ist mithin abschließend.
Die Einziehung ist vor allem gegenüber der Kaduzierung abzugrenzen; entscheidend ist, daß die Zwangseinziehung zum Untergang der Mitgliedschaft führt, wogegen die Kaduzierung den Zweck verfolgt, die Mitgliedschaft zu erhalten und dem folgend zu verwerten.[189]

Zu der Frage, ob für die Einziehung ein bestimmter Grund vorliegen muß, schweigt das Gesetz. Es ist damit anzunehmen, daß jeder erlaubte Zweck im Rahmen des § 237 AktG zu einer Aktieneinziehung führen kann. Insbesondere ist es neben den in der Praxis üblichen Zwecken der Kapitalherabsetzung zur Sanierung, Verminderung der Haftungsmasse oder Rückstellungsbildung auch zulässig, die Einziehung lediglich mit der Folge der Kapitalherabsetzung einzusetzen, um Aktionäre aus der Gesellschaft auszuschließen.[190]
Eine Parallelvorschrift findet sich für das Recht der GmbH in § 34 GmbHG.

---

[186] Zur Geschichte der Einziehungsvorschriften vgl. ausführlich Grunewald S. 50 ff.
[187] Vgl. dazu Hüffer § 222 RdNr. 2 ff.
[188] So Hüffer § 237 RdNr. 1; zur Abgrenzung zu ähnlichen Rechtsinstituten vgl. RdNr. 2 ff.; Geßler § 237 RdNr. 5.
[189] So Würdinger S. 200 / 201; vgl. Geßler/Hefermehl/Eckardt/Kropff – Hefermehl/Bungeroth § 64 RdNr. 1 und Hefermehl § 237 Nr. 3.
[190] Dieser Auffassung wird – soweit ersichtlich – nicht widersprochen, vgl. KK/Lutter § 237 RdNr. 13; Reinisch S. 20; Hüffer § 237 RdNr. 4; Hoffmann-Becking/Krieger S. 576 RdNr. 10; Nirk S. 832 RdNr. 1537; vgl. auch Geßler § 237 RdNr. 3 f.

Zwei verschiedene Arten der Amortisation sind zu unterscheiden: Zum einen kann die Amortisation in der Weise erfolgen, daß die Aktien zwangsweise eingezogen werden, zum anderen kann eine Einziehung aber auch erst nach Erwerb der Anteile durch die Gesellschaft erfolgen, so § 237 Abs. 1 S. 1 AktG.[191] Diese beiden Arten der Amortisation unterscheiden sich in den Voraussetzungen lediglich geringfügig. Die Amortisation durch Erwerb der Anteile durch die Gesellschaft setzt einen „freiwilligen"[192] Verkauf durch die Aktionäre voraus. Da hier lediglich die Frage nach Möglichkeiten der unfreiwilligen Entfernung von Gesellschaftern interessiert, kann sich die folgende Darstellung auf die zwangsweise Amortisation beschränken.[193]

2. Die Voraussetzungen der zwangsweisen Amortisation

Die Amortisation darf zwangsweise nur stattfinden, wenn die Aktien der Gesellschaft nicht selbst gehören und wenn die Amortisation in der ursprünglichen Satzung oder durch Satzungsänderung vor Übernahme oder Zeichnung der Aktien angeordnet oder gestattet war, § 237 Abs. 1 S. 2 AktG. Zu unterscheiden ist also zwischen der *gestatteten* und der *angeordneten* zwangsweisen Amortisation. Zudem muß in beiden Fällen die einzuziehende Aktie schon immer mit der drohenden Einziehung behaftet gewesen sein, was sich aus § 237 I S.2 AktG entnehmen läßt.[194]

---

[191] Vgl. auch den Überblick bei Cöster S. 24 ff.

[192] Freiwillig nach dem Gesetz, aber dennoch unfreiwillig könnte eine Veräußerung dann sein, wenn zudem ein *squeezeout* seitens des Mehrheitsaktionärs gebraucht würde, um an die Aktien der Mitgesellschafter zu kommen. Vgl. dazu bereits die oben unter **§ 2** vorgestellten Varianten des *squeezeout.*

[193] Vgl. zur isolierten Darstellung der Amortisation nach Erwerb durch die Gesellschaft nur Nirk, S. 834 RdNr. 1544 ff.; Hüffer § 237 RdNr. 19 ff.; Geßler/Hefermehl/Eckardt/Kropff – Hefermehl § 237 RdNr. 16 ff.

[194] Umstritten ist, ob es durch die Zustimmung der betroffenen Aktionäre möglich ist, die Einziehung auch nachträglich zu gestatten. Vgl. dazu umfassend Reinisch S. 21 f., auch Lutter aaO RdNr. 21 ff., 29 ff. m. w. N. Dies ist sowohl wegen der Freiheit der Aktionäre, in bestimmten Grenzen auf ihre Rechte verzichten zu dürfen, als auch wegen des Erfordernisses der nachträglichen Zustimmung, so daß eine Warnfunktion erfüllt ist, mit der ganz herrschenden Auffassung anzunehmen. Vgl. dazu auch Hüffer aaO RdNr. 8 m. w. N; zustimmend Geßler aaO RdNr. 10; ebenso Reinisch S. 22. Zutreffend bemerkt Schindler (auf S. 97) dazu aber, daß dies kein praktisch gangbarer Weg sei, weil die Kosten und der Aufwand, der erneut für die Satzungsänderung allein aufgrund § 179 AktG entsteht, außer Verhältnis zur Zielsetzung stehen dürfte.

Einziehung bedeutet des weiteren, daß Mitgliedschaftsrechte vernichtet werden und damit sämtliche Rechte und Pflichten erlöschen; selbstverständlich ist aber, daß nicht alle Mitgliedschaften vernichtet werden dürfen, denn das wäre die Selbstauflösung im Sinne des § 262 AktG.[195]

Eine Zwangseinziehung ist dann *angeordnet*, wenn die (ursprüngliche oder geänderte) Satzung die entsprechende Vorgehensweise detailliert und abschließend regelt. So müssen alle Modalitäten der Amortisation, wie etwa Voraussetzungen, Umfang und Entgelt geregelt sein.[196] Dem Vorstand darf dabei lediglich die Feststellung, daß der Satzung genüge Getan ist, nicht aber ein Entscheidungsspielraum verbleiben, weshalb auch bei der angeordneten Aktieneinziehung lediglich eine Entscheidung des Vorstandes über die Einziehung und kein weiterer Hauptversammlungsbeschluß erforderlich ist (vgl. dazu § 237 Abs. 6 S. 1 und 2 AktG).[197] Im anderen Fall kommt lediglich eine *gestattete* Zwangsamortisation in Betracht; diese kann dann geschehen, wenn die Satzung sie zwar zuläßt, daß Verfahren aber nicht im Einzelnen regelt.[198] Nach § 237 Abs. 2 S. 2 AktG kann sich die Satzung gar darauf beschränken, die Einziehung ohne weitere Voraussetzungen in das Ermessen der Hauptversammlung zu stellen. Soweit ersichtlich, wird in der Literatur bisher nicht erörtert, ob das Erfordernis der Satzungsermächtigung für eine Amortisation auch im nachhinein geschaffen werden kann, nämlich durch Verschmelzung auf eine Gesellschaft, deren Satzung die Einziehung zuläßt. Ist dies der einzige Zweck der Verschmelzung, was insbesondere dann naheliegt, wenn die Gesellschaft neu gegründet wurde, können die Minderheitsaktionäre den Verschmelzungsbeschluß der übertragenden Gesellschaft wegen Treupflichtverletzung nach § 243 Abs. 1 AktG anfechten.

Eine Besonderheit der Einziehung von Aktien ist, daß der Zweck, dem die Einziehung dienen soll, nicht durch das Aktiengesetz beschränkt wurde. So tritt die Amortisation neben die anderen Formen der Kapitalherabsetzung; Zweck kann also Sanierung, Rückstellungsbildung, Rückzahlung an die Aktionäre oder auch gezielter Aktionärsausschluß

---

[195] So Hüffer aaO RdNr. 5.

[196] Vgl. Nirk S. 833 RdNr. 1541.

[197] Insofern ähnelt die angeordnete Zwangseinziehung durchaus dem genehmigten Kapital. Vgl. zu Einzelheiten der angeordneten Zwangseinziehung auch KK/Lutter § 237 RdNr. 34 ff.; Hüffer aaO RdNr. 10 ff.

[198] Hoffmann-Becking/Krieger S. 668 RdNr. 10f., Nirk aaO RdNr. 1542.

sein. Ebenso sind die Voraussetzungen nicht vorgegeben; diese können weitestgehend von der Satzung selbst bestimmt werden. So kann beispielsweise angeordnet werden, daß alle Aktien einer gewissen Gattung zu einem bestimmten Zeitpunkt einzuziehen sind oder daß bestimmte Mengen bestimmter Gattungen nach einem Auslosungsverfahren eingezogen werden.[199]

Gesetzlich geregelt ist zudem ebenfalls nicht, ob und in welcher Form eine Entschädigung, ein sogenanntes Einziehungsentgelt, zu gewähren ist.[200] Bei der angeordneten Zwangseinziehung müssen sämtliche Modalitäten, mithin auch die Frage des Einziehungsentgeltes, satzungsmäßig festgelegt sein.[201] Problematischer und kontrovers diskutiert wird diese Frage aber im Falle der bloß gestatteten Zwangseinziehung. In diesen Fällen muß allerdings nach überzeugender Meinung auch ein Einziehungsentgelt zulässig sein, das unter dem wirklichen Wert des Anteiles liegt, weil der Anteilsinhaber ja von vornherein die Möglichkeit hatte, sich über diesen Nachteil seiner damit nicht vollwertigen Aktie zu informieren.[202] Es ist nicht einzusehen, weshalb der Aktionär nicht berechtigt sein sollte, „unvollständige" oder vorbelastete Rechte zu erwerben; die Privatautonomie ist in solchen Fällen höher einzuschätzen als die Schutzbedürfnisse einzelner.
Dagegen wird die Frage, ob ein höheres als das tatsächliche Entgelt gezahlt werden darf, uneinheitlich beantwortet. Dies wird – wohl aus Gründen des Gläubigerschutzes – teilweise abgelehnt.[203] Dagegen ist aber anzuführen, daß die Gläubiger ausreichend durch die Vorschriften der §§ 237 Abs. 2 S. 1, 225, 237 Abs. 3 AktG geschützt sind.[204] Damit steht der höheren Auszahlung nichts im Wege.

---

[199] Vgl. zu all dem Hoffmann-Becking/Krieger S. 667 RdNr. 8; Hüffer aaO RdNr. 4.
[200] Sehr detailliert und differenzierend Lutter § 237 RdNr. 57 ff.
[201] Unstreitig, vgl. KK/Lutter aaO RdNr. 69; Hüffer aaO RdNr. 17; Hoffmann-Becking/Krieger S. 669 RdNr. 12; Nirk S. 833 RdNr. 1541.
[202] So Hoffmann-Becking/Krieger S. 669 RdNr. 12; Hüffer aaO RdNr. 17. Deshalb differenziert Lutter, in KK/Lutter aaO RdNr. 64 ff., 67 ff., auch danach, ob es sich um Anteile einer börsennotierten Publikumsgesellschaft handelt oder um eine „geschlossene" AG; hiernach will er der Schutzwürdigkeit entsprechend unterscheiden. So soll etwa in einer Gesellschaft, deren Anteile über Banken erworben werden, eine solche Regelung unzulässig sein, da der Aktionär mit solch einer Beschränkung im Sinne des § 3 AGBG nicht zu rechnen brauche. Dies überzeugt jedoch schon deshalb nicht, weil der Aktionär zumindest die auch zumutbare Möglichkeit hatte, sich umfassend über die Beschränkung seiner Anteile zu informieren.
[203] So Hoffmann-Becking/Krieger aaO, allerdings ohne jegliche Begründung.
[204] Zutreffend Hüffer aaO RdNr. 17.

Teilweise wird die Zulässigkeit einer unentgeltlichen Entziehung bestritten.[205] Diese ist deshalb problematisch, weil der betroffene Aktionär zwar Geld leistet, um eben seine Stellung als Gesellschafter zu erlangen, aber dennoch (unter bestimmten Voraussetzungen) einfach ohne Entschädigung ausgeschlossen werden kann. Somit wäre er eigentlich nie ein richtiges „Vollmitglied" der Gesellschaft gewesen.[206] Demgegenüber kann auch der Einwand nicht greifen, der Aktionär habe von seiner schwachen Stellung gewußt, als er Gesellschafter wurde. Er wäre zu jeder Zeit nicht nur mitgliedschaftlich, sondern auch vermögensmäßig Aktionär auf Zeit gewesen,[207] was dem grundsätzlichen Begriff des Gesellschafters im Aktienrecht aber widerspricht. Eine völlig unentgeltliche Einziehung ist mithin abzulehnen.
Schließlich muß es ausgeschlossen sein, daß die Bestimmung des Entgeltes bei der gestatteten Einziehung durch die Satzung in das Ermessen der Hauptversammlung gestellt wird. Zulässig ist allein eine Festlegung in der Satzung, die es der Hauptversammlung vorbehält, eine angemessene Entschädigung zu beschließen.[208] Ist allerdings überhaupt keine Anweisung an die Hauptversammlung in der Satzung enthalten, so kann dieses Schweigen der Satzung auch nicht als Ermächtigung zum unentgeltlichen Entzug der Mitgliedschaft verstanden werden; vielmehr muß eine Vergütung gewährt werden, die angemessen zu sein hat.[209]

3. Inhaltskontrolle als ungeschriebene Voraussetzung der zwangsweisen Amortisation ?

In der Lehre wird auch für die Zwangseinziehung von Aktien die Frage gestellt, ob die ungeschriebene Voraussetzung einer sachlichen Rechtfertigung für die Zwangseinziehung zu ordern ist; es ist also

---

[205] Generell zustimmend Hoffmann-Becking aaO; Geßler aaO RdNr. 24, dieser stellt allerdings darauf ab, ob diese Regelung ausdrücklich in der Satzung vorhanden war; ansonsten seien die Aktionäre ohne weiteres „angemessen" zu entschädigen. Hüffer aaO hingegen spricht sich generell gegen eine unentgeltliche Einziehung aus.
[206] Lutter § 237 RdNr. 65.
[207] Vgl. Lutter aaO.
[208] So die wohl überwiegende Meinung, vgl. dazu KK/Lutter aaO RdNr. 70 ff., der die Angemessenheit an dem Börsenkurs samt Zuschlag aufgrund des tatsächlich höheren wirtschaftlichen Wertes berechnet; ferner Hoffmann-Becking/Krieger aaO; Hüffer aaO RdNr. 18; und ebenso bereits Godin/Wilhelmi, Aktiengesetz Band II, 4. Aufl., Berlin, New York 1971, § 237 Anm. 14.
[209] So auch Lutter aaO RdNr. 72 sowie Hoffmann-Becking/Krieger aaO, die beide auf § 315 BGB abstellen.

fraglich, ob der Einziehungsbeschluß der Hauptversammlung einer Inhaltskontrolle unterliegt oder nicht.[210]

Die vom BGH in der „*Kali und Salz*“ – Entscheidung entwickelte Kontrolle, die sich auf die Erfordernisse des sachlichen (im Gesellschaftsinteresse liegenden) Grundes, die Erforderlichkeit und die Verhältnismäßigkeit der Maßnahme bezieht,[211] ist dabei als Prüfungsmaßstab für die statutarische, also *angeordnete* Zwangseinziehung bereits deshalb nicht sachgerecht, weil die Mitgliedschaft ja nur bei Vorliegen von bestimmten, satzungsmäßig geregelten Voraussetzungen entzogen werden kann, was dem betroffenen Aktionär von Anfang an bekannt war oder zumindest hätte sein können. Damit aber ist für eine Inhaltskontrolle kein Raum.[212]

Anderes aber muß bei der *gestatteten* Zwangseinziehung gelten. Bei dieser wird eine materielle Beschlußkontrolle nach „*Kali und Salz*“ – Grundsätzen deshalb zu Recht gefordert, weil es sich um einen schwerer wirkenden Eingriff in die Mitgliedschaft als der eigentliche „*Kali und Salz*“ – Eingriff in das Bezugsrecht handelt. Der Ausschluß des Bezugsrechtes von Aktionären verringert deren mitgliedschaftliche Stellung prozentual im Verhältnis ihrer vorherigen Beteiligung, die komplette Entziehung der Mitgliedschaft stellt einen weiterreichenden Eingriff dar als lediglich dessen Verringerung.[213] Zudem geschieht dieser Eingriff für die betroffenen Aktionäre gleichsam „aus heiterem Himmel“, da die Hauptversammlung die Einzelheiten der Einziehung bestimmt und somit das Argument, die Aktionäre hätten dies von vorneherein gewußt, das bei der angeordneten Zwangseinziehung zutrifft, hier nicht richtig ist.[214] Der auszuschließende Aktionär ist demzufolge, anders als in den Fällen der angeordneten Einziehung von Aktien, schutzwürdig. Dieser Schutz kann auch wegen der Schwere des Ein-

---

[210] Siehe dazu die Diskussion dieser Frage bei Hoffmann-Becking/Krieger aaO RdNr. 9; Nirk S. 834 RdNr. 1543 m. w. N.; Hüffer aaO RdNr. 16; Reinisch S. 23; KK/Lutter aaO RdNr. 38.

[211] Dazu oben unter A. I. 2. (a); vgl. auch den Überblick bei Grunewald GesR S. 290 f. sowie bei Schmidt S. 907 f.

[212] So die allgemeine Auffassung zur angeordneten Amortisation, vgl. nur Hoffmann-Becking/Krieger aaO RdNr. 9; Nirk S. 834 RdNr. 1543 m. w. N.; Hüffer aaO RdNr. 16; Reinisch S. 23; KK/Lutter aaO RdNr. 38.

[213] So ausdrücklich Reinisch S. 23 und Hoffmann-Becking/Krieger S. 668 RdNr. 11; für eine Inhaltskontrolle des weiteren Hüffer aaO RdNr. 16; ebenso auch KK/Lutter aaO RdNr. 47; Grunewald S. 232 f. (letzte allerdings ohne Differenzierung), sowie Nirk S. 834 RdNr. 1543.

[214] Ebenso Nirk aaO.

griffes allein mit dem Instrument der Inhaltskontrolle ausreichend gewährleistet werden.

4. Das Verfahren und die Rechtsfolgen der Amortisation im Überblick

Hinsichtlich des Verfahrens der verschiedenen Amortisationsformen ist aufgrund der Verweisungen auf die allgemeinen Kapitalherabsetzungsvorschriften zu differenzieren: Es kann ein ordentliches Einziehungsverfahren nach § 237 Abs. 2 AktG oder aber ein vereinfachtes Einziehungsverfahren nach § 237 Abs. 3 – 5 AktG stattfinden. Beide Verfahrensarten kommen sowohl für die Zwangseinziehung als auch für die Einziehung eigener Aktien in Betracht. Wegen der Beschränkung auf den zwangsweisen Ausschluß bezieht sich die folgende Darstellung auf die Zwangseinziehung. Das vereinfachte Verfahren nach § 237 Abs. 3 – 5 AktG ist gegenüber dem ordentlichen Verfahren des § 237 Abs. 2 AktG hinsichtlich der Beschlußfassung und hinsichtlich des Gläubigerschutzes erleichtert.[215]

(a) Das ordentliche Einziehungsverfahren

Da sich die Einziehung nach den Vorschriften über die ordentliche Kapitalherabsetzung richtet, § 237 Abs. 2 S. 1 AktG, muß zunächst die Hauptversammlung nach ordnungsgemäßer Einberufung[216] einen Einziehungsbeschluß fassen, der aufgrund seiner satzungsändernden Qualität der qualifizierten Mehrheit des bei Beschlußfassung vertretenen Grundkapitals bedarf, § 222 Abs. 1 S. 1 AktG, sowie der einfachen Stimmenmehrheit des § 133 Abs. 1 AktG.[217] Der Inhalt dieses Beschlusses richtet sich ebenfalls nach den Regeln über die ordentliche Kapitalherabsetzung; er muß demnach zwingend Angaben über Höhe, Zweck und Art der Durchführung der Kapitalherabsetzung enthalten.[218] Ein solcher Hauptversammlungsbeschluß ist bei der angeordneten Zwangseinziehung nicht erforderlich, aber nach § 238 Satz 2 AktG zumindest möglich; im Regelfall entscheidet hier jedoch direkt

---

[215] Hoffmann-Becking/Krieger S. 670 RdNr. 14.
[216] KK/Lutter aaO RdNr. 18.
[217] Nirk S. 835 RdNr. 1546; Hüffer § 237 RdNr. 23. Vgl. zur Besonderheit es Vorhandenseins mehrerer Aktiengattungen und dem daraufhin notwendigen Sonderbeschluß auch Geßler/Hefermehl/Eckardt/Kropff – Hefermehl § 237 RdNr. 23.
[218] Hoffmann-Becking/Krieger aaO RdNr. 15; Hüffer aaO RdNr. 24f.

der Vorstand nach § 237 Abs. 6 AktG.[219] Eines Beschlusses der Hauptversammlung bedarf es dann nicht.
Der Einziehungsbeschluß ist durch Vorstand und Aufsichtsratsvorsitzenden gemeinsam[220] zur Eintragung in das Handelsregister einzutragen, § 237 Abs. 2 in Verbindung mit § 223 AktG.
Nach Prüfung durch den Registerrichter und Eintragung im Handelsregister sind die Gläubigerschutzvorschriften des § 225 Abs. 1 AktG zu beachten: Mit der Bekanntmachung des Beschlusses hat ein Hinweis an die Gläubiger zu ergehen, daß sie für ihre ausstehenden Forderungen eine Sicherheit verlangen können.[221]

Die Einziehung der Mitgliedschaftsrechte erfolgt durch eine besondere „Einziehungshandlung" seitens des Vorstandes, § 238 S. 3 AktG. Damit wird die Kapitalherabsetzung nach § 238 S. 1 AktG wirksam.[222] Diese Einziehungshandlung besteht in einer Einziehungserklärung, die empfangsbedürftige Willenserklärung ist, und die seitens der Gesellschaft, vertreten durch den Vorstand, gegenüber dem Inhaber des zu vernichtenden Mitgliedsrechtes abzugeben ist.[223] Die Durchführung der Kapitalherabsetzung muß wiederum im Handelsregister eingetragen werden; sie ist daher nach § 239 AktG ebenfalls anzumelden.

Zuletzt wird dann das Entgelt für die Einziehung gezahlt; jedoch müssen dabei wiederum die gläubigerschützenden Vorschriften des § 225 AktG beachtet werden. Dieser schreibt vor, daß während des Zeitraums von sechs Monaten für die Gesellschaft ein Verbot der Auszahlung an die ausgeschlossenen Aktionäre besteht, und zudem in diesem Zeitraum allen anfragenden Gläubigern Sicherheit geleistet werden muß (sog. Sperrhalbjahr).[224] Als Rechtsfolge ergibt sich aus § 238 AktG, daß die eingezogenen Aktien vernichtet werden; die durch die Aktie vermittelte Mitgliedschaft erlischt im ganzen.[225]

---

[219] Vgl. dazu auch Hoffmann-Becking/Krieger aaO RdNr. 16; Hüffer aaO RdNr. 22.
[220] Hüffer § 237 RdNr. 26.
[221] KK-Lutter § 237 RdNr. 18; Hüffer § 237 RdNr. 27 f.
[222] Vgl. KK/Lutter aaO; zu Einzelheiten vgl. auch Hoffmann-Becking/Krieger S. 673 RdNr. 25.
[223] Vgl. Hüffer § 238 RdNr. 7 ff.
[224] Ausführlich zum Gläubigerschutz Geßler/Hefermehl/Eckardt/Kropff – Hefermehl § 237 RdNr. 27 ff.; vgl. auch Hoffmann-Becking/Krieger aaO RdNr. 18 sowie KK/Lutter aaO RdNr. 88 ff.
[225] Cöster S. 26; Hoffmann-Becking/Krieger S. 644 RdNr. 6; Hüffer § 238 RdNr. 5.

Dementsprechend ist das Grundkapital der Aktiengesellschaft herabgesetzt, § 238 AktG, und zwar um den Nennbetrag der eingezogenen Aktien.[226]

Wichtig ist, daß hier bezüglich der Rechtsfolge ein Unterschied zur Rechtsfolge des § 224 besteht: Im Gegensatz zu der Rechtsfolge bei der regulären Kapitalherabsetzung muß bei der Herabsetzung durch Einziehung zur Eintragung des Herabsetzungsbeschlusses noch die Einziehungshandlung hinzukommen, um die Rechtsfolge des § 238 AktG auszulösen.

(b) Das vereinfachte Einziehungsverfahren

Das vereinfachte Einziehungsverfahren weist, wie angemerkt, Besonderheiten hinsichtlich erleichterter Gläubigerschutz- und Beschlußfassungsvorschriften auf. Voraussetzung für die Anwendbarkeit der Vorschriften des § 237 Abs. 3 – 5 AktG ist aber in jedem Fall nach § 237 Abs. 3 AktG, daß die der Gesellschaft weder zum Zwecke des Erwerbs – der hier nicht behandelt werden soll – noch zum Zwecke der Zwangseinziehung irgendwelche Aufwendungen aus der Substanz des Gesellschaftsvermögens getätigt hat.[227] Dies betrifft zwei gesetzlich geregelte Fälle: Einmal, wenn die Anteile der Gesellschaft unentgeltlich zur Verfügung gestellt wurden, § 237 Abs. 3 Nr. 1 AktG, zum anderen, wenn die Einziehung aus Mitteln des aktuellen Gewinns oder einer entsprechenden Rücklage, also aus freien Mitteln, finanziert wird, § 237 Abs. 3 Nr. 2 AktG.[228]
Außerdem muß bei der vereinfachten Zwangseinziehung auch jede Aktie samt Aufgeld (*Agio* bei Ausgabe über dem Nennbetrag) voll bezahlt sein, § 237 Abs. 3 S. 1 AktG. Ansonsten würde die restliche Einlagepflicht zu Lasten der Gläubiger mit der Einziehung erlöschen.[229]

---

[226] Hoffmann-Becking / Krieger aaO; Hüffer § 238 RdNr. 5.
[227] Vgl. dazu Geßler/Hefermehl/Eckardt/Kropff – Hefermehl § 237 RdNr. 31.
[228] Dazu Geßler/Hefermehl/Eckardt/Kropff – Hefermehl aaO; Hüffer aaO RdNr. 32/34; KK-Lutter aaO RdNr. 96 ff. Zur der im Detail umstrittenen Frage, ob die Unentgeltlichkeit entfallen ist, wenn die Gesellschaft zwar unentgeltlich erworben, dann jedoch die erworbenen Anteile aktiviert hat, vgl. KK/Lutter aaO RdNr. 97 ff. m. w. N.
[229] Zutreffend KK/Lutter aaO RdNr. 94; Hüffer aaO RdNr. 31; sollte gegen dieses Erfordernis verstoßen werden, so ist der zugrunde liegende Hauptversammlungsbeschluß nach einhelliger Auffassung nach § 241 Nr. 3 nichtig.

Nach § 237 Abs. 4 S. 2 AktG genügt bei der Beschlußfassung eine einfache Mehrheit; jedoch kann hier nur die Hauptversammlung diesen Beschluß fassen, § 237 Abs. 4 S. 1 AktG. Eine Ausnahme dazu gilt wiederum nach § 237 Abs. 6 AktG für die angeordnete Zwangseinziehung. Bemerkenswert ist mithin, daß es keiner qualifizierten Mehrheit, abweichend von der grundsätzlichen Regel des § 179 AktG auch nicht im Falle der Anpassung der Satzung, bedarf.[230] Nach ganz überwiegender Auffassung bedarf es auch nicht, wie im ordentlichen Einziehungsverfahren, der Sonderbeschlüsse, wenn mehrere Aktiengattungen einzuziehen sind; § 237 Abs. 4 AktG ist insofern abschließend.[231]

Ein weiterer grundlegender Unterschied des vereinfachten gegenüber dem ordentlichen Verfahren ist, daß gemäß § 237 Abs. 5 AktG lediglich ein Betrag, welcher dem Gesamtnennbetrag der einzuziehenden Aktien entspricht, zur Sicherung der Gläubiger in eine Kapitalrücklage einzustellen ist. Es wird hier also auf die umfassende Sicherung der Gläubiger durch individuelle Sicherheitsleistung verzichtet. Die Verwendung dieser Rücklage bestimmt sich nach § 150 Abs. 3 und Abs. 4 AktG.[232]

Hinsichtlich der Rechtsfolgen ergeben sich beim einfachen Einziehungsverfahren keine Besonderheiten. Insofern kann auf das soeben behandelte ordentliche Einziehungsverfahren verwiesen werden. Der Vorteil, der sich durch den Einsatz des vereinfachten Verfahrens ergibt, liegt lediglich darin, daß die Schutzvorschriften des § 225 AktG nicht anzuwenden sind.

---

[230] KK/Lutter aaO RdNr. 108; Hoffmann-Becking/Krieger S. 672 RdNr. 22; Geßler/Hefermehl/Eckardt/Kropff – Hefermehl aaO RdNr. 41 f.; Hüffer aaO RdNr. 35: „... einziger Fall einer Satzungsänderung, der keiner Kapitalmehrheit bedarf."

[231] Vgl. Nirk S. 836 RdNr. 1549; Hüffer aaO RdNr. 35; Hoffmann-Becking/Krieger aaO RdNr. 22; Geßler/Hefermehl/Eckardt/Kropff – Hefermehl aaO RdNr. 41; anderer Ansicht soweit ersichtlich allein Lutter in KK/Lutter aaO RdNr. 109. Es handelt sich lediglich um eine Auslegungsfrage; Hefermehl aaO betont, § 222 Abs. 2 AktG gelte ebenso wie Abs. 1 nicht, Lutter hingegen nimmt dieses an; eine Begründung wird hierfür nicht gegeben.

[232] Vgl. zu Einzelheiten noch Hüffer aaO RdNr. 38 ff. sowie Hoffmann-Becking/Krieger S. 672 RdNr. 23.

5. Tatsächliche Bedeutung der Aktieneinziehung

Die praktische Bedeutung der Regelungen zur Aktieneinziehung ist gering.[233] Dies ist dadurch zu erklären, daß es sich um ein relativ komplexes Verfahren mit mannigfachen Voraussetzungen handelt. Maßnahmen der Kapitalherabsetzung erfolgen vor allem zur Beseitigung einer sogenannten Unterbilanz, also wenn das bilanzierte Reinvermögen geringer ist als das in der Bilanz ausgewiesene Grundkapital.[234]

Für den Zweck des gezielten Ausschlusses eines Aktionärs ist dieses Vorgehen zu kompliziert. Die in Sanierungsfällen bevorzugte vereinfachte Kapitalherabsetzung nach den §§ 229 ff., 237 Abs. 3 AktG hat demgegenüber den Vorteil, daß die Gläubigerschutzvorschriften des § 225 AktG nicht greifen, da dabei keine Rückzahlung von Gesellschaftsvermögen an die Aktionäre erfolgt. Dennoch erscheint sie sehr umständlich. In der Praxis wird der Mehrheitsaktionär, der Minderheitsgesellschafter gegen ihren Willen aus der von ihm beherrschten Gesellschaft ausschließen will, ernsthaft nur diese vereinfachte Methode der Aktieneinziehung in Erwägung ziehen, obwohl sie immer noch sehr aufwendig ist.[235]

6. Exkurs : *redeemable shares*

In der jüngsten Literatur wird eine Rechtsfigur vorgestellt, die bereits kurz angesprochen wurde:[236] Die rückkaufbaren Aktien (*redeemable shares*). Diese Rechtsfigur ist in Deutschland bisher noch nicht im Aktiengesetz vorgesehen. Allerdings sehen die meisten anderen europäischen Länder wie auch die USA ein entsprechendes Rechtsinstitut in ihren Aktiengesetzen vor. Auch in Deutschland wird die Einführung solcher Aktien diskutiert; insbesondere ermöglicht Artikel 39 der

---

[233] Vgl. Hoffmann-Becking/Krieger S. 576 RdNr. 10 (mit lediglich einem Nachweis aus der Praxis); zudem ebenso Reinisch S. 2; ebenso auch Kübler S. 220 f.

[234] So zutreffend Reinisch aaO; vgl. auch Schmidt S. sowie Hoffmann-Becking/Krieger aaO RdNr. 9. Die nominelle Kapitalherabsetzung („Kapitalschnitt") erfolgt häufig zusammen mit einer sofort darauffolgenden effektiven Kapitalerhöhung, um die Möglichkeit zu schaffen, neues Eigenkapital durch Ausgabe neuer Aktien in die Gesellschaft hereinzuholen. Vgl. dazu auch Schmidt S. 903 ff. sowie ders., Die sanierende Kapitalerhöhung im Recht der Aktiengesellschaft, GmbH und Personengesellschaft, in: ZGR 1982, S. 520 ff., insb. S. 531 ff.

[235] Ebenso im Ergebnis Reinisch S. 25.

[236] Vgl. dazu bereits oben unter **§ 2** B. V.

sogenannten Kapitalrichtlinie[237] die Einführung eines entsprechenden Rechtsinstitutes.[238] Diese rückkaufbaren Aktien wären von der Amortisation insofern abzugrenzen, als daß die dem einfachen Einziehungsverfahren nach § 237 Abs. 3 bis 5 AktG unterliegenden Aktien auch ohne Beachtung der Vorschriften über die ordentliche Kapitalherabsetzung eingezogen werden können, sofern es sich um voll eingezahlte Aktien handelt und einen der Tatbestände des § 237 Abs. 3 Nr. 1 und 2 AktG vorliegt. Diese Eigenheit der Amortisation entspricht der Vorgabe, die die Kapitalrichtlinie in Artikel 39 aufstellt.[239] Anders als bei der Einziehung unterläge aber, internationalen Vorbildern folgend, der Rückerwerb von *redeemable shares* allein dem Vorstand in Vertretung der Gesellschaft, ist die *Ausgabe* der Aktien bereits zugelassen; es bedürfte folglich keines weiteren Hauptversammlungsbeschlusses.[240] Anders bei der Amortisation: Die Einziehung selbst ist in allen Fällen der Kompetenz der Hauptversammlung unterstellt, § 237 Abs. 4 S. 1 AktG. Zudem erfolgt – anders als bei der Aktieneinziehung – keine Herabsetzung des Grundkapitals der Gesellschaft, die Aktien rückerwirbt. Vielmehr können *redeemable shares* wie zurück gekaufte eigene Aktien behandelt werden, § 71 Abs. 1 Nr. 8 AktG; eine Einziehung der rückerworbenen Aktien kann, muß aber nicht stattfinden.[241] Die Kapitalrichtlinie macht insofern keine zwingenden Vorgaben.[242]

Bisher ist im deutschen Recht von der Möglichkeit der Einführung von *redeemable shares*, die Artikel 39 der Kapitalrichtlinie eröffnet, zwar noch keinen Gebrauch gemacht worden. Da eine solche Möglichkeit aber in den anderen europäischen Mitgliedstaaten wie in den USA bereits gesetzlich eröffnet ist, ist es nur noch eine Frage der Zeit,

---

[237] Zweite Richtlinie 77/91 EWG vom 13. Dezember 1976, abgedruckt in Lutter, Europäisches Unternehmensrecht, Grundlagen, Stand und Entwicklung nebst Texten und Materialien zur Rechtsangleichung, 4. Aufl., Berlin 1996, S. 114 ff.; ebenfalls abgedruckt in Habersack, Europäisches Gesellschaftsrecht, Einführung für Studium und Praxis, München 1999, S. 107 ff.

[238] Vgl. zu etwaigen Ausgestaltungsmöglichkeiten im deutschen Recht ausführlich Habersack, FS Lutter, S. 1338 ff.

[239] Vgl. dazu Habersack aaO S. 1335.

[240] Vgl. Habersack aaO S. 1341 f. mit Hinweisen auf das spanische Recht.

[241] Habersack aaO S. 1331.

[242] Vgl. dazu Habersack S. 1344 ff. Zu den zwingenden Voraussetzungen, die in das deutsche Recht zu übernehmen der Gesetzgeber durch die Kapitalrichtlinie aber gezwungen wäre vgl. S. 1335.

bis *redeemable shares* auch hierzulande Einzug ins Aktienrecht finden werden.[243]

III. Die Kapitalherabsetzung durch Aktienzusammenlegung und der Verlust von „Spitzen"[244]

Die dritte und letzte gesetzlich normierte Möglichkeit, die einen gezielten Ausschluß von Minderheitsbeteiligten aus einer Aktiengesellschaft ermöglicht, steht, ebenso wie die Aktieneinziehung, im Zusammenhang mit den Vorschriften über die Kapitalherabsetzung. Es geht um die Aktienzusammenlegung im Rahmen der ordentlichen Kapitalherabsetzung nach § 222 Abs.4 S. 1 Nr. 2 AktG. Wie bereits zur Aktieneinziehung dargestellt, ist die ordentliche Kapitalherabsetzung gemäß den §§ 222 ff. AktG eine der drei möglichen Arten der Kapitalherabsetzung.[245] Diese Form der Kapitalherabsetzung kann auch dadurch verwirklicht werden, daß die die Mitgliedschaften verbriefenden Aktien zusammengelegt werden.

Die Kapitalherabsetzung, die in der Regel dazu dient, eine Unterbilanz zu beseitigen,[246] führt dazu, daß die Haftungsgrundlage der Aktiengesellschaft verringert wird. Sie betrifft zugleich immer die Interessen aller Aktionäre. Dies ist deshalb der Fall, weil die Mitgliedsrechte unmittelbar betroffen werden. Denn nach § 1 Abs. 2 AktG ist die Summe der Nennwerte aller Aktien gleich der Ziffer des Grundkapitals, so daß durch eine Herabsetzung der Grundkapitalziffer notwendigerweise auch die Nennbeträge oder – im Ausnahmefall – tatsächlich die Anzahl der Aktien und dadurch auch die in ihnen verbrieften Mitgliedsrechte beeinträchtigt werden.[247]

---

[243] Zu einer möglichen Ausgestaltung im deutschen Recht vgl. nochmals Habersack aaO S. 1338 ff.

[244] Im US-amerikanischen Recht ist die Aktienzusammenlegung mit der Rechtsfolge des Verlustes von Spitzen als sog. *reverse stock split* bekannt und wird ausdrücklich unter *freezeout* – Techniken angeführt; vgl. dazu generell Clark S. 502/503 sowie Merkt RdNr. 1041. Dazu ausführlicher noch unten unter **§ 8**.

[245] Vgl. dazu bereits oben unter B. II.

[246] Zum Zweck der Kapitalherabsetzung ausführlich Hoffmann-Becking/Krieger S. 642 f., RdNr. 1, sowie zur wirtschaftlichen Bedeutung ausführlich Geßler/Hefermehl/Eckardt/Kropff – Hefermehl § 222 RdNr. 3 ff.

[247] So auch Hüffer § 222 RdNr. 3.

Die Beeinträchtigung bei der Kapitalherabsetzung durch Zusammenlegung von Aktien kann im Einzelfall insbesondere Kleinaktionäre besonders hart treffen, wie noch darzustellen sein wird.

1. Voraussetzungen und Rechtsfolgen der Kapitalherabsetzung durch Aktienzusammenlegung

Zunächst hat, wie in jedem Fall der ordentlichen Kapitalherabsetzung, die Hauptversammlung einen entsprechenden Beschluß zu fassen. Dabei handelt es sich um einen satzungsändernden Beschluß, § 179 Abs. 1 S. 1 AktG.[248] Da eine Satzungsänderung vorliegt, sind des weiteren die Vorschriften über die Einberufung der Hauptversammlung zu beachten, §§ 124, 25 AktG.[249] Die erforderlichen Mehrheiten werden von § 133 Abs. 1 AktG („weiteres Erfordernis") in Verbindung mit § 222 Abs. 1 S.1 AktG bestimmt. Es müssen also eine qualifizierte Kapitalmehrheit und eine einfachen Stimmenmehrheit vorliegen.[250]
Inhaltlich muß der Beschluß wiederum Herabsetzungsbetrag, Zweck der Herabsetzung (der gesetzlich auch hier nicht zwingend normiert ist[251]) und Art der Herabsetzung nennen, § 222 Abs. 3 und Abs. 4 S. 2 AktG. Insbesondere dürfen diese Fragen nicht der Verwaltung zur Entscheidung überlassen werden.[252]
Für Mängel der Beschlußfassung gelten die allgemeinen Vorschriften über Anfechtbarkeit und Nichtigkeit von Hauptversammlungsbeschlüssen, §§ 242 ff., 255 AktG. Nach § 223 AktG ist der Herabsetzungsbeschluß durch den Vorstand sowie den Aufsichtsratsvorsitzenden gemeinsam zur Eintragung ins Handelsregister anzumelden; nach Durchführung der Herabsetzung durch Erklärung der Verwaltung muß auch diese Durchführung zum Handelsregister angemeldet werden, § 227 AktG.

Besonderheiten ergeben sich bei der Herabsetzung durch Zusammenlegung von Aktien lediglich dadurch, daß diese Form der Kapitalher-

---

[248] Die Grundkapitalziffer, welche gem. § 23 II Nr. 3 AktG zwingend in der Satzung festzulegen ist, wird geändert – und mit dieser Änderung also auch die Satzung.
[249] So Hoffmann-Becking/Krieger aaO RdNr. 15; Geßler/Hefermehl/Eckardt/Kropff – Hefermehl aaO RdNr. 3.
[250] Dazu Hüffer aaO RdNr. 9 sowie § 179 RdNr. 14, § 133 RdNr. 11 ff.
[251] Dazu bereits oben unter B. II. 1.
[252] Zu Einzelheiten ausführlich Geßler/Hefermehl/Eckardt/Kropff – Hefermehl § 222 RdNr. 9 ff.

absetzung nach dem Gesetz lediglich subsidiär gilt. § 222 Abs. 4 S. 1 Nr. 2 AktG schreibt ausdrücklich vor, daß eine solche Vorgehensweise erst dann in Betracht kommt, wenn eine Herabsetzung durch Verringerung der Aktiennennbeträge nach § 222 Abs. 1 S. 1 Nr. 1 AktG nicht mehr möglich ist.
Damit ist folgendes gesagt: Die Zusammenlegung von Aktien kann nur dann zur Herabsetzung des Grundkapitals eingesetzt werden, in denen der Aktiennennbetrag bereits der Untergrenze des § 8 Abs. 2 S.1 AktG (derzeit stellt diese Untergrenze ein Euro dar) entspricht. Aus dieser gesetzlichen Anordnung folgern Lehre[253] und Rechtsprechung[254] einhellig, daß die Herabsetzung *ultima ratio* sei. Es muß also vorher jede andere Möglichkeit der Herabsetzung, notfalls auch in Kombination miteinander, durchgeführt worden sein.[255] Das bedeutet, daß zunächst die Aktiennennbeträge so weit wie möglich (§ 8 Abs. 2 AktG) herabzusetzen sind. Danach kann die Aktienzusammenlegung erfolgen, worauf dann wieder die Aktiennennbeträge der zusammengelegten Aktien herabzusetzen sind. Dieses Verfahren garantiert den Aktionären den Erhalt möglichst vieler selbständiger Aktien.

Mit Wirksamwerden der Kapitalherabsetzung nach § 224 AktG, also mit konstitutiver Eintragung des Herabsetzungsbeschlusses, ist das Grundkapital herabgesetzt. Maßgeblich für die Höhe des Grundkapitals ist nunmehr die neue Grundkapitalziffer.[256] Erfolgt die Herabsetzung dabei durch die Zusammenlegung von Aktien, um die es hier geht, so werden die Mitgliedsrechte aus mehreren Aktien zu einer geringeren Anzahl von Aktien zusammengefaßt. Dies erfolgt dadurch, daß der Gesamtnennbetrag der neuen Aktien geringer ist als die Summe der Nennbeträge der alten Aktien.[257] Daraus ergibt sich, daß eine Zusammenlegung von Aktien jedenfalls grundsätzlich keine Mitgliedschaften vernichtet.

---

[253] Vgl. nur Grunewald S. 295 ff.; Hüffer § 222 RdNr. 14 / 21b / 23; Hoffmann-Becking/Krieger aaO RdNr. 5; Geßler/Hefermehl/Eckardt/Kropff – Hefermehl aaO RdNr. 15 ff. Dieser Auffassung wird nicht widersprochen.
[254] So zuletzt ausdrücklich BGHZ 138, 71, 77 („Sachsenmilch"). Dort findet sich zudem eine Beurteilung der Gesetzestechnik des Stufenverhältnisses der verschiedenen Formen der Kapitalherabsetzung auf S. 75 ff.
[255] KK/Lutter § 222 RdNr. 26ff.; Geßler/Hefermehl/Eckardt/Kropff – Hefermehl aaO RdNr. 18; Hüffer aaO RdNr. 23; Hoffmann-Becking/Krieger aaO RdNr. 5; wohl auch Kübler S. 220; vgl. dazu auch die Beispiele von Hüffer und Krieger, aaO.
[256] Nirk S. 282/283 RdNr. 1509.
[257] Vgl. Hüffer aaO RdNr. 23.

Allerdings kann sich dabei auch im für den einzelnen Kleinaktionär ungünstigen Fall folgende Konstellation ergeben: Sollte ein Aktionär vor der Zusammenlegung zum Beispiel lediglich fünf Anteile besessen haben, und wird eine Zusammenlegung von sechs zu eins beschlossen, so erlangt er lediglich einen – wenn auch großen – Bruchteil einer neuen Aktie. Diese Bruchteile werden als sogenannte Spitzen bezeichnet. Es handelt sich also um vor allem bei Kleinaktionären auftretenden Teilrechte, welche die Aktionäre gegen Zuzahlung zu ergänzen oder unter Verzicht auf die Mitgliedschaft zu veräußern haben.[258] Die zusammengelegten Mitgliedsrechte stellen demnach grundsätzlich einen Verlust für denjenigen Aktionär dar, der zu wenige Anteile hält, um bei der Umtauschquote Vollrechte zu erhalten.

Des weiteren ist dafür zu sorgen, daß die Aktien, die infolge der Herabsetzung gegenstandslos werden, aus dem Verkehr gezogen werden.[259] Voraussetzung sowie Verfahren der Kraftloserklärung der alten Aktien regelt § 226 AktG, wonach die Gesellschaft berechtigt ist, Aktien für kraftlos zu erklären, die trotz Aufforderung nicht eingereicht wurden. Meldet sich der Berechtigte nicht, so hat die Gesellschaft die neuen Aktien unverzüglich für Rechnung der Beteiligten zu veräußern, § 226 Abs. 3 S. 1 AktG.[260]
Zu beachten sind bei der Kapitalherabsetzung durch Aktienzusammenlegung im ordentlichen Verfahren wiederum die Gläubigerschutzvorschriften des § 225 AktG.[261]

2. Sachliche Rechtfertigung der Aktienzusammenlegung als ungeschriebene Voraussetzung ?

Umstritten ist auch im Rahmen der Aktienzusammenlegung, ob der Beschluß, der eine Zusammenlegung von Aktien zum Zwecke der Kapitalherabsetzung anordnet, sachlich gerechtfertigt sein muß. Es handelt sich mithin wiederum um die Frage nach der Möglichkeit ei-

---

[258] Dazu bereits RGZ 111, 26, 29; Hüffer aaO; Grunewald S. 295; zur praktischen Durchführung der Zusammenlegung ausführlich Hoffmann-Becking/Krieger S. 653 RdNr. 47 ff.

[259] Nirk S. 824 RdNr. 1513.

[260] Dazu ausführlich Bork, Mitglieschaftsrechte unbekannter Aktionäre während des Zusammenlegungsverfahrens nach § 226 AktG, in: FS Claussen, Köln Berlin Bonn München 1997, S. 49 ff.

[261] Vgl. dazu bereits oben unter B. II. 3. (a) sowie Nirk S. 823 RdNr. 1510 ff.

ner materiellen Beschlußkontrolle bei einer Mehrheitsentscheidung, die geeignet ist, in die Rechte der Minderheit einzugreifen.[262]
Nach *Grunewald* ist diese Frage bereits deshalb zu bejahen, weil das Gesetz selbst statuiert, daß zunächst der Nennbetrag zu verringern und dann erst die Aktienzusammenlegung möglich ist. Somit sei eine solche auch erst dann möglich, wenn die Herabsetzung der Grundkapitalziffer nicht anders als durch den Verlust von Beteiligungen erreichbar sei.[263] Gerade dies aber erscheint fragwürdig: Aus der Anordnung der Subsidiarität im Gesetz selbst auf eine damit bereits statuierte Voraussetzung der Erforderlichkeit zu schließen, käme einem Zirkelschluß gleich. Es steht nicht die (fraglose) Subsidiarität in Frage, sondern vielmehr der inhaltliche Kontrollmaßstab im Sinne der „*Kali und Salz*“ – Rechtsprechung des Bundesgerichtshofes, die zu einem Teil aus der Frage nach der Erforderlichkeit der Maßnahme besteht.[264]

Auch die von *Grunewald*[265] und anderen[266] gezogene Parallele zum Bezugsrechtsauschluß kann nicht recht überzeugen: Zwar ist die Aktienzusammenlegung unter Umständen ein schwerer Eingriff in die Rechtsstellung des Kleinaktionärs, dessen Mitgliedschaft dadurch entwertet und ihm im Extremfall gar entzogen werden kann.[267]
Aber es ist ein bedeutender Unterschied zum Bezugsrechtsausschluß zu beachten: Gerade indem das Gesetz bereits die Subsidiarität der Aktienzusammenlegung zwingend vorgibt und diese infolgedessen lediglich als *ultima ratio* in Frage kommt, ist dem Kleinaktionär bereits ein bedeutender Schutz an die Hand gegeben. Nach einigen Stimmen in der wissenschaftlichen Literatur steht folglich die spezielle Regelung des Gesetzes, das die Subsidiarität anordnet, der materiellen Beschlußkontrolle entgegen.[268]

---

[262] Vgl. generell zu diesem Erfordernis bereits oben unter A. I. 2. (a).
[263] Grunewald S. 296.
[264] Vgl. zur Inhaltskontrolle und ihren Voraussetzungen allgemein Hüffer § 186 RdNr. 25 ff. sowie bereits oben unter A. I. 2. (a).
[265] Grunewald aaO.
[266] Hier ist wieder zu differenzieren: teilweise wird – wie mehrfach dargestellt – eine generelle Kontrolle aller Beschlüsse gefordert, so etwa von Wiedemann und Martens. Dazu bereits oben unter FN 99 sowie bei der Mehrheitseingliederung unter A. I. 2. (b). Teilweise wird für die Aktienzusammenlegung eine sachliche Kontrolle wegen der Nähe zum Bezugsrechtsausschluß gefordert, vgl. KK/Lutter § 222 RdNr. 44 ff., 48 (zumindest für den Fall, daß nicht eine Teilliquidation erfolgt) m. w. N.
[267] Vgl. dazu noch im Einzelnen die Rechtsfolgen unten unter 3.
[268] So etwa Hüffer § 222 RdNr. 14; Hoffmann-Becking/Krieger S. 645 RdNr. 11.

Bei der Frage, ob der Gesetzgeber diesen Sachverhalt gesehen und durch eine Abwägung bereits selbst abschließend entschieden hat, so daß eine sachliche Rechtfertigung und eine Kontrolle durch die Rechtsprechung nicht mehr in Betracht kommt, ist folgendes zu bedenken: Die Stufenregelung des § 222 Abs. 4 AktG ist zwingend und dient dem Schutz aller Aktionäre.[269] Es ist dem Aktionär zumindest rechtlich möglich, wenn ihm nur „Spitzen" verbleiben, daß er sein Teilrecht durch Zukauf zumindest zu einem Vollrecht erstarken läßt. Unterläßt er dies, so scheidet er aus der Gesellschaft – gegen Abfindung – aus.[270] Insofern ist er aber genauso gestellt wie jeder Aktionär bei der Kapitalerhöhung ohne Bezugsrechtsausschluß: Auch hier kann sich grundsätzlich entscheiden, ob er seine quotenmäßige Beteiligung aufrechterhält oder eine Verringerung seiner Mitgliedschaft hinnimmt.[271] Bei der Kapitalerhöhung ohne Bezugsrechtsausschluß wird die Frage nach einer Beschlußkontrolle nicht gestellt. Etwas anderes kann aber dann für den hier diskutierten, vergleichbaren Fall ebenfalls nicht gelten. Zudem ist eine Abwägung seitens des Gesetzgebers bereits abschließend vorhanden, wie sich in der Stufenregelung zeigt. Damit kommt nach richtiger Auffassung eine Beschlußkontrolle zumindest im Regelfall nicht in Betracht.[272]

3. Ergebnis

Nach allem wird deutlich, daß die Kapitalherabsetzung durch Zusammenlegung von Aktien kein für die Praxis gangbarer Weg ist, um Aktionäre aus der Gesellschaft auszuschließen. Die Qualität der Maßnahme als *ultima ratio* schränkt ihren Anwendungsbereich und dadurch ihre Anwendungsmöglichkeit sehr stark ein. Zudem ist eine Steuerung des Ausschlusses nicht möglich, weil nie ausgeschlossen werden kann, daß ein Minderheitsaktionär von einer anderen Stelle Aktien hinzuerwirbt und somit vielleicht doch Mitgliedschaftsrechte behalten kann.

---

[269] BGHZ 138, 71, 77; vgl. auch Henze in BB 2000, S. 2056.

[270] BGHZ aaO; Henze aaO.

[271] So auch Hoffmann-Becking/Krieger S. 645 RdNr. 11; BGHZ aaO.

[272] Etwas anderes muß allerdings dann gelten, wenn durch eine vereinfachte Kapitalherabsetzung eine Überschuldung nicht beseitigt werden kann. Dann muß eine Rechtfertigung dafür gegeben sein, weshalb kein Kapitalschnitt erfolgt, so daß kein Gesellschafter ausgeschlossen werden muß. Vgl. dazu Hüffer aaO RdNr. 14 m. w. N.; ausdrücklich offengelassen vom BGH in BGHZ 138, 71, 78.

Zuletzt kann diese Form nicht gezielt lediglich gegen einen Aktionär oder eine Gruppe von Gesellschaftern eingesetzt werden. Die Aktienzusammenlegung betrifft notwendigerweise immer alle Aktionäre – selbstverständlich auch den Hauptaktionär – gleichmäßig.

IV. Der Ausschluß aus wichtigem Grund im Aktienrecht

Der Ausschluß aus wichtigem Grund ist dem Gesellschaftsrecht nicht unbekannt. So kann für das Personengesellschaftsrecht auf die Regelungen des § 140 Abs. 1 HGB für die offene Handelsgesellschaft, welcher gemäß § 161 Abs. 2 HGB auch für die Kommanditgesellschaft gilt, sowie auf § 737 S.2 BGB, der für die Gesellschaft bürgerlichen Rechts gilt, verwiesen werden.[273] Für die meisten anderen Gesellschaftsformen und insbesondere für die GmbH[274] ist ein Ausschluß aus wichtigem Grund ebenfalls trotz fehlender gesetzlicher Regelung mittlerweile anerkannt.[275]

Für die Aktiengesellschaft ist die Anerkennung eines Ausschlusses aus wichtigem Grund allerdings seit langer Zeit umstritten; die höchstrichterliche Rechtsprechung hat die Frage bisher offengelassen.[276] Es ist daher notwendig, sich mit den einzelnen zu dieser Thematik vertretenen Auffassung näher zu befassen.

1. Praktisches Bedürfnis für einen Ausschluß aus wichtigem Grund auch im Aktienrecht

Problematisch könnte die Anerkennung einer solchen Rechtsfigur im geltenden Aktienrecht bereits deshalb sein, weil die Aktiengesellschaft ihrer gesetzlichen Konzeption nach als anonyme Massenorganisation ausgestaltet ist. Schon deshalb könnte man der Meinung sein, daß ein solches Rechtsinstitut im Aktienrecht abzulehnen sei. So stellt denn auch ein Teil der Lehre die Frage, ob es sinnvoll ist, eine solche Rechtsfigur anzuerkennen, wenn eine praktische Notwendigkeit für sie offenbar nicht vorhanden sei: Denn wenn der Aktionär lediglich

---

[273] Überblick zum Ausschluß aus wichtigem Grund in den anderen Gesellschaftsformen (außer der AG) bei Grunewald S. 29 ff. für die oHG und die KG, S. 31 ff. für die GbR, S. 35 ff. für die Genossenschaft, S. 39 ff. für den Verein und S. 45 ff. für die GmbH.

[274] Vgl. dazu grundlegend BGHZ 9, 157ff.; eine Darstellung dazu ist auch bei Soufleros, S. 23 ff. zu finden.

[275] Vgl. dazu bereits Grunewald aaO sowie Reinisch S. 35.

[276] Vgl. zuletzt ausdrücklich BGHZ 103, 182, 192 („*Linotype*“).

als Investor anzusehen sei, könne eine für das Gesellschaftsinteresse relevante Störung seinerseits kaum in Frage kommen und mithin auch ein Ausschlußverlangen der Gesellschaft kaum berechtigt sein.[277] In der Personengesellschaft und in aller Regel bei der GmbH sei eine viel persönlichere und engere Bindung gegeben als in der Aktiengesellschaft, so daß dort naturgemäß auch einzelne Gesellschafter viel schneller in Konflikte miteinander verwickelt werden und dadurch die Gesellschaft ernsthaft gefährden könnten.

Diese Argumentation aber ist vordergründig. Es kommt auch bei der „kapitalistischsten" aller Rechtsformen – der Aktiengesellschaft – dennoch auch eine personalistisch gestaltete Realstruktur des Verbandes in Betracht. Empirisch gesehen dürfte das sogar der häufigere Fall sein.[278] Mithin ist es, ebenso wie in der GmbH oder den Personen(handels)gesellschaften, zumindest möglich, daß in einer „familiären" Aktiengesellschaft solch tiefgreifende Konflikte auftreten, daß ein Ausschluß aus wichtigem Grund notwendig ist.[279]

Lediglich in Anbetracht der gesetzlichen Ausgestaltung der Aktiengesellschaft ein Bedürfnis für einen Ausschluß aus wichtigem Grund abzulehnen erscheint vordergründig und nicht durch die Tatsachen gerechtfertigt. Personalistische Elemente sind der Aktiengesellschaft nicht per se fremd, so daß im Einzelfall ein Bedürfnis nach der Möglichkeit eines Ausschlusses aus wichtigem Grund nicht verneint werden kann.[280]

Auch das denkbare Argument, es seien ausreichende Schutzmechanismen bereits durch das Aktiengesetz gegeben, ist nicht stichhaltig.

---

[277] Diese Auffassung wurde vor allem früher vertreten; vgl. etwa BHGZ 18, 350, 365; BHGZ 9, 157, 163; Flume, Allgemeiner Teil des Bürgerlichen Rechts, 1. Band, 2. Teil, Die juristische Person, Berlin, Heidelberg, New York 1983, § 8 II, S. 273; auch Cöster S. 26 f. Vgl. ferner die Nachweise bei Grunewald S. 52. Schon das Reichsgericht, RGZ 49, 77, 79, führte aus: *„Die Person des Aktionärs, seine persönliche Leistung, seine persönliche Qualifikation, tritt ganz zurück; nicht die Person zählt, sondern die Aktie, die vermögensrechtliche Beteiligung.*" Reinisch, S. 37 FN 9, verweist dementsprechend auf die aufschlußreiche französische Bezeichnung der AG als *„société anonyme*".

[278] Siehe dazu bereits oben die Zahlen in der Einleitung; vgl. ferner die Nachweise bei Reinisch S. 36 ff.; so auch bereits zutreffend Grunewald S. 54 und Becker ZGR 1986, S. 387. So gibt es, dies anerkennend, folgerichtig auch Stimmen in der Lehre, die aufgrund dieser Differenzierung einen Ausschluß allein in der „Familien – AG" zulassen wollen, vgl. etwa schon v.Gierke, ZHR Band 119 (1956), S. 141, 156 oder auch Hartmann S. 156.

[279] Vgl. zur Argumentation bereits Becker ZGR 1986, S. 383 ff.; ebenso Röhricht AcP 1989, S. 389 f.

[280] Ebenso Reinisch S. 39; Röhricht aaO S. 389 f.

Denn es mag im Einzelfall nicht ausreichen, gegen einen dauerhaft mißbräuchlich handelnden Aktionär jedesmal von neuem mit einer umständlichen (Schadensersatz- oder Unterlassungs-) Klage vorzugehen. Ein Ausschluß wäre in diesen Fällen allein schon deshalb zu bevorzugen, weil er die Situation endgültig klären würde. Zudem ist eine Störung mit Erhebung einer Klage nicht beendet. Hält man sich die lange Frist bis zum endgültig klärenden Richterspruch vor Augen, so leuchtet ein, daß ein Ausschluß eine zweckmäßigere Maßnahme darstellt als das Abwarten auf das Urteil, zumal der betreffende Aktionär bis zu diesem Zeitpunkt sein pflichtwidriges Verhalten unter Umständen fortsetzen wird. Einstweiliger Rechtsschutz mag hier in Einzelfällen vorerst Rechtsfrieden schaffen; eine endgültige Bereinigung eines zerrütteten Verhältnisses ist davon nicht zu erwarten. Das Bedürfnis für einen Ausschluß aus wichtigem Grund kann demnach zumindest für Gesellschaften mit personalistischem Charakter nicht verneint werden.

Diese Erwägungen sind auch gegenüber dem Einwand anzustellen, ein Ausschluß aus wichtigem Grund sei gerade in der Aktiengesellschaft auch praktisch nicht sinnvoll, weil der Wiedereintritt, gewissermaßen durch die nächste Tür, insbesondere bei anonymem Erwerb über die Börse, nicht kontrolliert werden könne. Dieser Einwand mag für börsennotierte Gesellschaften mit Inhaberaktien gelten, in denen ein Ausschluß aus wichtigem Grund ohnedies aus praktischen Gründen ausscheiden wird. Für Gesellschaften mit geschlossenem, überschaubaren Aktionärskreis, insbesondere Gesellschaften mit (unter Umständen vinkulierten) Namensaktien, gilt dies dagegen nicht.

2. Systematische Bedenken gegen die Zulässigkeit des Ausschlusses aus wichtigem Grund im Aktienrecht ?

Gegen die Zulassung eines solchen Rechtsinstituts werden nun aber mehrere Bedenken angeführt, in erster Linie wegen der Kapitalbindungsvorschriften der §§ 57 Abs. 1, 71 Abs. 1 AktG.[281] Der Ausschluß hat zur Folge, daß die ausscheidenden Aktionäre für den Verlust ihrer Beteiligung und der durch sie verkörperten Mitgliedsrechte abzufinden sind. Damit käme es mit Abfindungszahlung durch die Gesellschaft zu einer außerhalb des Bilanzgewinns nicht gestatteten Einlagenrückgewähr.[282]

---

[281] Vgl. Reinisch S. 40 m. w. N.

[282] So etwa Hueck, S. 258; Kübler S. 182; Würdinger S. 47.

Auch diese Argumentation vermag aber letzten Endes nicht zu überzeugen: Sollte ein Ausschluß stattfinden, so ist eben – wenn überhaupt ein Erwerb der Anteile des ausgeschlossenen Aktionärs durch die Gesellschaft selbst stattfinden muß – die Gesellschaft dazu verpflichtet, Rücklagen aufzulösen oder die Abfindung aus dem Bilanzgewinn zu tragen, sollte ein solcher vorhanden sein. Ist ein verteilbarer Bilanzgewinn oder sind auflösbare Rücklagen nicht vorhanden, so darf entweder ein Ausschluß nicht stattfinden, oder Mitgesellschafter oder Dritte können die Anteile des auszuschließenden Gesellschafters erwerben, so daß die oben ausgeführten Schwierigkeiten gar nicht erst entstehen.[283] Freilich wäre in solchen Fällen zufolge § 53a AktG und der Treupflicht des Mehrheitsaktionärs eine Art „Versteigerung“ zu veranstalten, also allen anderen Aktionären ein Angebot zu unterbreiten, da sonst der Mehrheitsgesellschafter durch eine Abfolge mehrerer Ausschlüsse und darauf folgende Käufe seine Vormachtstellung zur Alleinherrschaft ausbauen könnte.

3. Zusammenfassung zur Zulässigkeit eines Ausschlusses aus wichtigem Grund

Grundsätzliche Erwägungen zwingen damit nicht zu der Annahme, daß ein Ausschluß aus wichtigem Grund in der Aktiengesellschaft nicht möglich sei. Vielmehr läßt sich, wie bei den anderen Korporationsformen, diese Möglichkeit auch hier bejahen. Es erschiene verwunderlich, verneinte man ein solches Ausschlußrecht, und drängte man damit die Gesellschafter einer „personalistischen“ Aktiengesellschaft zu drastischeren Maßnahmen, nämlich der Auflösung der Gesellschaft selbst. Das unfreiwillige Ausscheiden eines Aktionärs muß im Ernstfall der Auflösung der gesamten Gesellschaft vorgehen, wenn es Abhilfe schafft und die Mißstände beseitigen hilft.[284] Diesen Erwägungen entsprechend läßt die wissenschaftliche Literatur den Ausschluß aus wichtigem Grund im Aktienrecht bereits *de lege lata* zu, wenn auch meist mit der Einschränkung der „personalistischen“ Aktiengesellschaft.[285]

---

[283] Ebenso Reinisch aaO.

[284] So auch bereits Becker ZGR 1986, S. 400.

[285] Mit Einschränkungen bereits v.Gierke aaO und Hartmann aaO; des weiteren zustimmend Grunewald S. 57 ff.; Reinisch S. 39; ebenso wohl auch für die „familiäre“ AG Raiser, VII. RdNr. 48; Wiedemann S. 385; Grunewald GesR S. 303 f.; sich Grunewald anschließend Röhricht AcP 1989, S. 389 f.; vgl. zur Thematik auch umfassend Becker ZGR 1986, S. 383ff. Eine Einschränkung, die darüber hinaus

4. Zur dogmatischen Begründung des Ausschlusses aus wichtigem Grund

Fraglich ist des weiteren allerdings, wie das Recht der Gesellschaft bzw. der übrigen Aktionäre, einen Mitgesellschafter auszuschließen, zu begründen ist. In Betracht kommt zum einen eine entsprechende Anwendung von anderen Ausschließungsregelungen, so beispielsweise der Kaduzierungsvorschriften des Kapitalgesellschaftsrechts. Zum anderen wird in der Lehre ein überzeugender Ansatz formuliert, der auf den allgemeinen Grundsatz der Lösbarkeit von Dauerrechtsverhältnissen als Teil des Korporationsrechts abstellt.[286]
Der Bundesgerichtshof hat in einer früheren Entscheidung[287] den Ausschluß aus wichtigem Grund bei der GmbH aus der gesellschafterlichen Treupflicht hergeleitet. Dem auszuschließenden Gesellschafter obliege die Pflicht, seinen Ausschluß zu erdulden, wenn er sich eines Verstoßes gegen die „gesellschaftliche Verbundenheit" schuldig gemacht habe.[288]
Eine mit beachtlichen Argumenten vertretene Auffassung stützt den Ausschluß aus wichtigem Grund ebenso wie im Recht der GmbH auf eine Analogie zu § 140 HGB.[289]

Die dogmatische Herleitung des Ausschlusses aus wichtigem Grund ist bereits mehrfach ausführlich und überzeugend, wenn auch lediglich für die GmbH, dargestellt worden. Deshalb und ob der geringen praktischen Relevanz dieser Frage – alle Überlegungen führen letztendlich zu denselben Ergebnissen – braucht dies hier nicht im Einzelnen nachgezeichnet zu werden.[290]

---

im Aktienrecht ebenso wie im gesamten übrigen Gesellschaftsrecht gelten muß, ist, wie bereits angedeutet, daß der Ausschluß lediglich als *ultima ratio* in Betracht kommt. Vgl. dazu umfassend Scheifele, BB 1989, S. 792 ff.

[286] Vgl. grundlegend Grunewald S. 29 ff., S. 57 f.; auch Reinisch S. 35f.; Röhricht aaO S. 390.

[287] BGHZ 9, 157, 163 f.

[288] Vgl. dazu auch Reinisch S. 39 f. m. w. N.

[289] Vgl. Becker ZGR 1986, S. 387 ff.

[290] Vgl. dazu bereits ausführlich Soufleros aaO S. 19 ff.; Balz, Die Beendigung der Mitgliedschaft in der GmbH, Berlin 1984, zugl. Diss. Tübingen 1983, S. 28 ff.; Spitze, Der Ausschluß eines GmbH Gesellschafters aus wichtigem Grund bei Schweigen der Satzung, Berlin 1985, zugl. Diss. Marburg 1983/1984, S. 30 ff., jeweils mit umfangreichen weiteren Nachweisen. Auch Reinisch verzichtet aus den genannten Gründen bereits auf eine erneute Darstellung; vgl. S. 35 ff.

5. Die Voraussetzungen den Ausschlusses aus wichtigem Grund im Aktienrecht

Im Einzelfall schwierig zu bestimmen sind aber die Voraussetzungen eines Ausschlusses aus wichtigem Grund. Gerade weil ein solcher Ausschluß sowohl in gesellschaftsrechtliche (arg. § 237 Abs. 1 S. 2 AktG) als auch in verfassungsrechtlich geschützte[291] Positionen eines Aktionärs eingreift, ist ein formell (dazu unter 6.) und materiell einwandfreies Vorgehen bei zwangsweisem Entzug der Mitgliedschaft zu fordern.

(a) Der „wichtige Grund"

Schwierigkeiten bereitet denn auch schon die Formulierung von wichtigen Gründen[292] in der Person des fraglichen Gesellschafters, die zu einem Ausschluß führen können sollen. Insofern ist zunächst eine Parallele zu vergleichbaren, ausdrücklich gesetzlich geregelten Instituten als Ausgangspunkt zu ziehen, um sich die Grundstruktur vor Augen zu führen.

So verliert der Aktionär seine Rechtsstellung, wie dargestellt, *de lege lata* äußerst selten. Dies kann auf direktem Wege im Sinne eines in seiner Person liegenden Grundes lediglich im Rahmen der Kaduzierung geschehen. Alle anderen Einziehungsformen stellen nicht auf ein Handeln oder Unterlassen des Aktionärs ab. Vielmehr ist der Anteil schon bei Erwerb belastetet (im Falle der Einziehung), oder aber es handelt sich gerade nicht um zielgerichtete Eingriffe gegen einen speziellen Aktionär (im Falle der Vermögensübertragung oder der Zusammenlegung von Aktien). Im Falle der Kaduzierung aber wird an einen Pflichtverstoß angeknüpft – der Aktionär unterläßt es, seiner Einlageverpflichtung nachzukommen und stört damit den Zweck seines Eintrittes in die Gesellschaft, nämlich die Kapitalisierung der Gesellschaft. Dieser Pflichtverstoß berechtigt die Gesellschaft, den Aktionär zielgerichtet seiner Stellung verlustig zu erklären. Wenn diese Zweckstörung zugrunde gelegt wird, muß also gemeinsames Struktu-

---

[291] Insbesondere erkennt das BVerfG die Mitgliedschaft als von Artikel 14 geschützt an. Vgl. dazu bereits oben FN 123.

[292] Umfassende und gründliche Analyse des „wichtigen Grundes" bei Reinisch S. 42 ff.

relement aller Ausschlußgründe eine Zweckstörung oder Beeinträchtigung der Zweckerreichung seitens des Mitglieds sein.[293]

Eine Vielzahl von Vorkommnissen zwischen den Gesellschaftern ist denkbar, die dieses Erfordernis erfüllen: Sollte ein Gesellschafter in die Gesellschaftskasse greifen, eine „Blockadepolitik" verfolgen oder gezielt wichtige Abläufe im Unternehmen stören, wäre diese Anforderung ebenso erfüllt, wie wenn ein Aktionär extrem streitsüchtig, ja querulatorisch ist oder beispielsweise erlangte Geschäftsgeheimnisse an die Konkurrenz weitergibt. Denn in solchen Fällen dürfte allein eine Schadensersatzklage gegen den schuldigen Mitgesellschafter nach § 117 AktG oder wegen Verletzung der Treupflicht häufig nicht ausreichen, auch wenn die Möglichkeit hierzu abschreckend wirken mag. Wie in der Literatur denn auch zutreffend festgestellt wurde, kommt einem Ausschluß analog § 140 HGB (oder einem anders begründeten Ausschlußrecht der Gesellschaft) neben der repressiven Ausrichtung des § 117 AktG noch ein von vornherein präventiv wirkender Charakter zu: Die drohende Ausschlußmöglichkeit bewirkt Verhaltens- und Unterlassungspflichten in Bezug auf die gemeinschaftliche Zweckförderung.[294]

Damit freilich ist noch nicht im Einzelfall bestimmt, was einen wichtigen Grund ergibt und wie ein wichtiger Grund von unwichtigen, solch weitreichende Rechtsfolge wie einen Ausschluß nicht rechtfertigenden Gründen abzugrenzen ist. Wie *Grunewald* darstellt, ist eine generelle Aussage nicht zu treffen; eine solche Bestimmung hängt vom Ziel der fraglichen Korporation, welches in der Satzung normiert ist, ebenso ab wie von der Größe der Gesellschaft und der Person des Betroffenen.[295] Es muß eine Bestimmung im Einzelfall erfolgen; eine generelle Aussage, die eine Definition des wichtigen Grundes vorsähe, kann nicht getroffen werden.[296] Fest steht lediglich, daß eine empfindliche Zweckstörung vorliegen muß, die es den übrigen Gesellschaftern stark erschwert oder unmöglich macht, ihren statutarisch festgelegten Zweck zu erreichen.

---

[293] Ebenso Becker aaO S. 398; im Ergebnis auch Reinisch S. 54; Grunewald S. 61.

[294] So Becker aaO S. 401.

[295] Vgl. Grunewald S. 62 ff., S. 68 ff. und S. 72 ff. Insofern ist auf die Lektüre von *Grunewald* zu verweisen; diese ebenso umfassende wie gründliche Analyse braucht an dieser Stelle nicht wiederholt zu werden.

[296] Ebenso Grunewald S. 78.

(b) Der Ausschluß als *ultima ratio*

Der Ausschluß aus einer Gesellschaft wird rechtsformübergreifend von Rechtsprechung[297] und Wissenschaft[298] als *ultima ratio* verstanden. Es darf demnach grundsätzlich kein milderes Mittel ersichtlich sein, um dasselbe Ergebnis zu erreichen. Deshalb wird in der wissenschaftlichen Literatur beispielsweise ein Teilausschluß, also die Reduktion der Mitgliedschaft, erörtert, wenn auch nicht näher erläutert.[299] Eine solche Figur wäre denkbar, indem man beispielsweise einem auf der Hauptversammlung beständig störenden Aktionär für eine oder gar für alle Hauptversammlungen ein Anwesenheitsverbot erteilte oder zumindest seine Frage- und Auskunftsrechte beschränkte.[300]
Es erscheint fraglich, ob diese Forderung nach dem Ausschluß als *ultima ratio* tatsächlich sinnvoll ist. So kann beispielsweise Folge eines Verstoßes gegen die Zweckförderungspflicht eine Unterlassungs- oder Schadensersatzklage durch die Gesellschaft sein. Dennoch kommt es gerade bei wiederholten Verstößen, die vielleicht jeweils für sich genommen im Einzelfall keinen Ausschluß rechtfertigen, dann zu gehäuften Klagen seitens der Gesellschaft. Dies würde jedenfalls ein bedingungslos angewandter Grundsatz der *ultima ratio* fordern. Daß dies nicht sachgerecht sein kann, liegt auf der Hand. So muß ein Ausschluß auch dann in Frage kommen können, wenn sich das Gesamtbild der „Vergehen" des auszuschließenden Aktionärs als so dauerhaft darstellt, daß ein Aufwand infolge sich beständig wiederholender gerichtlicher Auseinandersetzungen unzumutbar erscheint.

Geht man davon aus, daß der Ausschluß *ultima ratio* ist, ergibt sich ein weiteres Problem: Es besteht die Gefahr, daß die Ausschließung lediglich zur theoretisch gegebenen Möglichkeit wird, da sich eine andere Sanktion, die nicht so endgültig in die Rechte des Mitgliedes eingreift, fast immer finden lassen wird.[301] Außerdem tauchen prakti-

---

[297] Vgl. dazu die detaillierten Nachweise bei Grunewald, S. 79, FN 216.
[298] Kritisch Scheifele, BB 1989, S. 792 ff., Grunewald S. 79 ff., Becker ZGR 1986, S. 399; Soufleros S. 40 f.; Reinisch S. 94 ff. Für den Grundsatz der *ultima ratio* auch bereits Wiedemann S. 383/385.
[299] Vgl. nur Grunewald S. 82 f. m.w.N.
[300] An dieser Stelle kann diese Fragestellung nicht erschöpfend geklärt werden; freilich ergäben sich hier mannigfache Probleme mit dem Mitgliedschaftsrecht des Aktionärs, welches diese Rechte garantiert.
[301] Scheifele BB 1989, S. 794.

sche Probleme auf, denn es kann in Sonderfällen eben gerade ein Ausschluß die einzige „angemessene“ Vorgehensweise sein, auch wenn dies nicht immer das verfügbare mildeste Mittel ist.[302] Es handelt sich hier also auch und gerade um eine Einschätzung, die den Mitgesellschaftern in gewissem Rahmen überlassen werden muß. So ist in einer kleinen, von beispielsweise lediglich vier Aktionären beherrschten und geführten Aktiengesellschaft eine Unzumutbarkeit wegen der ständigen, engen Zusammenarbeit sicher eher denkbar als in einer Aktiengesellschaft, welche sich ebenso noch im kleinen Bereich ansiedeln läßt, an der aber dreißig Gesellschafter beteiligt sind, die dem Tagesgeschäft der Gesellschaft weitgehend fernbleiben – von großen Publikumsgesellschaften ganz zu schweigen.
Der Grundsatz der *ultima ratio* ist daher flexibel zu handhaben, wie auch die Frage nach dem wichtigen Grund selbst. Auch insofern muß auf den jeweiligen Einzelfall abgestellt werden, um tatsächlich eine sachgerechte Lösung zu gewährleisten. Eine starre Anwendung dieser Regel wäre nur hinderlich.

(c) Fristen für den Ausschluß

Nach einhelliger Auffassung kann, nachdem ein Ausschlußgrund gesetzt worden ist, nicht beliebig lange gewartet werden, bis Maßnahmen zum Ausschluß aus wichtigem Grund getroffen werden.[303] Wenn der Ausschlußberechtigte von seinem Recht weiß und dennoch keinen Gebrauch davon macht, ist vielmehr an einen Verzicht oder eine Verwirkung zu denken.[304]

Für eine zeitliche Begrenzung des Ausschlusses spricht nicht nur, daß es dem Betroffenen nicht zugemutet werden kann, lange im Unsicheren gelassen zu werden – schließlich könnte ein Ausschlußrecht auch durch einen Mitaktionär als Druckmittel mißbraucht werden. Auch die Interessen der Mitaktionäre und der Gesellschaft selbst verlangen nach schneller Klärung. Eine angemessene Frist könnte sich etwa im Zeitraum von bis zu maximal zwei Jahren nach Kenntniserlangung des Ausschlußgrundes bewegen. Eine lange Frist ist schon deshalb erfor-

[302] So ebenfalls Scheifele aaO. Zu weiteren dogmatischen Schwierigkeiten des Grundsatzes der *ultima ratio* Reinisch S. 94 ff., sowie Scheifele aaO S. 794 f.
[303] Vgl. dazu nur RGZ 129, 45, 49 zur Genossenschaft; BGH WM 1957, 976 zur GbR; BGH WM 1966, 857 zur oHG; ferner Grunewald S. 77 ff. mit allen weiteren Nachweisen.
[304] Grunewald aaO.

derlich, weil über den Ausschluß zwingend eine Hauptversammlung zu entscheiden hat (dazu sogleich unter 6.), deren Einberufung ja einen großen tatsächlichen Aufwand erfordern kann. Die Rechtsprechung hat eine Obergrenze von eindreiviertel Jahren zumindest für die offene Handelsgesellschaft, bei der sich der tatsächliche Aufwand der Gesellschafterversammlung allerdings eher in Grenzen hält als bei der Aktiengesellschaft, gesetzt.[305]

Nach all dem erscheint zumindest für die Aktiengesellschaft eine Frist von maximal zwei Jahren für den Ausschluß aus wichtigem Grund als angemessen.

6. Das Verfahren im Überblick

Grundsätzlich muß die Gesellschaft zunächst eine Ausschlußklage erheben. Ein bedingtes Gestaltungsurteil soll der Gesellschaft dann die Möglichkeit geben, die Einziehung oder den Erwerb der Aktie selbst oder durch einen Dritten zu betreiben.[306]

Die bereits angesprochene Schwierigkeit, daß die Gesellschaft lediglich im Rahmen des § 71 AktG befugt ist, eigene Aktien zu erwerben, dürfte sich wegen der geringen praktischen Relevanz des Ausschlusses aus wichtigem Grund tatsächlich als unproblematisch erweisen. Auch die Überlegung, die Gesellschaft sei unter Umständen nicht in der Lage, einen erwerbsbereiten Mitaktionär oder Dritten zu benennen, überzeugt nicht. Tatsächlich dürfte der Fall, in dem beides nicht möglich ist, kaum vorkommen.[307]

Die Ausschlußklage muß durch die Hauptversammlung, nämlich durch einen entsprechenden Beschluß, der die Anforderungen des § 179 AktG erfüllt, legitimiert werden.[308] Dies leuchtet bereits deshalb ein, weil auch ein Eingriff in die mitgliedschaftlichen Rechte und Pflichten, soweit er schon vom Gesetzgeber vorgesehen ist, immer eines Hauptversammlungsbeschlusses bedarf (vgl. insofern nur die §§ 186, 221, 237 AktG). Des weiteren ist, wenn die Aktie eingezogen

---

[305] So BGH WM 1966, 857 ff.

[306] So Becker ZGR 1986, S. 406 ff.; wohl auch Grunewald S. 116 ff.

[307] Ebenso im Ergebnis Grunewald, S. 116 f.

[308] Dies entspricht der wohl allgemeinen Auffassung, vgl. zum Aktienrecht Grunewald S. 117 f.; Reinisch 109 ff.; Becker aaO S. 403 f. Für das GmbH – Recht ausführlich Soufleros S. 48 ff.; Grunewald S. 107 ff. Der Überlegung, daß die Gesellschafter über den Ausschluß entscheiden, liegt ein allgemeiner Rechtsgedanke zugrunde; vgl. für das Personengesellschaftsrecht § 140 HGB und § 737 BGB.

wird, auch mit dem Ausschluß eine Abfindung im Sinne des § 237 Abs. 4 S. 1 AktG zu zahlen. Die Gesellschaft muß dann die Abfindung aufbringen, die aus dem Bilanzgewinn oder aus Rücklagen gezahlt werden kann. Die Verwendung des Bilanzgewinns unterliegt aber der Beschlußkompetenz der Hauptversammlung (vgl. die §§ 119 Abs. 1 Nr. 2, 174 Abs. 1 S. 1 AktG).[309]

Das einleuchtendste Argument für die zwingende Zuständigkeit der Hauptversammlung in allen Fällen der Ausschließung ist das folgende von *Reinisch*: Sowohl Vorstand als auch Aufsichtsrat sind mittelbar bzw. unmittelbar durch die Hauptversammlung bestellt (§ 119 Abs. 1 Nr. 1 AktG). Es wäre widersprüchlich, ließe man Vorstand oder Aufsichtsrat (oder auch beide gemeinsam) über die Zusammensetzung des Organs bestimmen, das sie selbst legitimiert und kontrolliert.[310] Denn dies würde zu einer dem Aktiengesetz widersprechenden Konfliktsituation zwischen den Organen der Aktiengesellschaft führen. Damit muß auch eine Delegation an diese Organe, die wegen des hohen organisatorischen wie finanziellen Aufwandes einer Einberufung der Hauptversammlung reizvoll wäre, ausscheiden.
Stimmberechtigt kann schließlich selbstverständlich derjenige nicht sein, um dessen Ausschluß es geht.[311]

7. Rechtspolitisches Fazit

Nach allem sollte ein Ausschluß aus wichtigem Grund als bereits *de lege lata* gegeben anerkannt werden. Insbesondere dem Erfordernis und Bemühen der Praxis, sogenannte „Berufsaktionäre“ zwangsweise „aussteuern“ zu können, denen weder mit Klagen noch mit Kaufangeboten für ihre Anteile beizukommen ist, wird man kaum anders entsprechen können. Damit sind nicht diejenige „Berufsaktionäre“ gemeint, die sich tatsächlich um die Belange der Kleinaktionäre bemühen und diese schützen und durchsetzen wollen. Vielmehr ist damit die Gruppe von Personen bezeichnet, die sich durch querulatorische Vorgehensweisen lediglich einen persönlichen Vorteil zu sichern erhofft. Ein beliebtes Mittel dafür ist insbesondere die Anfechtungsklage, die alsbald nach einem außergerichtlichen Vergleich – bei dem der

[309] So bereits überzeugend Reinisch S. 109.
[310] Reinisch S. 111.
[311] Becker aaO S. 405; Grunewald S. 117 f.

Anfechtende selbstverständlich eine „Entschädigung" erhält – zurückgenommen wird. [312]
Denn es fehlt im Aktienrecht eine Möglichkeit, sich gezielt und endgültig von einem bestimmten Aktionär trennen zu können, auch wenn dies die einleuchtendste Möglichkeit wäre. Dauernde Klagen und der damit zusammenhängende Aufwand sind eben nicht nur zeitaufwendig und teuer, sondern schaden auch der Reputation der Gesellschaft. Der Ausschluß aus wichtigem Grund ist in diesen Fällen, richtig, nämlich unter dem (eingeschränkten) Grundsatz der *ultima ratio* verstanden, ein wichtiges und unentbehrliches Institut auch des Aktienrechts.

Festzuhalten bleibt aber auch, daß der Ausschluß aus wichtigem Grund auch im Aktienrecht möglich sein muß, daß aber eine Situation, die so untragbar ist, daß nur noch die Trennung von dem betreffenden Mitgesellschafter denkbar und allein zumutbar erscheint, selten sein wird.[313] Auch steht einem ständigen Einsatz dieses Mittels die Kapitalbindung im Aktienrecht entgegen.

[312] Vgl. zu diesem Problem die ausführliche Darstellung bei Baums DJT S. F 51 ff., F 56 f. Vgl. noch umfassender mit aktuelleren Zahlen bis Ende 1999 Baums ZIP 2000 S. 1649 ff.

[313] Auch die gerade zitierten Berufsaktionäre sind in Deutschland zahlenmäßig sehr begrenzt vorhanden; sie sind dafür allerdings um so „aktiver". Vgl. dazu noch einmal Baums DJT S. F. 56 f., sowie ders. ZIP 2000 S. 1651 ff.

§ 5 Der Ausschluß *de lege ferenda*

Im Folgenden ist ausführlich auf den geplanten Ausschluß, der durch das Gesetz zur Regelung von öffentlichen Angeboten zum Erwerb von Wertpapieren und von Unternehmensübernahmen (im folgenden WÜG) ermöglicht werden soll, einzugehen.[1] Da diese Regelung zum Ausschluß *de lege ferenda* jedenfalls in einem *rechtspolitischen* Zusammenhang mit dem geplanten Übernahmerecht steht, wie noch auszuführen sein wird, soll zunächst in einem kurzen Überblick der Referentenentwurf eines Gesetzes zur Regelung von öffentlichen Angeboten zum Erwerb von Wertpapieren und von Unternehmensübernahmen vorgestellt werden.

A. Einleitung und Geschichte des WÜG

Das WÜG behandelt in seinem Hauptteil nicht die Möglichkeit eines Aktionärsausschlusses, sondern stellt Regeln für das in Deutschland mittlerweile auch allgemein bekannt gewordene Vorgehen von Unternehmen auf, welche eine Übernahme eines anderen Unternehmens durch öffentliches Übernahmeangebot erreichen wollen.
Allgemein kann die Übernahme eines Unternehmens auf verschiedenen Wegen vonstatten gehen. Denkbar ist neben dem Anteilserwerb durch die übernehmende Gesellschaft (*share deal*) auch der Kauf der wesentlichen Aktiva des Unternehmens (*asset deal*). Über viele Jahre hinweg stellte die Vorgehensweise des öffentlichen Übernahmeangebotes als Unterfall eines *share deal* in Deutschland ein eher seltenes Phänomen dar, weil der Kapitalmarkt in Deutschland im internationalen Vergleich eher unterentwickelt war und die börsennotierten Unternehmen zudem untereinander stark verflochten waren.[2]
Erst in jüngerer Zeit, seit Mitte der neunziger Jahre, wurde diesem Bereich auch durch das erhebliche Interesse der Medien und dadurch

---

[1] Vgl. zum Text des WÜG den Referentenentwurf samt Begründung (Allgemeiner und Besonderer Teil), der im Internet im World Wide Web unter der Adresse www.bundesfinanzministeriuim.de eingesehen werden kann. Der geplante Gesetzestext in der Fassung allerdings noch des Diskussionsentwurfes eines Übernahmegesetzes vom 19. Juni 2000 ist – ohne Begründung – auch in NZG 2000, S. 844ff. abgedruckt; die wesentlichen Änderungen des Referentenentwurfes gegenüber dem Diskussionsentwurf können ebenfalls unter der oben genannten Internetadresse abgerufen werden.
[2] So Land/Hasselbach DB 2000, S. 1747.

auch durch die breite Öffentlichkeit große Aufmerksamkeit zuteil. Der Beginn dieses „Aufmerkens“ kann mit dem Übernahmeangebot der Krupp – Hoesch AG an der Thyssen AG 1997 datiert werden. Es kann in diesem Zusammenhang des weiteren an die Übernahmen der Chrysler Corp. durch die Daimler - Benz AG (die freilich als *merger of equals*, also Zusammenschluß unter gleichen, vorgestellt wurde) im Jahre 1998, die „Schlacht“ zwischen der Vodafone Airtouch plc. und Mannesmann AG (in den Jahren 1999 und 2000) und den Zusammenschluß von Hoechst und Rhône-Poulenc 1999 erinnert werden, die jedem durch das erhebliche Medienecho im Gedächtnis verblieben sein dürften.[3]
Damit wurde die Vorgehensweise der sogenannten *public takeovers* auch in Deutschland bekannt; im Jahre 1997 waren lediglich 18 öffentliche Übernahmeangebote (*public takeover bids*) zu registrieren, 1999 waren es bereits 37, also mehr als das Doppelte.[4] Dadurch wiederum war der Gesetzgeber gefordert, eine entsprechende Regelung zu schaffen, um verläßliche Kriterien und Rechtssicherheit in diesem Bereich zu garantieren.[5]
Die Bemühungen des Gesetzgebers, eine rechtliche Regelung für öffentliche Übernahmeangebote zu schaffen, konnten bisher nicht mit dem Fortschreiten der Praxis, die sich mehr und mehr mit solchen und anderen Formen des Unternehmenskaufes und der Unternehmenszusammen-schlüsse (*Mergers and Aquisitions*, kurz *M & A*) beschäftigt, mithalten. So gibt es in Deutschland im Gegensatz zu anderen führenden Finanzmärkten bislang keine gesetzliche Regelung für Unternehmensübernahmen. Die Börsensachverständigenkommission beim Bundesministerium der Finanzen (im folgenden BSK) hat Ende der siebziger Jahre bereits Leitsätze für Unternehmensübernahmen als unverbindliche Wohlverhaltensregelungen aufgestellt, die allerdings in der Praxis weithin unbeachtet geblieben sind.[6]

Des weiteren wurde der sogenannte Übernahmekodex durch die BSK erarbeitet, der am ersten Oktober 1995 in Kraft getreten ist und der zuletzt mit Wirkung vom ersten Januar 1998 geändert wurde. Der

---

[3] Vgl. zu diesen Eckdaten und zur Geschichte des WÜG den Überblick bei Vetter, Squeeze-out in Deutschland, ZIP 2000, S. 1817 ff.
[4] Zahlen aus Land/Hasselbach aaO.
[5] So auch die Begründung zum Referentenentwurf zum WÜG, Allgemeiner Teil, auf S. 59 f.
[6] Vgl. die Begründung zum Referentenentwurf des WÜG, Allgemeiner Teil, S. 60; Land/Hasselbach aaO.

Übernahmekodex sieht im Gegensatz zu den eben zitierten Leitsätzen für Unternehmensübernahmen auch Vorschriften über ein Pflichtangebot für Minderheitsaktionäre vor, das auch im ÜbernG eine entscheidende Rolle spielt. Allerdings war auch der Übernahmekodex lediglich im Falle freiwilliger Anerkennung durch die betreffenden Unternehmen für diese bindend. Von den 933 börsennotierten Unternehmen haben bis zum 11. April 2000 lediglich 540 Gesellschaften, darunter lediglich 79 Unternehmen des Indexes DAX – 100, den Übernahmekodex für sich freiwillig anerkannt.[7] Der Regierungsbegründung zufolge hat sich zwar der Übernahmekodex inhaltlich bewährt; auf Grund seines nicht generell bindenden Charakters hat er aber nicht die Anerkennung gefunden, die andere Kapitalmärkte den entsprechenden Regelungen entgegenbrachten. Dagegen stößt etwa der *City Code on Takeovers and Mergers* in Großbritannien, der ebenfalls eine Selbstregulierung darstellt, auf allgemeine Akzeptanz.[8]

Die zuständigen Bundesministerien beschäftigen sich daher seit längerem mit der Erarbeitung einer allgemeinverbindlichen Regelung, die das Übernahmerecht vereinheitlicht und Erfordernisse zum Schutz einzelner Aktionäre wie auch Möglichkeiten für den Hauptaktionär statuiert. Jedoch wurden die Bemühungen teilweise durch die abwartende Haltung des Gesetzgebers wegen des mehrfach verschobenen Inkrafttretens der dreizehnten gesellschaftsrechtlichen EU – Richtlinie über öffentliche Übernahmeangebote behindert.[9]

Schließlich wurde aber im Februar 2000 nach der von der Öffentlichkeit besonders beachteten „Übernahmeschlacht“ zwischen Vodafone Airtouch plc. und der Mannesmann AG[10] eine Regierungskommissi-

---

[7] So die Begründung zum Referentenentwurf des WÜG, Allgemeiner Teil, S. 60, 61; Land/Hasselbach aaO.

[8] Vgl. die Begründung zum Referentenentwurf des WÜG, Allgemeiner Teil, S. 61; dazu auch Pötzsch S. 13.

[9] Zum Gemeinsamen Standpunkt des Rates im Hinblick auf den Erlaß der Richtlinie des Europäischen Parlaments und des Rates auf dem Gebiet des Gesellschaftsrechts betreffend Übernahmeangebote vom 19. Juni 2000 siehe auch die umfangreiche Darstellung bei Pötzsch S. 4 ff., der ebendort sowohl auf die Vorgeschichte (unter I.) als auch auf die Regelung selbst (unter II., S. 5 ff.) detailliert eingeht.

[10] Auch Riehmer, NZG 2000, S. 820, sieht die Übernahme Vodafone/Mannesmann als ausschlaggebend für den Gesetzesentwurf; diesem zufolge hätte diese Übernahme wohl auch bei Geltung des WÜG vonstatten gehen können, vgl. Riehmer aaO S. 824. Nach Witt, NZG 2000, S. 809, ist gar die europäische Vorlage als „gescheitert“ anzusehen und deshalb eine deutsche Lösung anzustreben.

on[11] eingesetzt, die in zwei Gesprächsrunden zehn „Eckpunkte" eines zukünftigen Übernahmegesetzes erarbeitete. Diese „Eckpunkte" wurden bereits in der abschließenden Sitzung am 17. Mai 2000 veröffentlicht sowie der Bundesregierung und dem Bundestag als Grundlage für ein zukünftiges Gesetzgebungsverfahren empfohlen. Die Veröffentlichung des Diskussionsentwurfes Ende Juni 2000 löste das „Eckpunktepapier" ab; der Diskussionsentwurf wurde nun zuletzt im März 2001 von einem noch leicht geänderten Referentenentwurf eines Gesetz zur Regelung von öffentlichen Angeboten zum Erwerb von Wertpapieren und von Unternehmensübernahmen abgelöst, der die endgültige Fassung darstellen soll.

Eine solche Regelung, wie sie im Referentenentwurf enthalten ist, wird vor allem deshalb als erforderlich angesehen, weil sowohl der Kapitalmarkt als auch internationale Investoren wie institutionelle Anleger einen verbindlichen Rechtsrahmen fordern, der erst klare und verläßliche Kriterien für eine öffentliche Übernahme aufstellt.[12] Die Legitimation der Forderung nach einer gesetzlichen Regelung wird deutlich, wenn man sich das eingesetzte Kapital bei solchen Vorgehen vor Augen führt. Auch die Vielzahl der Interessen, die durch einen solchen Vorgang betroffen werden, sind eine Motivation, einen rechtlichen Rahmen zu schaffen: So verfügt etwa der Konzern DaimlerChrysler nach dem Zusammenschluß allein über 430.000 Beschäftigte weltweit; ein Zusammenschluß in einer solchen Größenordnung verändert die Struktur von Unternehmungen, welche Milliarden von Mark wert sind. Nicht zuletzt gewährt eine verbindliche gesetzliche Regelung, wie sie das hier zu besprechende WÜG darstellt, auch den Anlegern einen zusätzlichen Schutz.[13] Ziel des Gesetzes ist es folglich auch, Leitlinien für ein geordnetes und faires Verfahren von Unternehmensübernahmen zu schaffen, ohne diese speziell fördern oder

---

[11] Die Mitglieder der Regierungskommission waren: *Gerhard Schröder*, *Hans – Martin Bury* (Staatsminister im Kanzleramt), Staatssekretär *Caio Koch – Weser*, *Wolfgang Clement* (Ministerpräsident NRW), *Herta Däubler – Gmelin* (Bundesjustizministerin), *Werner Müller* (Bundeswirtschaftsminister), *Paul Achleitner* (Finanzvorstand der Allianz AG), *Theodor Baums* (Universität Frankfurt/Main), *Klaus Esser* (Mannesmann AG), *Ron Sommer* (Deutsche Telekom AG), *Kurt Viermetz* (Hypo – Vereinsbank AG), *Werner Seifert* (Deutsche Börse AG), *Ulrich Hartmann* (E.on),*Ulrich Hocker* (DSW), *Hubertus Schmoldt* (IGBCE) und *Roland Berger* (Roland Berger Consulting).

[12] So auch Land/Hasselbach DB 2000, S. 1747.

[13] So auch Land/Hasselbach aaO.

verhindern zu wollen, und Transparenz und Schutz für Aktionäre sowie Arbeitnehmer zu gewährleisten.[14]

Zwar besteht nach wie vor die Möglichkeit, daß bereits kurz nach Verabschiedung des WÜG doch die EU – Übernahmerichtlinie verabschiedet wird. Dennoch erscheint ein erneutes Abwarten des Gesetzgebers auf diese Richtlinie für den deutschen Kapitalmarkt als nachteilhaft, da eine solche Verabschiedung eben keinesfalls gewiß ist. Aus diesem Grund wurde dem Gesetzgeber auch von der Expertenkommission ein zügiges Vorgehen empfohlen, was sich auch in der Begründung zum Referentenentwurf niedergeschlagen hat.[15]

Außerdem ist anzumerken, daß selbst bei zügiger Zustimmung des Europäischen Parlamentes (wobei das komplizierte Verfahren der Mitentscheidung nach Artikel 251 EGV hier ebenfalls noch Verzögerungen mit sich bringen kann) nach Artikel 15 der geplanten Richtlinie selbige erst innerhalb von vier Jahren umgesetzt werden muß. Damit erscheint eine vorerst deutsche Lösung ebenfalls angebracht.[16] Eine europäische Regelung, die in deutsches Recht umgesetzt werden wird, ist wohl nicht vor dem Jahr 2005 zu erwarten.

B. Überblick zum Inhalt des geplanten WÜG

Der Referentenentwurf eines Gesetzes zur Regelung von öffentlichen Angeboten zum Erwerb von Wertpapieren und von Unternehmensübernahmen vom 12. März 2001 sieht ein sogenanntes Artikelgesetz mit elf Artikeln vor. Artikel 1 des Entwurfs enthält den Text des Übernahmegesetzes. Die weiteren Artikel 2 bis 9 sehen Anpassungen und Änderungen verschiedener Kapitalmarktgesetze, wie beispielsweise des WpHG in Artikel 2, des KAGG in Artikel 3, des AuslInvG in Artikel 4 und des VerkProspG in Artikel 5 vor.

---

[14] Vgl. dazu die formulierten Ziele in der Begründung zum Referentenentwurf, Allgemeiner Teil, S. 65 f.

[15] Vgl. die Begründung zum Referentenentwurf, Allgemeiner Teil, S. 64 f.. Zu beachten ist zudem, daß sich das geplante Gesetz in weiten Teilen an der 13. EU – Richtlinie orientiert oder auch deren geplante Vorschriften direkt übernimmt. Vgl. dazu wiederum die Begründung zum Referentenentwurf, Allgemeiner Teil, S. 66 ff. sowie Besonderer Teil S. 79 ff.; passim.

[16] Ebenso auch Witt, NZG 2000 S. 809. Vgl. zur Erforderlichkeit der Regelung seitens des deutschen Gesetzgebers auch Baums in v. Rosen/Baums, S. 166 f.

Der hier noch zu diskutierende Artikel 6 des geplanten WÜG betrifft eine Änderung des Aktiengesetzes. Das Dritte Buch des Aktiengesetzes über verbundene Unternehmen soll einen neuen Vierten Teil erhalten, der mit „Ausschluß von Minderheitsaktionären" überschrieben wird und sechs Paragraphen, die Regelungen der §§ 327a – 327f AktG n. F., enthalten soll. Der bisherige Vierte und bisherige Fünfte Teil des Aktiengesetzes werden Fünfter und Sechster Teil.

Bereits hier darf angemerkt werden, daß die Plazierung der *freezeout* – Regelung[17] im Dritten Buch über verbundene Unternehmen deshalb unglücklich erscheint, weil ein Ausschluß nach der Neuregelung nicht voraussetzt, daß der ausschließende Aktionär ein „Unternehmen" im Sinne des Konzernrechts ist. Mit verbundenen Unternehmen hat der Ausschluß nichts zu tun.[18]

Die weiteren Artikel 7 bis 9 sehen wiederum Änderungen und Anpassungen sowie neue gesetzliche Vorschriften vor, die Artikel 10 und 11 des Referentenentwurfes sehen formelle Vorschriften vor, die hier allesamt vernachlässigt werden können.
Der, soweit ersichtlich, ersten Beurteilung der Neuregelung zufolge ist das neue WÜG in weiten Teilen an den Vorgaben der britischen „*City Code on Takeovers and Mergers*" angelehnt, erreicht aber nicht dessen Regelungsdichte, weil sich das Bundesministerium der Finanzen entschlossen hat, der deutschen Kapitalmarktpraxis noch einen eigenen Spielraum zuzugestehen.[19]

Auf die Änderungen bestehender Gesetze sowie den Erlaß von Verordnungen ist im Folgenden lediglich am Rande, soweit für die vorliegende Bearbeitung von Bedeutung, einzugehen. Im Mittelpunkt der Betrachtung steht geplante Artikel 6 des Referentenentwurfes, der die Regelungen zum Aktionärsausschluß enthält. Dennoch soll ein Blick

---

[17] Hier ist wieder eine Begriffsverwirrung aufzuklären. Der Referentenentwurf spricht in seiner Begründung betreffend die Neuregelung des AktG (Allgemeiner Teil, S. 74 ff., passim) von einem *squeezeout*. Alle bisher zum Thema veröffentlichten Aufsätze übernehmen dies kritiklos. Wie oben unter **§ 2** festgestellt, handelt es sich bei einem juristisch – technischen Ausschluß aber gerade um einen *freezeout*, und nicht um einen *squeezeout*; dies wird unten unter **§ 6** noch deutlicher. Gleichwohl soll bereits hier der korrekte Terminus verwendet werden.

[18] Vgl. aber zur ausführlichen Darstellung des neuen Vierten Abschnittes noch unten unter **§ 6**.

[19] So Land/Hasselbach aaO S. 1748.

auf den Regelungsgehalt der Pflichtangebote und freiwilligen Übernahmeangebote des WÜG geworfen werden, um auch systematisch ein Verständnis für den Ausschluß geben zu können. Denn, wie noch zu zeigen sein wird (dazu sofort unter I. und II.), ist die Möglichkeit des Aktionärsausschlusses ein Zugeständnis des Gesetzgebers, das rechtspolitisch lediglich im Gegenzug zum sogenannten Pflichtangebot gemacht wurde.

I. Pflichtangebote und freiwillige Übernahmeangebote nach dem Referentenentwurf

Nach dem in Planung befindlichen WÜG sind zwei unterschiedliche Übernahmeangebote denkbar. Zum einen kann ein Bieter ein freiwilliges Übernahmeangebot an die Aktionäre einer Zielgesellschaft machen, das dann unter gewissen Voraussetzungen den Vorschriften des WÜG genügen muß.
Zum anderen kann ein Bieter auch zur Abgabe eines solchen Angebotes *verpflichtet* sein; dies ist das sogenannte Pflichtangebot. Abschnitt 5 des WÜG, also die Vorschriften der §§ 35 bis 39, verpflichten denjenigen, der die Kontrolle im Sinne des WÜG hat, also nach § 29 Abs. 2 WÜG die Schwelle einer 30%igen Beteiligung an einer Aktiengesellschaft oder Kommanditgesellschaft auf Aktien überschreitet, zur Abgabe eines Übernahmeangebotes an alle Aktionäre der betreffenden Gesellschaft. Zuvor hat der Bieter unverzüglich die Tatsache des Kontrollerwerbs unter Angabe seines genauen Beteiligungsbesitzes zu veröffentlichen und das Angebot dann in den darauf folgenden zwei Wochen abzugeben. § 30 WÜG statuiert Zurechnungstatbestände, nach denen dem Bieter Aktien oder Stimmrechte von anderen Personen zugerechnet werden. § 36 WÜG legt Ausnahmen von diesen Grundsätzen fest.[20]

Ein freiwilliges Übernahmeangebot unterliegt dem WÜG nur dann, wenn das Übernahmeangebot auf die Erlangung der Kontrolle, also auf den Erwerb von zumindest 30% des Grundkapitals der betreffenden Gesellschaft, gerichtet ist; eingerechnet werden dabei die bereits dem Bieter zustehenden Anteile.[21]

---

[20] Zu Einzelheiten ausführlich Pötzsch S. 17ff.
[21] Pötzsch aaO.

Schließlich sind erste Teilangebote von noch nicht kontrollierenden Aktionären, also solche, die zwar über die Schwelle von 30% des Grundkapitals, nicht aber auf die Übernahme aller Aktien gerichtet sind, und damit lediglich zu einem Erwerb des Bieters bis zu einer gewissen Anzahl von Aktien oder zu einem gewissen Anteil am Grundkapital führen sollen, unzulässig. Nach § 32 WÜG können lediglich erste Angebote, die die Kontrollschwelle überschreiten, abgegeben werden, die sich auf den Erwerb sämtlicher Anteile einer Gesellschaft richten. Damit können also vorerst auch nicht lediglich Aktien einer Gattung erlangt werden.[22]

Damit ist aber lediglich der Fall gesetzlich erfaßt, daß (freiwillige oder gezwungene) *Gesamt*übernahmeangebote erstmals zu einer Beteiligung von mehr als 30% des Grundkapitals einer Aktiengesellschaft führen. Nun ist aber denkbar, daß ein Aktionär, der mehr als 30% des Grundkapitals erlangen will, ein Gesamtübernahmeangebot abgibt, und im Zuge der Übernahme lediglich (beispielsweise) 50 % des Grundkapitals erwerben kann. Will er dann zu einem späteren Zeitpunkt seine Herrschaftsmacht ausweiten, so stellt sich die Frage, ob dann ein weiteres freiwilliges Teilangebot zulässig wäre. Dies ist zu bejahen: Das WÜG will lediglich gewährleisten, daß bei Erlangen der faktischen Kontrolle alle Aktionäre die Möglichkeit haben, ihre Anteile zu veräußern. Dieser Zweck ist aber mit dem ersten (Gesamt –) Übernahmeangebot bereits erfüllt, so daß nichts gegen die Zulässigkeit eines späteren Teilangebots spricht. Zur Klärung sollte der gesetzliche Wortlaut hier jedoch ergänzt werden.

Auch der Fall, daß ein Aktionär durch ein öffentliches Übernahmeangebot weniger als 30% des Grundkapitals einer Gesellschaft erwerben will, unterfällt nicht den Regeln des Übernahmegesetzes, denn dieses stellt in § 327a Abs. 1 auf das Überschreiten von 30% des Grundkapitals ab. Zu beachten ist aber, daß sich hier Probleme für die Kleinstbeteiligten einer Gesellschaft auf Grund ihrer Kollektivhandlungsprobleme ergeben. So kann der übernehmende Aktionär die veräußerungswilligen Aktionäre mit einem „Aufschlag“ prämieren, der den anderen entgeht; es stellen sich in diesem Fall dieselben Proble-

---

[22] So auch Pötzsch, S. 17. Diese Regelung geht auf Artikel 5 Abs. 1 S. 2 des Richtlinienentwurfes zurück.

me, die das WÜG gerade verhindern will.[23] Deshalb sollte auch dieser Fall vom gesetzlichen Anwendungsbereich erfaßt sein.

II. Rechtspolitischer Zusammenhang zwischen Pflichtangebot und Ausschlußregelung

Die Regelung zum Pflichtangebot erscheint zunächst befremdlich. Denn weshalb sollte ein Aktionär, der eine Beteiligung von über 30% an einer Aktiengesellschaft oder Kommanditgesellschaft auf Aktien erlangt, gesetzlich dazu verpflichtet werden, sämtliche Aktien dieser Gesellschaft zu erwerben, wenn alle Aktionäre veräußerungswillig sind?

Nach der Begründung noch zum Diskussionsentwurf des Übernahmegesetzes in der Fassung vom 29. Juli 2000 soll dem Aktionär, dem es auf Grund fehlenden öffentlichen Übernahmeangebotes und dennoch erfolgten Kontrollerwerbs durch den späteren Bieter nicht möglich war, seinen Anteil zu veräußern, eine Möglichkeit gegeben werden, seine Beteiligung nun doch noch zu einem angemessenen Preis zu veräußern.[24] Es sprechen mehrere einleuchtende Gründe für eine solche Verpflichtung zur Abgabe eines Gesamtübernahmeangebotes bei Überschreiten der Kontrollschwelle.
Mit dieser Verpflichtung soll zum einen die Gleichbehandlung der Aktionäre sichergestellt sein; sie sollen beispielsweise vor sogenannten *front – end loaded offers* geschützt werden. Solche Angebote sind zweigeteilt: Zunächst bietet der übernehmende Aktionär in einem ersten Schritt auf einen bestimmten Prozentsatz der Aktien, meist des zur Kontrolle erforderlichen Teils, in bar, und in einem zweiten Schritt auf die restlichen (oder auch einen Teil der restlichen Anteile) zu einem niedrigeren Betrag, so daß die nicht koordiniert handelnden Anleger möglichst schnell das erste, unter Umständen nachteilige Angebot annehmen.[25] Um ein solches Ausnutzen von Kollektivhandlungsproblemen zu verhindern, soll den Aktionären eine Veräußerungsmöglichkeit gegeben werden.[26]

---

[23] Vgl. dazu sogleich unter II.
[24] So ausdrücklich die Begründung noch zum Diskussionsentwurf des Gesetzes zur Regelung von Unternehmensübernahmen des BMF vom 29. Juni 2000, Allgemeiner Teil, S. 70.
[25] Zu *front – end loaded offers* Baums ZIP 1989, S. 1378.
[26] Dazu bereits oben unter § 2 B. IV.

Erlangt ein Aktionär – wie auch immer – eine Kontrollbeteiligung, so kommt dies zum anderen einem so grundlegenden Beteiligungswechsel gleich, daß es dem einzelnen Aktionär, der aufgrund der zukünftigen faktischen Mehrheit des Mitaktionärs mit seiner kleinen Beteiligung nicht mehr gegen den Mitaktionär vorgehen kann und häufig keine Informationen über die wirtschaftliche und fachliche Qualifikation des nunmehrigen Mehrheitsaktionärs hat,[27] möglich sein muß, seine Beteiligung zu einem angemessenen Preis zu veräußern.[28] Auch sollen alle Aktionäre, und nicht lediglich der Teil, der die Aktien an den Mehrheitsaktionär veräußert, an dem üblicherweise gezahlten Zuschlag teilhaben.[29] Mithin ist der die Kontrolle erwerbende Aktionär auch zur Abgabe eines entsprechenden Angebotes verpflichtet.[30]

An dieser Stelle wird nun die Regelung zum Ausschluß von Minderheitsaktionären bedeutsam, die durch die Änderung des Aktiengesetzes in den §§ 327a – 327f AktG n.F. enthalten sein soll. Weil der zukünftige Mehrheitsaktionär verpflichtet wird, ein Pflichtangebot nach § 35 ff. WÜG abzugeben, er aber dennoch im Regelfall bei dissentierenden Aktionären nicht die vollständige Kontrolle über die betreffende Gesellschaft wird erlangen können und somit den Minderheitsaufwand mit allen dazu gehörigen Problemen[31] ertragen muß, soll die *freezeout* – Regelung nach Artikel 6 des Referentenentwurfes eingeführt werden.

Der Zusammenhang zwischen Ausschlußregelung und Pflichtangebot, die beide im WÜG geregelt werden, ist also rechtspolitischer Natur: Wer künftig verpflichtet ist, bei Überschreiten einer gewissen Schwelle ein Pflichtangebot auf alle Aktien abzugeben, soll dann auch tatsächlich die Möglichkeit haben, alle Aktien zu erwerben, indem er Kleinstbeteiligungen abfindet und damit Alleinaktionär wird.[32] Aus diesem Grund kann man die beiden im Referentenentwurf enthaltenen

---

[27] Vgl. zu dieser Argumentation Baums ZIP 1989, S. 1379.

[28] Ebenso kann hier eine Parallele zum Umwandlungsrecht gezogen werden: Wie aufgezeigt, gewährt das UmwG in ähnlichen Fällen auch Austritts- und Abfindungsrechte. Vgl. dazu bereits oben unter **§ 2** A. II.

[29] Baums aaO.

[30] Zu weiteren Gründen, die für die Einführung eines Pflichtangebotes im Zusammenhang mit Übernahmeregelungen stehen, vgl. Baums ZIP 1989, S. 1379 ff. (die Anmerkungen beziehen sich auf die 13. EG – Richtlinie).

[31] Vgl. dazu bereits ausführlich unter **§ 3** A. II. 1.

[32] So ausdrücklich auch die Begründung zum Referentenentwurf des WÜG, Allgemeiner Teil, S. 75.

Punkte als zusammengehörig betrachten: Die Ausschlußmöglichkeit des AktG neuer Fassung ist das „Zuckerbrot", wenn man das Pflichtangebot als „Peitsche" für die Großaktionäre, etwa Unternehmen, ansieht.

Mit dieser rechtspolitischen Begründung soll es mit den Ausführungen zum Referentenentwurf des WÜG im Allgemeinen sein Bewenden haben. Im Folgenden ist auf die Regelungen zum Aktionärsausschluß im WÜG einzugehen.[33]

C. Die Regelung zum Aktionärsausschluß im WÜG

Wie bereits angesprochen, ändert Artikel 6 des geplanten Gesetzes zur Regelung von öffentlichen Angeboten zum Erwerb von Wertpapieren und von Unternehmensübernahmen das Aktiengesetz. In einem eigenen Vierten Abschnitt des Dritten Buches werden sechs neue Paragraphen eingefügt (§§ 327a – 327f). Diese Regelungen sollen im Folgenden in Voraussetzungen (sogleich unter I.) und Rechtsfolge (unter II.) sowie im Hinblick auf den Rechtsschutz der ausscheidenden Aktionäre (III.) dargestellt werden. Dann schließt eine Beurteilung der Neuregelung an (dazu unten unter IV.).

I. Die Voraussetzungen eines Aktionärssausschlusses nach der geplanten Regelung

§§ 327a ff. AktG n.F. sehen – vereinfacht gesprochen – bei einer bestimmten Grundkapitalmehrheit in der Hand eines Aktionärs eine Möglichkeit vor, die restlichen Aktionäre gegen ihren Willen durch einen Hauptversammlungsbeschluß ohne weiteres gegen Abfindung aus der betreffenden Gesellschaft auszuschließen. Hierzu müssen bestimmte Voraussetzungen vorliegen:

---

[33] Zu weiteren Einzelheiten zum ÜbernG Pötzsch, S. 24 ff. sowie Land/Hasselbach aaO S. 1750 ff.

1. Die Grundvoraussetzungen in der Person des Hauptaktionärs

Nach § 327a Abs. 1[34] setzt dieser Ausschluß zunächst voraus, daß einem Aktionär dieser Gesellschaft insgesamt zumindest 95% des Grundkapitals der Gesellschaft gehören.[35] Aktionär im Sinne dieser Vorschrift kann dabei jede natürliche oder juristische Person sein, die Anteile an einer Aktiengesellschaft halten kann. § 327a Abs. 1 bezeichnet den Inhaber der 95%igen Beteiligung als Hauptaktionär, die restlichen Beteiligten werden als Minderheitsaktionäre bezeichnet.

Nach § 327a Abs. 1 kann die Hauptversammlung der betreffenden Aktiengesellschaft beschließen, daß die Minderheitsaktionäre ihre Beteiligungen gegen eine angemessene Barabfindung auf den Hauptaktionär übertragen. Die Feststellung, ob dem Hauptaktionär tatsächlich 95% des Grundkapitals gehören, wird dadurch ermöglicht, daß nach § 16 Abs. 2 AktG das Verhältnis der Summe aller Nennbeträge, die dem Hauptaktionär zustehen, mit der Summe des Grundkapitals verglichen wird (§ 327a Abs. 2).
Dem Hauptaktionär sind ferner sämtliche Aktien, die einem ihm gehörenden Unternehmen zustehen, zu seinem Anteil hinzuzurechnen, §§ 327a Abs. 2, 16 Abs. 4 AktG. Jedoch sind die Anteile, die einem anderen für die Gesellschaft oder der Gesellschaft selbst gehören, vom Grundkapital abzusetzen, § 327a Abs. 2. Es wird nach all dem also gerade nicht auf die Stimmrechte abgestellt, sondern lediglich auf die Beteiligung am Grundkapital.
Weitere Fragen zur Kapitalmehrheit werden im Folgenden noch diskutiert. (vgl. im Einzelnen dazu unten unter **§ 6.**).

2. Die Regelungen zur Abfindung der Minderheitsaktionäre

Ob die Abfindung angemessen ist, also der unbestimmte Rechtsbegriff der „Angemessenheit“ des § 327a Abs. 1 erfüllt ist, wird durch § 327b

---

[34] Im folgenden wird lediglich von den §§ 327a – 327f gesprochen. Gemeint sind damit die §§ 327a – 327f AktG n. F. in der Form, wie sie der Referentenentwurf des WÜG vorsieht.

[35] Die Forderung nach einer 95%igen Schwelle, die von der wissenschaftlichen Literatur gefordert wurde, hat sich somit – entgegen anderslautenden Vorschlägen in der Beratung des Diskussionsentwurfes und des Referentenentwurfes – doch durchgesetzt. Dazu Than FS Claussen S. 405ff., der diese 95% - Schwelle wohl als erster forderte. Zu rechtsvergleichenden Hinweisen Hoffmann – Becking, Stellungnahme, S. 5 (unter 2.).

Abs. 1 genauer umschrieben. Zu berücksichtigen ist bei der durch den Mehrheitsaktionär festzulegenden Barabfindung, wie sich die Verhältnisse der Gesellschaft im Zeitpunkt der Beschlußfassung ihrer Hauptversammlung darstellen. Um dies auch den Minderheitsaktionären belegen zu können, muß der Vorstand dem Hauptaktionär alle dafür notwendigen Unterlagen zur Verfügung stellen und Auskünfte erteilen, § 327b Abs. 1 S. 2. Um die Verhältnisse der Gesellschaft im Sinne des § 327b Abs. 1 berücksichtigen zu können, müssen auch die zu diesem Zeitpunkt schwebenden oder sehr wahrscheinlich abzuschließenden Geschäfte einbezogen werden. Es ist dem Hauptaktionär einer börsennotierten Gesellschaft damit beispielsweise nicht möglich, die Minderheitsaktionäre zu einem für ihn günstigen Zeitpunkt auszuschließen, ohne ihnen für den in Zukunft möglicherweise stark steigenden Wert der Aktien einen Ausgleich zu zahlen.
Außerdem ist nach der Begründung des Referentenentwurfes unter Hinweis auf die verfassungsgerichtliche Rechtsprechung zumindest selbstverständlich, daß die volle wirtschaftliche Entschädigung der auszuschließenden Minderheitsaktionäre keinesfalls unter dem Kurswert der jeweils gehaltenen Aktie zu geschehen hat.[36] Dies gilt dem Wortlaut der Begründung „jedenfalls“, also auch in dem Fall, daß ein großes Verlustgeschäft bevorsteht, das den Aktienkurs drücken wird.

Die in § 327b Abs. 2 enthaltene Verzinsungspflicht folgt dem Vorbild ähnlicher Regelungen, so etwa denen der §§ 305 Abs. 2 S. 3, 320b Abs. 1 S. 6 AktG oder § 30 Abs. 1 S. 2 UmwG. An die Stelle des in diesen Vorschriften als Bezugsgröße gewählten Diskontsatzes ist wegen der Einführung des Euro der Basiszinssatz getreten.

3. Vorbereitung und Durchführung der Hauptversammlung

In den §§ 327c und 327d sind Einzelheiten zur Vorbereitung und Durchführung der Hauptversammlung, die nach § 327a über einen Ausschluß zu entscheiden hat, enthalten. Nach § 327c Abs. 1 hat die Bekanntmachung der Übertragung als Tagesordnungspunkt auf der maßgebenden Hauptversammlung bestimmte Einzelheiten zu enthalten, nämlich zumindest Name und Adresse oder Firma und Sitz des Hauptaktionärs sowie die Höhe der vom Hauptaktionär festgelegten Barabfindung.

---

[36] So die Begründung zum Referentenentwurf des WÜG, Allgemeiner Teil, S. 76 ff.

Nach § 327c Abs. 2 muß der Hauptaktionär der Hauptversammlung einen schriftlichen Bericht erstatten, in dem er Voraussetzungen für die Übernahme sowie Höhe und Angemessenheit der Barabfindung erläutert und begründet. Zusätzlich trifft den Hauptaktionär nach § 327c Abs. 2 S. 2 und 3 die Pflicht, Sachverständige zur Überprüfung zu bestellen, die die Angemessenheit und Höhe der Barabfindung im Sinne von § 327b Abs. 1 S.1 überprüfen.[37] Auch die in den Absätzen 3 und 4 des § 327c enthaltenen Regelungen, die noch im Stadium der Vorbereitung der Hauptversammlung vom Hauptaktionärs zu beachten sind, dienen der umfassenden Information der Aktionäre.[38] Danach muß der Hauptaktionär ab Einberufung der Hauptversammlung bestimmte Unterlagen im Geschäftsraum der Gesellschaft auslegen, etwa den Entwurf des Übertragungsbeschlusses sowie Lageberichte und Jahresabschlüsse der letzten drei Jahre, § 327c Abs. 3. Nach § 327c Abs. 4 hat er zudem diese Unterlagen jedem Aktionär auf Verlangen unverzüglich und kostenlos in Abschrift zur Verfügung zu stellen.

Die Durchführung der Hauptversammlung selbst ist nach § 327d an keine Besonderheiten gebunden. Lediglich die in § 327c Abs. 3 bezeichneten Unterlagen sind auszulegen. Nach § 327d S. 2 kann der Vorstand dem Hauptaktionär Gelegenheit geben, seine Absichten und ferner die fraglichen Unterlagen zu erläutern. Obwohl er dies dem Wortlaut nach nicht muß, wird dies in der Praxis die gängige Vorgehensweise sein, schon um den Mitaktionären die Möglichkeit zu geben, sich umfassender zu informieren. Der darauf folgende Beschluß der Hauptversammlung, der auf die Übertragung der Anteile im Sinne des § 327a Abs. 1 gerichtet ist, unterliegt mangels gegenteiliger Anordnungen in der Neuregelung den allgemeinen Vorschriften der §§ 241 ff. AktG.
Dieser Übertragungsbeschluß muß, damit er wirksam werden kann, zur Eintragung in das Handelsregister angemeldet werden. Nach § 327e Abs. 1 S. 2 sind der Anmeldung die Niederschrift des Übertragungsbeschlusses sowie seine Anlagen in zumindest notariell beglaubigter Form oder in Ausfertigung beizufügen. Außerdem hat der Hauptaktionär nach § 327e Abs. 2 in Verbindung mit § 319 Abs. 5 AktG zu erklären, daß eine Klage gegen den Übertragungsbeschluß nicht fristgemäß erhoben, abgewiesen oder zurückgenommen wurde;

---

[37] Beachte noch die hierzu erfolgende Kritik unten unter III.

[38] So die Begründung zum Referentenentwurf des WÜG, Besonderer Teil, S. 183 f.

eine Eintragung wäre wegen § 319 Abs. 5 S. 2 im Falle der Erhebung einer Klage andernfalls nicht möglich.[39]

II. Die Rechtsfolgen der geplanten Regelung

Als wesentliche Rechtsfolge normiert § 327e Abs. 3 S. 1, daß mit Eintragung des Übertragungsbeschlusses in das Handelsregister alle Aktien der Minderheitsaktionäre auf den Hauptaktionär übergehen. Nach § 327 e Abs. 3 S. 2 verbriefen die gegebenenfalls ausgegebenen Aktienurkunden lediglich den schuldrechtlichen Anspruch auf Barabfindung. Auch diese Anordnungen des § 327 e Abs. 3 sind dem Recht der Eingliederung entlehnt: Die durch die Aktien verkörperten Mitgliedschaftsrechte gehen demnach ohne weiteres auf den Hauptaktionär über; es bedarf zur Übertragung weder weiterer Rechtsgeschäfte, noch wären solche Rechtsgeschäfte möglich.[40]
Die Aktionäre sind lediglich verpflichtet, die ihnen gegebenenfalls gehörenden Aktienurkunden Zug um Zug (§§ 273, 274 BGB) gegen Gewährung der Abfindung an den Hauptaktionär abzugeben; mit der Aushändigung erwirbt der Hauptaktionär analog §§ 797 S.2 BGB das Eigentum an den Urkunden. Nunmehr wird dann die Mitgliedschaft des Hauptaktionärs verbrieft. Als Pendant entsteht der zitierte Anspruch auf angemessene Abfindung gegen den Mehrheitsaktionär, den § 327e Abs. 3 erwähnt und der im übrigen nicht genauer geregelt ist. Insbesondere regelt das Gesetz nicht ausdrücklich, ob die Abfindung seitens des Hauptaktionärs oder seitens der Gesellschaft zu gewähren ist. Aus Sinn und Zweck des § 327a ergibt sich jedoch zwingend, daß ein Anspruch auf Abfindung lediglich gegen den Hauptaktionär als Ausgleich für dessen gesetzlichen Rechtserwerb der Anteile nach § 327e Abs. 3 S. 1 bestehen kann. Dieser Anspruch ergibt sich aus dem Hauptversammlungsbeschluß, er steht den Aktionären als Ausgleich für den soeben beschriebenen Rechtsverlust zu. Ein Anspruch gegen die Gesellschaft würde außerdem mit den Kapitalerhaltungsvorschriften des Aktienrechts kollidieren.

---

[39] Zu weiteren Einzelheiten vgl. den Gesetzeswortlaut der §§ 327e Abs. 2 AktG n.F. iVm 319 Abs. 5, 6 AktG a.F. Hierzu noch im Einzelnen unten unter **§ 6**.
[40] Vgl. zur Eingliederung nur Hüffer § 320a RdNr. 2f. sowie § 320b RdNr. 2.

III. Die Rechtsschutzmöglichkeiten der ausgeschiedenen Aktionäre

Die ausgeschiedenen Aktionäre haben grundsätzlich zwei Möglichkeiten des Rechtsschutzes gegen den Ausschluß durch den Hauptaktionär, die durch § 327f geregelt und teilweise beschränkt werden. Zum einen besteht wie bei jedem Hauptversammlungsbeschluß die Möglichkeit, diesen mit der Anfechtungsklage nach § 243 Abs. 1 AktG anzugreifen.[41] Jedoch schmälert § 327f Abs. 1 diese Möglichkeit insofern, als eine Anfechtung nicht mehr auf § 243 Abs. 2 AktG – also das Erlangen von Sondervorteilen – gestützt werden kann, und als eine Anfechtungsklage nicht mehr darauf gestützt werden kann, daß die Barabfindung nicht angemessen ist.
Zudem ist in der Fassung des Referentenentwurfes noch eine Besonderheit ergänzt worden, die im Diskussionsentwurf noch nicht enthalten war. Nach § 327f Abs. 3 kann ein Überprüfungsverfahren dann nicht mehr stattfinden, wenn die Höhe der Barabfindung einem Angebot nach dem WÜG entspricht, das von mindestens 90% der Aktionäre, an die das Angebot gerichtet war, angenommen wurde. Auch hier ist also eine Beschränkung der Rechtsschutzmöglichkeiten der ausscheidenden Aktionäre vorgenommen worden.

Als zweites Rechtsschutzinstrument kommt ein Spruchverfahren im Sinne der §§ 305 UmwG, 306 AktG in Betracht, wie § 327f Abs. 1 S. 2 und 3 anordnet. Die Antragsbefugnis hat – ebenso wie bei den konzernrechtlichen und umwandlungsrechtlichen Verfahren – jeder betroffene, hier also ausgeschiedene Aktionär. Der Antrag muß binnen zwei Monaten ab Bekanntgabe der Eintragung des Hauptversammlungsbeschlusses (vgl. dazu § 10 HGB) gestellt sein, § 327f Abs. 1 S. 2. Sollte der Antrag in diesem Zeitraum nicht gestellt werden, so muß der Individualschutz hinter der Rechtssicherheit zurücktreten, das Spruchverfahren ist dann ausgeschlossen. Diesen Rechtsbehelf sieht die Diskussionsbegründung als den spezielleren an, wenn es um die Abfindung geht; deshalb beschränkt das Spruchverfahren auch die Anfechtungsmöglichkeiten.[42]

---

[41] So auch die Begründung zum Referentenentwurf des WÜG, Besonderer Teil, S. 185.

[42] Vgl. die Begründung zum Referentenentwurf des WÜG aaO.

IV. Allgemeine Beurteilung und Kritik der §§ 327a – 327f AktG n.F. nach dem Referentenentwurf

Internationalen Vorbildern folgend[43] ist dem Drängen aus der Praxis nachgegeben und eine Ausschlußregelung als Gegenstück zum Pflichtangebot in den Referentenentwurf aufgenommen worden. Diese Regelung zum Aktionärsausschluß *de lege ferenda* lehnt sich in weiten Teilen an die der Mehrheitseingliederung nach §§ 319 ff. AktG an. Der Anwendungsbereich ist jedoch weiter gefaßt, so daß sich dadurch auch wesentliche Unterschiede ergeben. So scheitert eine grenzüberschreitende Eingliederung schon an dem Erfordernis, daß nach § 319 Abs. 1 bzw. § 320 Abs. 1 AktG zwei Aktiengesellschaften mit Sitz im Inland beteiligt sein müssen. Dies schreiben die Regelungen der §§ 327a ff. nicht vor.[44]
Auch setzt die Eingliederung zumindest im Regelfall voraus, daß den abzufindenden Aktionären Anteile an der Hauptgesellschaft angeboten werden, § 320 b Abs. 1 AktG. Auch dies soll gerade beim *freezeout* dem Referentenentwurf nach nicht gelten.

Jedoch setzt der Gesetzgeber auch hier eine 95%ige Beteiligung voraus,[45] ebenso wie bei der Mehrheitseingliederung, § 320 Abs. 1 AktG. Es kann insoweit von einem grundsätzlichen Prinzip gesprochen werden, Minderheitsbeteiligungen, die weniger als fünf Prozent am gesamten Grundkapital ausmachen, gegenüber der Mehrheitsbeteiligung als vernachlässigbar anzusehen.[46] Auch daß die Neuregelung eine volle wirtschaftliche Entschädigung für einen – nach dem Bundesverfassungsgericht grundsätzlich auch verfassungsrechtlich zulässigen[47] – Rechtsverlust im Sinne des Verlustes der herrschaftsrechtlichen Stellung bietet, ist der Eingliederung ähnlich.

---

[43] Vgl. die Übersicht bei Doralt u.a. ZGR 1998, S. 734f.; zum englischen Recht insbesondere Than in FS Claussen 1997, S. 405 ff.; zum US-amerikanischen Recht (*cash-out* und *short-form merger*) siehe Merkt S. 581 f.

[44] Dies führt auch die Begründung zum Referentenentwurf als Vorteil gegenüber der Eingliederung ausdrücklich an, vgl. Allgemeiner Teil S. 75 f.

[45] Anders im US-amerikanischen (*short-form merger*) und englischen Recht, wo bereits das Halten von über 90% des Grundkapitals zu einem Ausschluß der Mitaktionäre gegen Abfindung berechtigen.

[46] So argumentativ bereits oben unter § 4 A. II. 2. (c) (1).

[47] Dazu ebenfalls bereits oben unter § 4 A. II. 2. (c).

Doch kann man als Fazit zum Vergleich mit der Eingliederung festhalten, daß eine Eingliederung in zahlreichen Fällen nicht möglich oder aufgrund der damit zwingend verbundenen Strukturänderung nicht tunlich ist, eine Eingliederung also für den Mehrheitsaktionär keine oder keine sinnvolle Lösung bietet.[48] Mithin ist der Ausschluß *de lege ferenda* eine gelungene Ergänzung aus Sicht der Unternehmen.
Eine Neuerung kann man in der vom Gesetzgeber verwandten Terminologie finden. Minderheitsaktionär ist jeder, der unter 50% des Grundkapitals hält, Mehrheitsaktionär der, der zwischen 51% und 95% hält. Vereinigt sich eine noch größere Mehrheit in einer Hand, so spricht das WÜG vom „Hauptaktionär". Diese Einteilung hat eine klare Linie und wirft keine Fragen auf.

Positiv zu bewerten ist grundsätzlich, daß der Mißbrauch der aktienrechtlichen Anfechtungsklage infolge der Vorschrift des § 327f Abs. 1 S. 1 zumindest bei Ausschlußverfahren abnehmen wird, weil die Anfechtungsklage zwar noch mit der Begründung der Rechtsverletzung durch den Hauptaktionär angegriffen, nicht mehr jedoch auf § 243 Abs. 2 AktG oder auf die Unangemessenheit der Barabfindung gestützt werden kann, die in einem speziellen Spruchverfahren – ebenfalls der Mehrheitseingliederung nachgebildet – überprüft wird.
Dennoch zeigt sich hier ein Problem, das der Gesetzgeber wohl nicht gesehen hat. Die Frage ist, ob man – unter Umgehung des § 327f Abs. 1 S.1 – eine Anfechtungsklage mit der Begründung erheben kann, man zweifle zwar nicht die Abfindung als solche an, habe aber nicht ausreichende Informationen durch den Mehrheitsaktionär erhalten, um die Angemessenheit beurteilen zu können. Diese Frage wird man im Ergebnis deshalb verneinen müssen, weil die Regelung des § 327f Abs. 1 darauf abzielt, den Minderheitsaktionären einen spezielleren Rechtsbehelf zur Verfügung zu stellen,[49] so daß alle mit der Abfindung zusammenhängenden Beschwerden unter die Vorschrift des § 327f Abs. 1 S. 2 in Verbindung mit § 306 AktG, die die Klärung im Spruchverfahren bestimmen, fallen. Alles andere wäre eine Umgehung der ratio des § 327f Abs. 1, so daß eine entsprechende Anwendung auf diese Fälle geboten ist. In einem neueren Urteil entschied nun der Bundesgerichtshof, daß eine Anfechtungsklage bei der Verletzung abfindungswertbezogener Informationspflichten ausgeschlos-

[48] So auch Hoffmann – Becking, Stellungnahme, S. 3 (unter c).
[49] So die Begründung zum Referentenentwurf des WÜG, Besonderer Teil, S. 185.

sen sei; die Antragsteller seien vielmehr auf das Spruchverfahren selbst verwiesen, welches auch das Auskunftsrecht der Aktionäre umfasse.[50] Eine Anfechtungsklage muß also in allen den Fällen ausscheiden, in denen es im weitesten Sinne um Fragen geht, die mit der Abfindung zusammenhängen. Die Verweisung auf § 243 Abs. 1 AktG ist also von Sinn und Zweck des § 327f Abs. 1 S. 1 her einschränkend auszulegen.

Ein weiterer Kritikpunkt liegt auf der Hand. Der Hauptaktionär hat nach § 327c Abs. 2 S. 2 und 3 die Pflicht, Sachverständige zur Überprüfung zu bestellen, die die Angemessenheit und Höhe der Barabfindung im Sinne des § 327b Abs. 1 S. 1 überprüfen sollen. Bei dieser Anforderung hat sich der Gesetzgeber der Diskussionsbegründung zufolge von den Normen zu Umwandlungsvorgängen und Mehrheitseingliederungen leiten lassen.[51]
Nicht beachtet dabei wurde aber, daß bereits diese älteren Überprüfungspflichten kritisiert werden: Die Bestellung durch den Hauptaktionär erscheint mehr als fraglich, weil dann selten eine tatsächlich unparteiische Überprüfung die Regel sein wird. Dasselbe muß hier für den Vorstand gelten, auf den der Hauptaktionär zumindest Druck ausüben kann. Vielmehr wurde bereits zur Mehrheitseingliederung vertreten, daß die Prüfer durch den Vorstand der einzugliedernden Gesellschaft – und mithin nicht der Hauptgesellschaft – zu bestellen sein sollten.[52] Um hier eine Parallele zu ziehen, könnte man an die Minderheitsaktionäre denken, die die Prüfer zu bestellen haben sollten. Dies würde aber eine ebenso voreingenommene Einstellung bewirken, die lediglich aus der entgegengesetzten Willensrichtung kommt.
Ein Vorschlag in der jüngeren Literatur aber kann an dieser Stelle befürwortet werden.[53] *Lutter* spricht sich in einem neueren Aufsatz dafür aus, die Prüfer auf Antrag des Vorstandes der betreffenden Gesellschaft ausschließlich gerichtlich bestellen zu lassen.[54] Dies hätte den Vorteil der Neutralität; weder Minderheitsaktionäre noch der Mehr-

---

[50] Vgl. dazu das Urteil des BGH vom 18. Dezember 2000 – II ZR 1 aus 1999, abgedruckt in BB 2001, S. 275ff. sowie in DB 2001, S. 319 ff.
[51] Vgl. die Begründung zum Referentenentwurf des WÜG, Besonderer Teil, S. 183.
[52] Hüffer § 320 RdNr. 11.
[53] Lutter/Bezzenberger AG 2000, S. 433, stellen Reforvorschläge für die Spruchverfahren im AktG und UmwG vor. Auf S. 438 f. wird die Frage der gerichtlichen Bestellung der Prüfer diskutiert. Vgl. dazu auch die Vorschläge der Autoren zur Änderung des Gesetzestextes auf S. 444 ff., 446 f.
[54] Lutter/Bezzenberger aaO S. 438 f.

heitsaktionär hätten Anlaß, die festgestellte Unternehmens- und Anteilsbewertung anzugreifen. Denn um eine Reduzierung oder zumindest Verkürzung der späteren Spruch(stellen)verfahren zu ermöglichen, wie es sowohl hier als auch im Aktienrecht geplant war,[55] muß auch das Mißtrauen der abgefundenen Aktionäre gegenüber Prüfern, die von einer involvierten Partei bestellt wurden, bedacht werden. Damit ein auf ein solches Mißtrauen folgendes Spruch(stellen)verfahren vermieden werden kann, sollten die fraglichen Prüfer von einer neutralen Partei bestellt werden.[56] Auch diesen Kritikpunkt hätte der Gesetzgeber aufgreifen können.

Unproblematisch erscheinen hingegen die Regelungen über Vorbereitung und Durchführung der Hauptversammlung, weil sie nicht vom aktienrechtlichen Standard *de lege lata* abweichen. Die Vorschriften des § 327c Abs. 3 und 4 sind dem § 320 Abs. 4 S. 1 und 3 AktG nachempfunden; hier werden sich keine Schwierigkeiten in der Praxis ergeben. Die Eintragungspflicht nach § 327e Abs. 1 und die Forderung nach Beifügung der Unterlagen durch den Hauptaktionär geben ebenfalls keinen Anlaß zur Kritik.
Auch die sogenannte Negativerklärung, die sich aus der Verweisung des § 327e Abs. 2 AktG n.F. auf § 319 Abs. 5 und 6 AktG a.F. ergibt, und die bei Unterlassung folgende Registersperre sind aus dem Recht der Eingliederung bekannt.[57]
Als Ergebnis kann die im Referentenentwurf enthaltene Regelung bereits deshalb als sinnvoll gelten, weil sie der unternehmerischen Praxis die Möglichkeit eröffnet, den durch Splitterbeteiligungen verursachten erheblichen formalen und kostenintensiven Aufwand zu beseitigen und die Möglichkeit des mißbräuchlichen Einsatzes dieser Splitterbeteiligungen zu begrenzen.[58] Es handelt sich insofern um eine sehr praxisnahe Regelung. Auch spricht der rechtsvergleichende Blick in andere europäischen Staaten und die USA für die Einführung einer entsprechenden Regelung, die der Weiterentwicklung des Kapitalmarktes förderlich ist.[59]

---

[55] Vgl. Hüffer aaO RdNr. 10.
[56] So auch Lutter/Bezzenberger aaO S. 439.
[57] Im Einzelnen dazu noch unten unter § 6.
[58] So auch Pötzsch S. 31; vgl. zu den Gründen für einen Ausschluß bereits oben unter § 3 A.
[59] So auch Hoffmann – Becking, Stellungnahme, S. 3 (unter e).

Nach allem erscheint die Regelung rechtspolitisch wünschenswert und bis auf kleinere Mängel auch grundsätzlich gelungen. Die Regelung fügt sich vor allem in das bereits vorhandene System der Ausschließungstatbestände wie der Mehrheitseingliederung ein, ohne grundlegende neue Fragen im systematischen Zusammenhang aufzuwerfen.

§ 6 Einzelne Auslegungs- und Anwendungsfragen der Neuregelung

Die Neuregelung wirft Fragen auf, die sie selbst nicht klärt und auch nicht klären kann, die aber insbesondere für die Praxis eine erhebliche Bedeutung haben werden. So stellt sich vor allem die Frage, wie ein Aktionär, der noch nicht über die in § 327a Abs. 1 vorgesehene Mehrheit von 95% des Grundkapitals einer Aktiengesellschaft oder Kommanditgesellschaft auf Aktien verfügt, an diese Beteiligung gelangen oder das Erfordernis des § 327 a Abs. 1 unterlaufen kann. Hier sind ähnlich gelagerte Gestaltungen zum Vergleich heranzuziehen (dazu in Einzelfragen unten unter B bis D.).
Sodann ist im Einzelnen auch fraglich, wie die Rechtsfolgen des Ausschlusses von Mitaktionären in Bezug auf andere Tatbestände wirken. Dies soll gesondert erörtert werden (unten unter E.).

A. Allgemeines

Im Hinblick auf die §§ 327 a ff. muß man sich zunächst noch einmal grundsätzliche Feststellungen in Erinnerung rufen.

Häufig wird der Hauptaktionär die für den Ausschluß der Restbeteiligungen erforderliche 95%ige Grundkapitalmehrheit durch ein oder mehrere öffentliche Übernahmeangebote erreicht haben. Dieses Erlangen durch ein oder mehrere Übernahmeangebote aber ist gerade nicht Voraussetzung für einen Ausschluß. Vielmehr kann die Mehrheit auch auf anderem Wege erreicht worden sein, so etwa durch Kauf von Splitterbeteiligungen an der Börse, Paketkauf, Erbgang und Schenkung oder Verschmelzung. Es ist dem Gesetz nach also gerade nicht notwendig, die 95%ige Kapitalmehrheit durch ein oder mehrere Übernahmeangebote im Sinne des ÜG zu erlangen. Vielmehr kommt jeder legale Weg zum Erwerb der Aktien durch den (zukünftigen) Hauptaktionär in Betracht. Zudem ist die Möglichkeit des Ausschlusses von Mitaktionären nach §§ 327a ff. auch nicht zwingend an ein vorhergehendes Übernahmeangebot gekoppelt; das „Zuckerbrot“ setzt also nicht die „Peitsche“ voraus.[1]

---

[1] Vgl. dazu bereits oben unter § 5 B. II.; so auch Pötzsch S. 30.

Außerdem ist es gleichgültig, ob es sich bei den Anteilen des Hauptaktionärs um stimmberechtigte Aktien handelt oder um stimmrechtslose Vorzugsaktien. Das Gesetz stellt allein auf die Kapitalmehrheit ab, nicht auf die Stimmenmehrheit.[2]

Diese grundsätzlichen Feststellungen sind deshalb wichtig, weil sie aufzeigen, daß dem (zukünftigen) Hauptaktionär bereits einige Möglichkeiten zur Seite stehen, wie er das hohe Erfordernis der 95%igen Kapitalmehrheit für sich abschwächen, also relativieren kann. Es stellt sich des weiteren die Frage, ob und wie ein Mehrheitsaktionär, der noch nicht über 95% des Grundkapitals verfügt, an diese Mehrheit kommt oder eventuell das Erfordernis der 95% - Schwelle unterlaufen kann.

B. Die 95% - Schwelle

In der Praxis wird vor allem das Erreichen der von der geplanten Ausschlußregelung vorausgesetzten 95%igen Grundkapitalmehrheit problematisch werden. Fraglich ist, ob und wie diese Schwelle durch Behelfskonstruktionen erreicht werden kann.

I. „Ausschluß auf Raten" durch Kapitalerhöhung mit Bezugsrechtsausschluß

Für den Mehrheitsaktionär, der noch nicht Hauptaktionär im Sinne der geplanten Neuregelung ist (der also zwischen 51% und 95% des Grundkapitals hält) stellt sich die Frage, ob er über eine Kapitalerhöhung mit Bezugsrechtsausschluß an weitere Anteile kommen und so die geforderte Schwelle von 95% überschreiten kann. Betrachtet man diesen Vorgang aus der Sicht der Minderheit, dann kann sich die mit dem Bezugsrechtsausschluß zunächst nur verbundene Quotenverminderung als Zwischenschritt zu einem vollständigen Verlust der Mitgliedschaft entwickeln. Es erfolgt gewissermaßen ein „Ausschluß auf Raten", obwohl der Mehrheitsaktionär zunächst die vom Gesetz geforderten 95% der Anteile noch nicht hält. Die Umgehungsgefahr liegt auf der Hand. Im Hinblick darauf wird ein solcher „Ausschluß auf Raten" kritisch zu prüfen sein.

---

[2] So auch Pötzsch S. 30.

1. Das Bezugsrecht und dessen Ausschluß nach der gesetzlichen Konzeption

Das gesetzliche Bezugsrecht als subjektives Recht der Aktionäre ist in § 186 AktG geregelt; es soll gewährleisten, daß jeder Aktionär seine quotale Beteiligung erhalten kann, auch wenn kapitalerhöhende Maßnahmen durchgeführt werden, die diese quotale Beteiligung eigentlich verändern müßten. § 186 AktG bezweckt damit den Schutz der Aktionäre; sie sollen ihre mitgliedschaftliche Stellung einschließlich ihrer vermögensmäßigen Bezüge sowie des Stimmgewichts halten können.[3] § 186 behandelt in den Absätzen 1 und 2 das unmittelbare, gegen die Aktiengesellschaft gerichtete Bezugsrecht, in den zwingenden[4] Absätzen 3 und 4 die formellen Voraussetzungen eines Bezugsrechtsausschlusses und in Absatz 5 schließlich das sogenannte mittelbare Bezugsrecht; letzteres kann hier vernachlässigt werden. Der Bezugsrechtsausschluß unterliegt neben den normierten Voraussetzungen noch weiteren, vorwiegend durch die Rechtsprechung des Bundesgerichtshofes entwickelten, materiellen Voraussetzungen. Diese sollen hier zusammengefaßt kurz dargestellt werden.

(a) Formelle Voraussetzungen des Bezugsrechtsausschlusses

Nach § 186 Abs. 3 S. 1 AktG darf der Ausschluß des Bezugsrechtes lediglich im Kapitalerhöhungsbeschluß nach § 182 AktG bestimmt werden. Es kann also bei regulären Kapitalerhöhungen ein Bezugsrechtsausschluß nicht bereits in der Satzung festgelegt werden. Beim genehmigten Kapital gilt diese Regelung nicht, § 203 Abs. 1 in Verbindung mit § 186 Abs. 3 AktG. Auch kann lediglich die Hauptversammlung über einen solchen Bezugsrechtsausschluß beschließen, § 186 Abs. 3 AktG, wobei für das genehmigte Kapital wiederum anderes gilt, § 203 Abs. 2 AktG. Als Mehrheitserfordernis legt § 186 Abs. 3 S. 2 AktG die qualifizierte Kapitalmehrheit fest; nach § 186 Abs. 3 S. 3 AktG kann die Satzung zudem beim Bezugsrechtsausschluß weitere Erschwerungen bestimmen.[5]

---

[3] So Hüffer § 186 RdNr. 2; vgl. auch Geßler/Hefermehl/Eckardt/Kropff – Bungeroth § 186 RdNr. 1 ff.

[4] Vgl. Geßler/Hefermehl/Eckardt/Kropff – Bungeroth § 186 RdNr. 83.

[5] Siehe zu Einzelheiten Geßler/Hefermehl/Eckardt/Kropff – Bungeroth § 186 RdNr. 90 ff.

Dieser Ausschluß bedarf nach § 186 Abs. 4 S.1 AktG zudem der ausdrücklichen und ordnungsgemäßen Bekanntmachung, womit durch den Verweis auf § 124 Abs. 1 AktG eine Bekanntmachung in den Gesellschaftsblättern (also zumindest im Bundesanzeiger, § 25 AktG) gemeint ist.[6] Dabei ist bereits früh kritisiert worden, daß die Formulierung des § 186 Abs. 4 S. 1 AktG eben nicht die Bekanntmachung des Bezugsrechtsausschlusses an sich meint, sondern vielmehr das Vorhaben, die Hauptversammlung über diesen Punkt abstimmen zu lassen.[7] Der Vorstand der betreffenden Gesellschaft hat des weiteren nach § 186 Abs. 4 S. 2 AktG der Hauptversammlung einen schriftlichen Bericht vorzulegen, in dem Gründe für den Ausschluß und die Höhe des Ausgabebetrages der jungen Aktien samt Begründung enthalten sein müssen. Diese Vorschrift wurde 1978 neu eingeführt und bezweckt die sachgerechte Beurteilung und Entscheidungsmöglichkeit der Hauptversammlung.[8]

(b) Materielle Voraussetzungen des Bezugsrechtsausschlusses

Ein Bezugsrechtsausschluß stellt einen schweren Eingriff in die Rechtsstellung des betroffenen Aktionärs dar, weil ein solcher Ausschluß des Bezugsrechtes die Beteiligungsquote bei einer Kapitalerhöhung sinken läßt und damit einem teilweisen Ausschluß der betroffenen Aktionäre gleichkommt.[9] Jeder Ausschluß eines Bezugsrechtes unterliegt aus diesem Grunde materiellen Anforderungen. Diese vom Gesetz nicht genannten Einschränkungen wurden durch die ständige Rechtsprechung des Bundesgerichtshofes, der damit den in der Wissenschaft vertretenen Auffassungen folgt, aufgestellt.[10]
Das früher als Schranke verstandene Gleichbehandlungsgebot aus § 53a AktG, der behauptete Verstoß gegen die guten Sitten (§ 138

---

[6] So auch Hüffer aaO RdNr. 22.
[7] KK/Lutter § 186 RdNr. 48; Hüffer aaO; Geßler/Hefermehl/Eckardt/Kropff – Bungeroth § 186 RdNr. 96.
[8] So BGHZ 83, 319, 326; Hirte S. 86 und 256; zu weiteren Details siehe nur Geßler/Eckardt/Hefermehl/Kropff – Bungeroth § 186 RdNr. 97 ff. Die Ausführungen sind im vorliegenden formellen Bereich wie auch des weiteren bewußt sehr knapp gehalten; der Ausschluß des Bezugsrechtes ist ein Problemfeld im Aktienrecht, welches zu einer eigenen Bearbeitung gereichen würde. Siehe dazu nur die Dissertation von Hirte, Bezugsrechtsausschluß und Konzernbildung, Köln Bonn Berlin München 1985.
[9] So schon Hirte S. 31.
[10] Grundlegend dazu BGHZ 71, 40, 43 ff. („Kali und Salz").

BGB) oder der Gesichtspunkt des unzulässigen Sondervorteils (§ 243 Abs. 2 AktG) wurden zugunsten der nunmehr ganz überwiegend anerkannten Auffassung aufgegeben, ein jeder Beschluß, der den Ausschluß des Bezugsrechtes der Aktionäre anordnet, bedürfe der sachlichen Rechtfertigung.[11] Es besteht weitgehend Einigkeit, daß der bezugsrechtsausschließende Hauptversammlungsbeschluß den Kriterien des Gesellschaftsinteresses, der Geeignetheit, Erforderlichkeit und Verhältnismäßigkeit im engeren Sinne entsprechen muß.[12] Im Einzelnen bedeutet dies: Der Beschluß liegt im Gesellschaftsinteresse, wenn er dazu dient, im Rahmen des Unternehmensgegenstandes (§ 23 Abs. 3 Nr. 2 AktG) den Gesellschaftszweck zu fördern. Geeignetheit und Erforderlichkeit sind dann gegeben, wenn der angestrebte Zweck mit dem Ausschluß erreicht werden kann und dieser Ausschluß das mildeste von allen gleich wirksamen Mitteln ist.[13] Schließlich ist der Ausschluß dann verhältnismäßig im engeren Sinne, wenn das Gesellschaftsinteresse höher zu bewerten ist als das Interesse der Aktionäre am Erhalt ihrer Rechtsstellung.[14]
Nach der Rechtsprechung reicht dafür allerdings aus, wenn „*...die an der Entscheidung beteiligten Organe nach dem tatsächlichen Bild, wie es sich zur Zeit der Beschlußfassung darbot, aufgrund sorgfältiger, von gesellschaftsfremden Erwägungen freier Abwägung davon ausgehen durften, ...*“, daß der Bezugsrechtsausschluß gerechtfertigt sei.[15]

II. 95% - Schwelle und Rechtfertigung eines Bezugsrechtsausschlusses

Fraglich ist an dieser Stelle, ob das Instrument des Bezugsrechtsausschlusses in Verbindung mit einer Erhöhung des Grundkapitals dazu benutzt werden kann, die zum Ausschluß von Minderheitsaktionären geforderte 95% - Schwelle zu erreichen. Unterstellt man dies, dann könnte der Mehrheitsaktionär, der über eine satzungsändernde Mehrheitsbeteiligung, mithin zumindest über 75% des in der Hauptver-

---

[11] Vgl. dazu die umfassenden Nachweise bei Geßler/Hefermehl/Eckardt/Kropff – Bungeroth § 186 RdNr. 104.
[12] Vgl. die Darstellung bei Hüffer § 186 RdNr. 25ff.
[13] Geßler/Hefermehl/Eckardt/Kropff – Bungeroth § 186 RdNr. 109 ff., 113 ff.; Hüffer § 186 RdNr. 26 ff.
[14] So BGHZ 71, 40, 45 / 46; BGHZ 83, 319, 321; zu Einzelfällen Hüffer aaO RdNr. 29 ff.
[15] So BGHZ 71, 40, 50.

sammlung vertretenen Grundkapitals, verfügt, letztendlich die 95% - Schwelle des § 327a Abs. 1 erreichen.
Ein solches Instrument steht praktisch lediglich dem zur Verfügung, der bereits über zumindest 75% des vertretenen Grundkapitals verfügt. Denn kaum ein Minderheitsaktionär der fraglichen Aktiengesellschaft oder Kommanditgesellschaft auf Aktien wird zu einem Kapitalerhöhungsbeschluß seine Zustimmung geben, der gleichzeitig sein Bezugsrecht ausschließt, denn die Tage der mitgliedschaftlichen Stellung des zustimmenden Aktionärs wären gezählt. Damit hat ein Mehrheitsaktionär, der lediglich zwischen der Hälfte und drei Viertel des vertretenen Grundkapitals in seiner Hand vereinigt, wenig Chancen, die Zustimmung zu einem solchen Hauptversammlungsbeschluß zu erlangen. Mithin käme aus rein tatsächlichen Erwägungen eine solche Vorgehensweise lediglich seitens eines Mehrheitsaktionärs in Betracht, der bereits vor Beschlußfassung über eine qualifizierte Mehrheit am vertretenen Grundkapital verfügt.

Die Frage stellt sich damit wie folgt: Kann ein Aktionär, der über eine qualifizierte Mehrheit am vertretenen Grundkapital in seiner Hand verfügt, so lange das Kapital unter der Bestimmung des Bezugsrechtsausschlusses erhöhen, bis ihm auch die restlichen Anteile am Grundkapital gehören, die er benötigt, um Hauptaktionär zu werden, er mithin über 95% des gesamten Grundkapitals verfügt ? Diese Frage ist aus zwei Blickwinkeln zu beurteilen.
Zum einen hat sich der Gesetzgeber in der Neuregelung zum Vierten Abschnitt des Dritten Buches des Aktiengesetzes bewußt dafür entschieden, dem Mehrheitsaktionär, der 95% des Grundkapitals hält, die erörterte Ausschlußmöglichkeit in die Hand zu geben. Andere Vorschläge (zwischen 80% und gar 98%) sind abgelehnt worden.[16] Dabei hat sich der Gesetzgeber einmal mehr an der bereits bestehenden Regelung zur Mehrheitseingliederung orientiert und auch aus der Praxis als regelungsbedürftig beschriebene Fälle berücksichtigt.[17]
Zum anderen aber ist festzustellen, daß das Institut des Bezugsrechtsausschlusses bei Kapitalerhöhungen durch die Rechtsprechung bereits stark eingeengt wird; die zu erfüllenden Voraussetzungen sind sehr

[16] Vgl. die Hinweise, die die Begründung noch zum Diskussionsentwurf des Gesetzes zur Regelung von Unternehmensübernahmen des BMF vom 29. Juni 2000, Besonderer Teil, auf S. 175 gibt.
[17] So die Begründung zum Referentenentwurf des WÜG, Besonderer Teil S. 183 und Allgemeiner Teil S. 75.

anspruchsvoll. Zudem ist bei der materiellen Kontrolle, nämlich bei der Frage der Verhältnismäßigkeit im engeren Sinne, bereits zu prüfen, ob die Interessen der Gesellschaft einen Ausschluß der restlichen Aktionäre insoweit rechtfertigen, daß die Interessen der Gesellschaft über die der Minderheitsbeteiligten zu stellen sind. Mithin muß auf der Seite des ausschließungswilligen Mehrheitsaktionärs immer auch ein eindeutig nachvollziehbares Motiv vorliegen, das dem Erhalt der Gesellschaft dient und dann auch zu einem Bezugsrechtsausschluß durch den Mehrheitsaktionär berechtigt.
Die grundsätzliche gesetzgeberische Wertung, daß eine oder viele Splitterbeteiligungen dann als mitgliedschaftsrechtlich nicht mehr als relevant anzusehen sind und deshalb die Aktionäre auch gegen ihren Willen ausgeschlossen werden können, steht dieser Vorgehensweise nicht entgegen. Die Möglichkeit eines Mehrheitsaktionärs, die Schwelle des § 327a Abs. 1 zu erreichen, darf nicht mit der Frage nach den Möglichkeiten des Hauptaktionärs verwechselt werden, sich der Mitaktionäre „zu entledigen". Zuzugeben ist zwar, daß der Ausschluß *de lege ferenda* keine Schutzmaßnahmen zum Erhalt der herrschaftsrechtlichen Stellung der Minderheitsbeteiligten vorsieht. Dennoch ist die sachliche Rechtfertigung im Sinne der „harten" *Kali und Salz* – Kontrolle, die beim Bezugsrechtsausschluß nach fast einhelliger Ansicht in Rechtsprechung und Literatur anzulegen ist, schon eine Anforderung an den Beschluß der Hauptversammlung, die ausreichenden Schutz für die betroffenen Mitaktionäre mit sich bringt. Auch die vom Gesetzgeber gewollte Rechtsfolge im Sinne von Mehrheitseingliederung und Ausschluß nach §§ 327a ff. AktG n. F. ist dann nämlich eingetreten: Die ganze Gesellschaft befindet sich in einer Hand.[18]

Damit ist folgendes festzuhalten: Ein Aktionär, der bereits über zumindest 75% des vertretenen Grundkapitals verfügt,[19] kann grundsätzlich solange das Kapital einer Aktiengesellschaft oder Komman-

---

[18] Vgl. zu dieser Rechtsfolge auch noch die Argumentation unten unter III. Die Rechtsfolge, daß sich die Gesellschaft nach einem Ausschluß in einer Hand befindet, ist eine wesentliche Auslegungshilfe bei Gestaltungen, die das Erfordernis der 95% - Schwelle zu umgehen versuchen.

[19] Dies – wie ausgeführt – lediglich aus praktischen Erwägungen heraus. Sollte ein Mehrheitsaktionär, der über weniger Beteiligung am Grundkapital verfügt, ebenso einen entsprechenden Beschluß in der Hauptversammlung fassen können, so ist dies selbstverständlich auch zulässig. Der Verfasser sieht für ein solches Vorgehen nur praktisch keine Möglichkeit.

ditgesellschaft auf Aktien unter Ausschluß des Bezugsrechtes aller anderen Mitaktionäre erhöhen, bis sich in seiner Hand 95% des Grundkapitals befinden, er mithin zum Hauptaktionär im Sinne der Ausschlußvorschriften des Aktienrechtes neuer Fassung wird. Dies ist dem Mehrheitsaktionär jedoch nur dann möglich, wenn er die genannten Voraussetzungen erfüllen kann, die der Bezugsrechtsausschluß und darauf folgend der endgültige Ausschluß der Mitaktionäre aufstellen. Eben diese mit den verlangten materiellen Voraussetzungen aufgestellte Hürde wird einem solchen Vorgehen in der Praxis regelmäßig im Wege stehen. In der Praxis wird dieses Vorgehen vielleicht auch deshalb eine nur selten wählbare Option darstellen, weil der Mehrheitsaktionär im Extremfall das Kapital haben muß, das im Grenzfall fast 50% des bereits bestehenden Grundkapitals ausmacht, denn er muß für die Erlangung der Beteiligungen die Mitaktionäre abfinden. Dies dürfte – jedenfalls bei natürlichen Personen auf der einen und den in Deutschland häufig großen Kapitalgesellschaften auf der anderen Seite – eher selten möglich sein.

II. Holdinggesellschaften, Poolvereinbarungen, Stimmrechtsbindungen und Wertpapierleihen

Eine weitere Frage, welche die Neuregelung beim Ausschluß eines oder mehrerer Mitgesellschafter aufwirft, ist, ob sich zwei oder mehr Aktionäre in einem Pool oder einer Holding zusammenschließen können, um die übrigen Mitgesellschafter aus der Gesellschaft nach § 327a Abs. 1 auszuschließen, oder ob Stimmrechtsbindungen oder Wertpapierleihen dazu dienen können, die Schwelle des § 327a Abs 1 zu erreichen. Diese Frage knüpft an das Problem eines Mehrheitsgesellschafters an, der noch nicht Hauptgesellschafter im Sinne der Neuregelung ist, und sich seiner Mitaktionäre „entledigen" will: Er könnte sich, um 95% des Grundkapitals zu erlangen, nicht nur selbst um die notwendigen Anteile bemühen, sondern auch mit anderen Gesellschaftern zusammenschließen, damit die vereinten Anteile die notwendige Kapitalmehrheit erreichen.

1. Holdinggesellschaften

Es stellt sich zunächst die Frage, ob es zulässig ist, eine Holdinggesellschaft zu gründen, die nach Übertragung der Anteile mit der dauernden gemeinschaftlichen Verwaltung derselben betraut ist, und dann

im Ergebnis über diese Gesellschaft einen Aktionärsausschluß nach §§ 327a ff. zu bewirken. – Eine Holding ist eine Gesellschaft, deren Zweck lediglich im Halten und Verwalten der Anteile besteht, die folglich eine unternehmerische Leitung wahrnimmt, ohne selbst operative Geschäfte zu betreiben.[20]
Zwar stehen für eine Holding grundsätzlich alle Rechtsformen von Gesellschaften zur Verfügung, es muß also im Einzelfall nach Vor- und Nachteilen für das jeweilige Vorhaben gefragt und dementsprechend die jeweils geeignete Gesellschaftsform gewählt werden.[21] In der Regel ist eine Holding in der Praxis eine Kapitalgesellschaft, häufig eine Aktiengesellschaft.[22]

Die Frage, die sich in Anbetracht der geplanten Neuregelungen im Aktienrecht stellt, ist die, ob eine solche Gestaltung mit dem Ausschluß *de lege ferenda* nach Sinn und Zweck der Regelung in Einklang zu bringen wäre. Dazu sind mehrere Gesichtspunkte zu beachten. Zum einen sprechen die Regelungen des Referentenentwurfes vom „Hauptaktionär“. Damit ist offensichtlich *eine* Person gemeint, und nicht mehrere, die sich zur gemeinsamen Stimmrechtsausübung zusammenschließen. Andererseits kann selbstverständlich auch eine juristische Person Hauptaktionär der betreffenden Gesellschaft sein. Eine gemeinsame Verwaltung der Anteile mehrerer natürlicher Personen in einer juristischen Person, die dann die 95% - Schwelle erreicht, ist also zumindest de facto nicht ausgeschlossen. So könnten zu diesem Zweck auch Aktien auf eine dafür gegründete juristische Person (*special purpose vehicle*) übertragen werden, um dann, nach dem Ausschluß, wieder rückübertragen zu werden. Es gibt keinen Grund dafür, dies für andere Rechtsträger anders zu sehen. So könnte beispielsweise eine Gesellschaft bürgerlichen Rechts gegründet werden, in die zwecks Haltens und Verwaltens von Beteiligungen die betreffenden Aktien zu Gesamthandseigentum eingebracht werden. Allein der Wortlaut des geplanten Gesetzes steht diesem Vorgehen also nicht entgegen.

Die Begründung zum Referentenentwurf spricht jedoch an vielen Stellen davon, daß *dem Hauptaktionär* mit der Ausschlußregelung der §§ 327a ff. die Möglichkeit gegeben werden soll, die störenden Mitge-

---

[20] Lutter, Holding – Handbuch, Köln 1998, S. 8 ff., S. 15.
[21] Lutter aaO S. 36 ff.
[22] Noack S. 57.

sellschafter auszuschließen. Die Neuregelung würde aber dann ad absurdum geführt, wenn man den Zusammenschluß mehrerer Aktionäre allein zum Zweck des Ausschlusses anderer Aktionäre zuließe. Das Mittel des Gesellschafterausschlusses gegen Abfindung soll lediglich dem Mehrheitsaktionär in die Hand gegeben werden, der damit die Kleinstbeteiligungen beseitigen will, die die Gesellschaft und damit den mit ihr verfolgten Zweck stören, behindern oder erschweren. Dieses Instrument kann aber seinem Sinn und Zweck nach gerade nicht dazu dienen, Mitaktionäre etwa lediglich aus persönlichen Gründen auszuschließen. Nach dem Sinn der §§ 327a ff. ist daher ein Ausschluß von Minderheitsaktionären durch mehrere zu nur diesem Zweck zusammengeschlossene Aktionäre nicht zulässig, weil dies dem Gesetzeszweck widerspricht. Diese Überlegungen müssen sowohl für Holdings als auch für denkbare andere Varianten gelten, wenn etwa einer Gesellschaft Aktien zu Eigentum zur gesamten Hand übertragen werden, und diese Gesellschaft lediglich zum Ausschluß von Mitgesellschaftern gebildet wird und dann sofort (oder in absehbarer Zeit, was auf eine Umgehung hindeutet) aufgelöst werden. Denn dann wäre dem Sinn des Gesetzes nicht entsprochen: Nachdem ein solcher Ausschluß über ein *special purpose vehicle* stattgefunden hat und dieses aufgelöst wird, sind wieder mehrere Aktionäre vorhanden. Der Zweck des Gesetzes besteht aber vor allem in der Eliminierung des Minderheitsaufwands,[23] so daß dieses Ziel nicht erreicht wäre, wären nach einem Ausschluß immer noch mehrere Aktionäre vorhanden. Es würde sich bei einem solchen Vorgehen also um eine Umgehung der gesetzlichen Zielsetzung handeln.

Die Behandlung der Gesetzesumgehung (*fraus legis*, eigentlich Gesetzesbetrug) ist dogmatisch umstritten. Ein Umgehungsverbot findet sich lediglich vereinzelt ausdrücklich im Gesetz.[24] Es werden viele Lösungen zur Erfassung eines solchen Verhaltens diskutiert; durchgesetzt hat sich wohl die Ansicht, daß der Gesetzesumgehung durch Auslegung oder Analogie des umgangenen Gesetzes zu begegnen sei.[25] Im Einzelnen heißt das, daß nur danach gefragt wird, ob auf die

---

[23] Vgl. dazu schon oben unter **§ 3 A.**; davon spricht auch die Begründung zum Referentenentwurf des WÜG, Allgemeiner Teil, auf S. 75.

[24] Vgl. dazu Heeder, Fraus legis, Frankfurt am Main 1998, zugl. Diss. Regensburg 1997, S. 48 ff.

[25] Vgl. dazu Sack in J. von Staudingers Kommentar zum Bürgerlichen Gesetzbuch, Erstes Buch: Allgemeiner Teil, §§ 134 – 163, 13. Aufl. 1996, § 134 RdNr. 149 ff.

Umgehungshandlung, die eigentlich nicht unter den Tatbestand des umgangenen Gesetzes fällt, nicht doch deren Rechtsfolgen angewendet werden können, und zwar mit Hilfe der Auslegung oder gar Analogie dieser Norm. Andere Auffassungen, nach denen die Gesetzesumgehung als eigenes Rechtsinstitut anzusehen sei, sittenwidrig oder ein Unterfall des Rechtsmißbrauchs sei, oder, wie *Savigny* vertrat, die Handlungen, die zu einer Umgehung führen sollten, auszulegen und die Grundsätze der Simulation (heute § 117 BGB) anzuwenden seien, haben sich nicht durchgesetzt.[26] Die Voraussetzungen einer solchen Gesetzesumgehung sind unproblematisch; insbesondere muß für eine solche nach überwiegender Auffassung keine Umgehungsabsicht gegeben sein.[27]

Demnach ergibt sich folgendes: Eine solche Holdinggesellschaft, die *dauerhaft* besteht, ist selbst Hauptaktionär im Sinne der §§ 327a ff. Es kommt hierbei gerade auf die Dauerhaftigkeit der Holding an. Wenn diese lediglich als Instrument gebraucht wird, um dem Ausschluß zu dienen, so ist die Zulässigkeit des Ausschlusses von Mitgesellschaftern wegen Umgehung der §§ 327a ff. abzulehnen; die Vorschriften wären auf diesen Fall also entsprechend anzuwenden, womit der Ausschlußbeschluß nach § 327a Abs. 1 als nichtig anzusehen wäre (§ 241 Abs. 1 Nr. 3 AktG).[28]

Sollte die Holding hingegen als *dauerndes* Instrument mit der Verwaltung der Anteile beauftragt sein, so ist sie, beispielsweise als Gesellschaft bürgerlichen Rechts konzipiert, selbst Hauptaktionär. Ein Ausschluß über eine solche Holding wäre zulässig, denn die vom Referentenentwurf gewollte Rechtsfolge tritt ein: Die Holding ist nach dem Ausschluß der übrigen Mitgesellschafter selbst einziger Aktionär, so daß der Minderheitsaufwand eliminiert wurde.

---

sowie Hefermehl in Soergel, Bürgerliches Gesetzbuch Band 1, §§ 1 – 240, 12. Aufl. 1987, § 134 RdNr. 37 ff.

26 Vgl. zu all dem die Nachweise bei Heeder aaO, S. 74 ff., zur Geschichte vor allem Teichmann, Die Gesetzesumgehung, Göttingen 1962, S. 3 ff.

27 Vgl. Sack aaO § 134 RdNr. 145 sowie Hefermehl aaO § 134 RdNr. 40.

28 Ebenso Geßler/Hefermehl/Eckardt/Kropff – Grunewald § 319 RdNr. 6; KK/Biedenkopf/Koppensteiner § 320 RdNr. 7; Hüffer § 319 RdNr. 4, wohl auch Hoffmann – Becking/Krieger, § 73 RdNr. 14 und FN 25. Diese Feststellungen stellen, jeweils zum Parallelfall der Eingliederung, die ganz herrschende Meinung dar.

2. Poolvereinbarungen und Stimmrechtsbindungsverträge

Fraglich ist des weiteren, ob Poolverträge oder Stimmrechtsbindungsverträge zulässig wären, um die von § 327a AktG neuer Fassung geforderte 95% - Schwelle durch gemeinsame Stimmrechtsausübung zu erreichen.
Der Poolvertrag ist in aller Regel ein Vertrag im Sinne der §§ 705 ff. BGB, der Zusammenschluß läßt also eine Gesellschaft bürgerlichen Rechts nach § 705 BGB entstehen. Der gemeinsame Zweck der Gesellschaft bürgerlichen Rechts wäre hier im Ausschluß der Mitaktionäre zu sehen.

Möglich wäre die Bildung eines sogenannten Konsortiums. Dieses ermöglicht den beteiligten Aktionären das gemeinsame Halten und Verwalten von Beteiligungen, wobei das Konsortium meist zur Durchführung lediglich eines oder weniger Geschäfte gebildet wird.[29] Im vorliegenden Fall geht es den beteiligten Aktionären darum, eine bestimmte Hauptversammlungsabstimmung zu Lasten der übrigen Mitaktionäre vorzunehmen, § 327a Abs. 1.
In Frage kommt ebenso die Abrede, einen Pool zu gründen und solange bestehen zu lassen, bis die Hauptversammlung einen entsprechenden Ausschlußbeschluß im Sinne des § 327a Abs. 1 gefaßt hat. Es würde sich um einen Pool zu vorübergehendem Zweck handeln,[30] der zumindest für den Fall der Abstimmung in der Hauptversammlung eine weitere mögliche Art von Zusammenschluß, den sogenannten Stimmrechtspool, darstellen würde.[31] Solche Stimmbindungsverträge, die zu einem Stimmrechtspool im Sinne des § 705 BGB führen und die lediglich schuldrechtliche Verpflichtungen begründen, sich nach ganz herrschender Auffassung in Rechtsprechung und Literatur zulässig.[32] Unter einer Stimmbindung ist ein Vertrag zu verstehen, in dem sich ein Gesellschafter verpflichtet, seine Stimme in einem bestimm-

---

[29] Vgl. dazu Dürr S. 5f., MünchKomm/Ulmer vor § 705 RdNr. 48; BGH WM 1969, S. 790 f. (zur GmbH); so auch schon RGZ 111, 405 ff.
[30] Dazu auch MünchKomm/Ulmer aaO RdNr. 46 sowie Dürr aaO.
[31] Zum Stimmrechtspool MünchKomm/Ulmer aaO RdNr. 48.
[32] Hüffer § 133 RdNr. 27 ff. mit umfassenden Nachweisen zur Rechtsprechung; des weiteren auch die Dissertation von Appenzeller, Stimmbindungsabsprachen in Kapitalgesellschaften, Zürich 1996, S. 75 ff. sowie ausführlich dazu Dürr S. 29 ff., S. 223 mit allen weiteren Nachweisen. Vgl. auch Geßler/Hefermehl/Eckardt/Kropff – Eckardt § 136 RdNr. 51ff., der von „einhelliger Ansicht" bzgl. der grundsätzlichen Zulässigkeit spricht. Ebenso betont Noack, S. 66ff., die unumstrittene Zulässigkeit.

ten Sinn auszuüben.[33] Im Gegensatz zur Holding würden hier die Anteile selbst nicht übertragen, sondern jeder Mitgesellschafter wäre nur schuldrechtlich dazu verpflichtet, in einer festgelegten Weise abzustimmen, meist unter Androhung von Vertragsstrafen bei Verstoß gegen dieses festgelegte Abstimmungsverhalten.[34]
Eine Differenzierung ist der Literatur zufolge zumindest bei der häufigsten Rechtsform, der Gesellschaft bürgerlichen Rechts, auf Grund der Ausgestaltungsmöglichkeiten kaum mehr möglich.[35] Bei der ebenfalls häufig für Konsortialzwecke gewählten GmbH sind im wesentlichen zwei Gestaltungen denkbar. Zum einen können die Anteile auf die GmbH selbst übertragen werden; zum anderen können über die GmbH Pflichten hinsichtlich des weiterhin persönlich gehaltenen Anteils begründet werden.[36]

Letztendlich spielt die Wahl der Rechtsform wie auch die Ausgestaltung im Einzelnen für die vorliegende Fragestellung jedoch keine Rolle. Denn, wie auch bereits bei der Frage nach der Zulässigkeit von Holdings festgestellt, die Dauerhaftigkeit des Pools oder der Stimmrechtsbindung ist das entscheidende Kriterium für die Zulässigkeit. Demnach wäre ein Konsortium, ein Pool oder ein Stimmrechtsbindungsvertrag, gleichgültig ob in Form der GbR, der GmbH, der AG oder in sonstiger Weise, dann nicht zum Ausschluß im Sinne des § 327a Abs.1 berechtigt, wenn er ausschließlich oder im wesentlichen dazu dienen soll, die Beteiligungsschwelle des § 327a Abs. 1 zu erreichen.
Denn in diesem Fall wäre das gesetzliche Ziel, der Verbleib lediglich eines Aktionärs in der Gesellschaft, vereitelt; es handelte sich mithin um eine Umgehung der gesetzlichen Zielsetzung. Damit wären die Regeln der §§ 327a ff. entsprechend auf einen solchen Sachverhalt anzuwenden, so daß der Ausschlußbeschluß nichtig wäre.[37]

---

[33] Noack S. 13.
[34] Vgl. zur gerichtlichen Erzwingbarkeit durch Leistungsklage und Vollstreckung Noack S. 68 ff.
[35] So Noack, S. 40, und S. 47, S. 49 ff.
[36] Zu weiteren Einzelheiten Noack S. 52 ff.
[37] Zur entsprechenden Anwendbarkeit der umgangenen Normen und der Rechtsfolge siehe schon oben unter B. II. 1.

3. Wertpapierleihen

Ebenso unzulässig ist demnach auch eine sogenannte Wertpapierleihe, die lediglich dem Erreichen der 95% - Schwelle dienen soll. Die Wertpapierleihe ist regelmäßig keine Leihe im Sinne der §§ 598 ff. BGB, sondern ein Darlehensvertrag im Sinne der §§ 607 ff. BGB. Die betreffenden Wertpapiere werden an den Entleiher übereignet; dieser verpflichtet sich zugleich, nach Ablauf der Leihfrist Wertpapiere gleicher Art und Güte zurückzuerstatten.[38] Da bei Rückgabe der Wertpapiere wieder mehrere Aktionäre vorhanden sind, und damit wiederum Sinn und Zweck der Vorschriften über den Minderheitsaktionärsausschluß umgangen würden, ist auch ein solches Vorgehen des Mehrheitsaktionärs unzulässig.[39]

4. Ergebnis

Als Ergebnis kann festgehalten werden: Es ist immer darauf abzustellen, wie sich die Situation der Aktionäre vor und nach dem Ausschluß darstellt. Verbleibt ein Aktionär (oder, genauer: *soll* lediglich *ein* Aktionär auf lange Sicht verbleiben), so ist das genutzte Instrument grundsätzlich zulässig, selbstverständlich vorbehaltlich der generellen Zulässigkeit des Vorgehens unter Gesichtspunkten wie Mißbrauch von Rechtsinstituten (§§ 138, 242 BGB) oder der Treupflichtverletzung. Verbleiben aber *mehrere* „Restaktionäre", so stellt sich jedenfalls die Frage nach einer Umgehung der Vorschriften über den Ausschluß von Minderheitsaktionären, speziell von dem nach Sinn und Zweck aufgestellten Erfordernis des (einen) verbleibenden Hauptaktionärs, der durch den Ausschluß eigentlich den Minderheitsaufwand verhindern wollte. In diesem Fall ist ein gefaßter Ausschlußbeschluß als nichtig anzusehen.[40]

Nach allem kann demnach keine allgemeingültige Regel aufgestellt werden. Vielmehr ist im Einzelfall zu fragen, ob die Motivation des Mehrheitsaktionärs zum Ausschluß und die durch den Ausschluß eintretende Veränderung der Aktionärsstruktur mit Sinn und Zweck der gesetzlichen Konzeption vereinbar ist oder ob es sich lediglich um

---

[38] Vgl. Claussen S. 568; zur Wertpapierleihe vgl. des weiteren nur Schwintowski S. 938 ff.

[39] Siehe zur Argumentation, zur entsprechenden Anwendbarkeit von Normen und zur Rechtsfolge oben unter B II. 1.

[40] Vgl. oben unter B. II. 1.

eine Umgehung der von § 327a Abs. 1 geforderten Mehrheit in einer Hand darstellt, die zur Unzulässigkeit des Ausschlußbeschlusses führen muß.

C. Anfechtungsklagen und Registersperre

Wie bereits bemerkt, ist das neue Ausschlußverfahren im Referentenentwurf an die Regelungen über die aktienrechtliche Mehrheitseingliederung angelehnt. Hierbei fällt insbesondere auf, daß die Regelungen über die Registersperre und das Freigabeverfahren entsprechend gelten; § 327e Abs. 2 der geplanten Neufassung des Aktiengesetzes sieht insofern eine umfassende Verweisung auf § 319 Abs. 5 und 6 AktG vor. Eine Beurteilung dieser Regelung ist wegen der Kritik an der bereits bekannten Regelung geboten.

I. Das Problem

Der im Referentenentwurf angeordneten Verweisung zufolge gilt, daß – wie bereits bei der Eingliederung – der Vorstand nach § 319 Abs. 5 AktG eine sogenannte Negativerklärung abzugeben hat, die besagt, daß betroffene Aktionäre entweder überhaupt keine (Anfechtungs-, Nichtigkeits- oder Unwirksamkeitsfeststellungs-[41]) Klagen erhoben haben oder diese rechtskräftig abgewiesen oder zurückgenommen worden sind. Wird diese Erklärung nicht abgegeben, steht dies der Eintragung nach § 319 Abs. 5 S. 2 AktG entgegen. Der Registerrichter kann also den Ausschluß nicht eintragen, so daß dessen Rechtsfolgen auch nicht eintreten können, weil die Eintragung konstitutiv ist, § 327e Abs. 3. Ausnahmen – die allerdings aufgrund geringer praktischer Relevanz vernachlässigbar sind – sind in § 319 Abs. 5 S. 2, 2. Halbsatz sowie in § 319 Abs. 6 AktG enthalten. Demnach müßten alle Aktionäre in notariell beurkundeter Form auf ihre Rechtsschutzmöglichkeiten verzichten oder das zuständige Landgericht entscheiden, daß die Klage der Eintragung nicht entgegen steht, weil sie unzulässig oder offensichtlich unbegründet ist.

---

[41] So schon Hüffer § 319 RdNr. 14 zur Eingliederung; vgl. auch Lutter/Bork § 16 RdNr. 10 zur Verschmelzung.

Eine Generalklausel in § 319 Abs. 6 S. 2, 2. Halbsatz AktG ermöglicht des weiteren das Freigabeverfahren,[42] das eine Abwägung zwischen den Interessen der Gesellschaft und denen der vermeintlich benachteiligten Aktionäre zuläßt. Dabei ist im Einzelfall zu fragen, ob das Interesse der Gesellschaft am baldigen Wirksamwerden des Ausschlusses größer ist als das Interesse des Klägers am Aufschub. Es handelt sich also um eine Abwägung zwischen Rechtsbeeinträchtigung und Rechtssicherheit.[43]
Die geplante aktienrechtliche Neufassung orientiert sich zwar an der gegenwärtigen gesetzlichen Lage und wirft somit zumindest keine weiteren, neuen Probleme auf, weil Negativerklärung, Registersperre und Freigabeverfahren bereits bei der Eingliederung und bei der Verschmelzung (§ 16 Abs. 2 und 3 UmwG) bekannt sind; kraft Verweisung gelten diese Rechtsinstitute auch bei der Spaltung (§ 125 UmwG), bei der Vermögensübertragung für den übertragenden Rechtsträger (§ 176 Abs. 1 UmwG) sowie beim Formwechsel (§ 198 Abs. 3 UmwG).[44] Sie sind zudem Mittel der Vorsicht, denn es soll verhindert werden, daß eine einmal eingetragene Ausschließung von Mitgesellschaftern rückgängig gemacht werden muß.[45]

Dennoch ist die bereits geäußerte Kritik zu beachten; es handelt sich bei diesen Rechtsinstituten keinesfalls um unstreitige gesetzliche

---

[42] Bork bezeichnet dies als „Unbedenklichkeitsverfahren", vgl. Lutter/Bork § 16 RdNr. 14. Mit dieser Regelung begegnete der Gesetzgeber vor allem den Forderungen, die „räuberischen Anfechtungsklagen" einzudämmen.

[43] So KK/Biedenkopf/Koppensteiner § 319 RdNr. 10; vgl. auch Hüffer § 319 RdNr. 19.

[44] Zu beachten ist zwar, daß bei anderen eintragungsbedürftigen Maßnahmen wie etwa allen satzungsändernden Beschlüssen, Maßnahmen der Kapitalbeschaffung und Kapitalherabsetzung oder etwa Änderung und Aufhebung von Unternehmensverträgen keine Registersperre bekannt ist, obwohl sie alle zu ihrer Wirksamkeit der Eintragung ins Handelsregister bedürfen. Dennoch wird im Rahmen des Registerverfahrens in der Praxis der Registergerichte, gestützt auf § 127 FGG, das Eintragungsverfahren ausgesetzt. Vgl. dazu Baums DJT S. F 158 ff. Der entscheidende Unterschied, weshalb aber eine schlichte Ausdehnung der Registersperre auf alle eintragungsbedürftigen Maßnahmen ausscheiden muß, ist der, daß im Falle von Umwandlungen und Eingliederungen eine Eintragung zu nicht mehr rückgängig zu machenden wirtschaftlichen Folgen führen könnten. Vgl. dazu die Begründung zum Regierungsentwurf des UmwG bei Ganske, Umwandlungsrecht, 2. Aufl. 1995, S. 67 sowie zu § 345 AktG a.F. die Regierungsbegründung bei Kropff, S. 459.

[45] So Geßler/Hefermehl/Eckardt/Kropff – Semler/Grunewald § 319 RdNr. 16; Lutter/Bork § 16 RdNr. 9 zu den bei der Ausschließung entsprechenden Rechtsinstituten.

Konzeptionen. In allen oben genannten Fällen – und damit auch im Fall der Ausschlußregelung des Referentenentwurfes – steht dem opponierenden Aktionär ein Druckmittel zur Verfügung, dessen Einsatz er allein steuern kann, denn ein Aufschub eines Ausschlusses kann im Einzelfall für den Hauptaktionär sehr kostspielig sein.[46] Inwieweit eine Gesellschaft durch dieses Druckmittel „erpreßbar" ist, hängt davon ab, wie offensichtlich eine solche „Erpressung" ist: Sollte ein Freigabebeschluß nach § 319 Abs. 6 S. 2 AktG in Verbindung mit § 327e Abs. 2 erwirkt werden können, so stellt sich die Schwierigkeit lediglich bis zu diesem Zeitpunkt. Ansonsten wird sich die „Schwebewirkung" des Anfechtungsprozesses, bis zu dessen Abschluß der Beschluß nicht eingetragen und damit auch der Aktionärsausschluß nicht stattfinden kann, durch alle Instanzen und damit in aller Regel mehrere Jahre hinziehen, was fatale Folgen für Hauptaktionär, die Gesellschaft und betroffene Vertragspartner haben kann.[47]

Nach dem gesetzlichen Konzept darf ein solches Problem zumindest theoretisch nicht auftreten: Um dieses Vorgehen opponierender Aktionäre, das in der Praxis häufig auf einen Vergleich abzielt[48] und damit auf eine Geldzahlung abzielt, zu verhindern, ist gerade die Möglichkeit des Freigabebeschlusses gegeben, die § 319 Abs. 6 S. 2 AktG über § 16 Abs. 3 UmwG eröffnen soll. Dennoch stellt sich die Situation in der Praxis etwas schwieriger dar: Zunächst einmal kann ein opponierender Aktionär mit seiner fristgerechten Anfechtungsklage die vom Hauptaktionär beschlossene Maßnahme nicht nur dann behindern, wenn seine Anfechtungsklage hinreichende Aussicht auf Erfolg hat, sondern bereits dann, wenn die Klage nicht offensichtlich unbegründet ist, § 319 Abs. 6 S. 2 AktG.
Wann eine Klage offensichtlich unbegründet ist, wird in der wissenschaftlichen Literatur unterschiedlich definiert. Eine Auffassung geht davon aus, daß das Prozeßgericht ohne weiteres, also ohne weitere sachliche Ermittlungen und ohne schwierige rechtliche Überlegungen erkennen könne, die Klage sei zweifelsfrei unbegründet. Dies soll sich allein aus dem vorgebrachten (unstreitigen oder glaubhaft gemachten)

---

[46] Dazu sei noch einmal auf die oben unter § 3 A. diskutierte Kostenverminderung verwiesen.
[47] Vgl. zu all dem auch Baums DJT S. F 155 ff.
[48] Vgl. dazu die bereits zitierten Daten bei Baums, ZIP 2000, S. 1649 ff. mit weiteren Nachweisen.

Vorbringen der Parteien ergeben.[49] Nach anderem Verständnis soll allein die Eindeutigkeit der Sach- und Rechtslage den Ausschlag geben.[50]

Welche Auffassung man bevorzugen mag, spielt keine Rolle, weil das *non liquet* in jedem Fall zu Lasten der antragstellenden Gesellschaft geht. Sie wird deshalb lediglich in seltenen Ausnahmefällen das Gericht davon überzeugen können, daß der opponierende Aktionär rechtsmißbräuchlich oder unbegründeterweise gegen den entsprechenden Beschluß vorgeht.[51] Hinzu kommt, daß es regelmäßig auf die Frage ankommt, ob die Gesellschaft ein vorrangiges Interesse gegenüber dem opponierenden Aktionär aufzuweisen hat, § 319 Abs. 6 S. 2 AktG in Verbindung mit § 327e Abs. 2. Dabei hat die Gesellschaft detailliert darzulegen, wie ihre Interessen und die des Hauptaktionärs (der durch den Ausschluß zum Alleinaktionär und damit zur allein maßgeblichen Person würde) tangiert sind, und ob solch schwerwiegende Nachteile drohen, daß der Rechtsverlust seitens der opponierenden Partei hingenommen werden muß, der Ausschluß also einzutragen, und die opponierende Partei auf Schadensersatzansprüche zu verweisen ist.[52]

Dies alles bedeutet aber für die beklagte Gesellschaft, daß ein langwieriges, kostspieliges Verfahren mit ungewissem Ausgang durchgeführt werden muß. Deshalb verfügt der opponierende Anfechtungskläger immer noch über ein erhebliches Erpressungspotential; in Fällen der Verschmelzung und der Eingliederung wird dementsprechend oft einfach ein Vergleich geschlossen, worin sich der Anfechtungskläger gegen eine Zahlung dazu verpflichtet, seine Klage zurückzunehmen.[53]

Mit der Übernahme einer entsprechenden Regelung in das geplante WÜG wird sich die Lage in Zukunft also auch bei dem Ausschluß der §§ 327a ff. nach Einführung des WÜG nicht anders darstellen.

---

[49] Lutter/Bork § 16 RdNr. 19a; vgl. auch die Nachweise bei Baums DJT S. F 157 FN 455.

[50] So Hüffer aaO RdNr. 18; vgl. die Nachweise zur Rechtsprechung bei Baums aaO sowie bei Lutter/Bork § 16 RdNr. 19a und FN 61.

[51] So Baums DJT S. F 157 f.

[52] Vgl. im Fall der Eingliederung Hüffer § 319 RdNr. 19; zur Verschmelzung des weiteren Lutter/Bork § 16 RdNr. 20 ff. mit weiteren Einzelheiten.

[53] So Baums DJT S. F 158.

II. Handlungsbedarf *de lege ferenda*[54]

Es stellen sich beim gegenwärtigen gesetzlichen System der Registersperre bei Umwandlungen und Eingliederungen vor allem zwei Probleme, die durch die Verweisung im neuen Recht zum Ausschluß von Minderheitsaktionären ebenfalls zu erwarten sind.[55] Es handelt sich um die Regelung der „offensichtlichen Unbegründetheit der Klage", auf die in den Vorschriften der §§ 319 Abs. 6 S. 2 AktG, 16 Abs. 3 UmwG, 327e Abs. 2 abgestellt wird, sowie um die gängige Praxis, bei „räuberischen Anfechtungsklagen" einen Abfindungsvergleich zwischen dem rechtsmißbräuchlich handelnden Aktionär und der beklagten Gesellschaft (und mithin im Falle des Ausschlusses also dem Hauptaktionär) zu erwirken.

Die Formulierung der „offensichtlichen Unbegründetheit" der Klage stellt für die beklagte Gesellschaft ein Hindernis dar, das in der Praxis nur selten überwunden werden kann.[56] Dementsprechend wird gefordert, diese Voraussetzung durch die Wendung der „hinreichenden Erfolgsaussicht" zu ersetzen. Diese Umschreibung würde den betreffenden Richter eher dazu zwingen, die Erfolgsaussichten der Klage zu überprüfen, als es die gesetzliche Regelung bisher verlangt, weil eine positive Feststellung nötig wäre. Denn hat die erhobene Klage keine hinreichende Aussicht auf Erfolg, so ist die Registersperre aufzuheben. Eine Ausnahme ist der Sonderfall, daß das durch eine zu Unrecht erfolgte Eintragung bedrohte Interesse des opponierenden Anfechtungsklägers das Interesse der Gesellschaft (und damit auch das Interesse des Hauptaktionärs) an der Eintragung überwiegt und damit auch der Aufschub der Eintragung gerechtfertigt erscheint.[57]
Zudem sollten flankierend die in der Praxis oft langwierigen Freigabeverfahren einer kürzeren Entscheidungsfrist unterworfen werden, damit auch der im Einzelfall erpresserischen Wirkung der erhobenen Anfechtungsklagen die Schärfe genommen wird.[58]

---

[54] Die hier erörterten Vorschläge lehnen sich an die Erwägungen von *Theodor Baums* an, die im Gutachten F für den 63. Deutschen Juristentag in Leipzig 2000 auf den Seiten F 163 ff. gemacht wurden. Freilich finden sich hier weitere detaillierte Abhandlungen, die mangels Relevanz im vorliegenden Kontext nicht nachgezeichnet werden müssen.
[55] Vgl. Baums DJT S. F 176 ff.
[56] Vgl. dazu bereits oben unter **§ 6** D. I.
[57] So Baums DJT S. F 179.
[58] Vgl. Baums aaO, der eine Änderung des § 128 FGG vorschlägt.

Auch die gängige Praxis des Abfindungsvergleiches,[59] die dem Aktionär seine „Beute" sichert, ist problematisch. Ein komplettes Verbot solcher Abfindungsvergleiche durch einen aktienrechtlichen Sonderstraftatbestand ist – richtigerweise – nicht in das Aktiengesetz 1965 aufgenommen worden; eine Überprüfung anhand der allgemeinen Regelungen des Strafgesetzbuches, wie etwa der Nötigung (§ 240 StGB) oder der Erpressung (§ 255 StGB) reicht aus.[60]

Das Aktienrecht schreibt dem Vorstand oder dem Registergericht nach § 246 Abs. 4 und § 248 Abs. 1 S. 4 AktG vor, daß eine erhobene Anfechtungsklage oder ein Urteil, das einen Hauptversammlungsbeschluß für nichtig erklärt, in den Gesellschaftsblättern bekanntzumachen ist. Diese Bekanntmachung hat zwei Funktionen: Sie soll allen anderen Aktionären die Möglichkeit vor Augen führen, sich der Anfechtungsklage anzuschließen und sie soll das Publikum warnen, sich nicht auf die Gültigkeit des Beschlusses zu verlassen.[61] Für eine anderweitige Beendigung, etwa wie hier durch Vergleich, ist eine entsprechende Publizität aber nicht vorgesehen. Dies wäre aber deshalb wünschenswert, weil eine Publizität für die „räuberischen Anfechtungskläger" eine präventive Wirkung haben kann, weil die Hemmschwelle, unter Umständen eine Erpressung zu begehen, höher wäre. Alle interessierten Kreise könnten das Verhalten des Klägers verfolgen und so selbst Sanktionen fordern.

Weiter wäre der Abschluß solcher Vergleiche unmöglich, die vom Vorstand angestrebt werden, die also etwa Entlastungsbeschlüsse betreffen oder Beschlüsse nach den §§ 93 Abs. 4 S. 3, 142 Abs. 1 oder nach § 147 Abs. 1 AktG. Denn die Vernachlässigung von Pflichten durch den Vorstand oder ein eigentlich fehlerhafter Beschluß würde dann eher durch andere opponierende Aktionäre erneut angegriffen, als wenn sich ein einzelner Aktionär mit einer Abfindung zufrieden gibt. Zumindest die theoretische Chance eines erneuten Angriffes wä-

---

[59] Vgl. zur zivil- und aktienrechtlichen Zulässigkeit solcher Vergleiche nur Hommelhoff/Timm, Aufwandspauschalen für Anfechtungskläger?, in : AG 1989, S. 168 ff.; Mertens, Die Vergleichs- und Abfindungsbefugnis des Vorstands gegenüber opponierenden Aktionären, in : AG 1988, S. 118 ff.; Lutter, Die entgeltliche Ablösung von Anfechtungsrechten, in: ZGR 1978, S. 347 ff.; sowie die Monographie von Diekgräf, Sonderzahlungen an opponierende Kleinaktionäre im Rahmen von Anfechtungs- und Spruchstellenverfahren, Heidelberg 1990, zugl. Diss. Hamburg 1989 / 1990, S. 28 ff.

[60] Vgl. zu all dem auch Baums aaO m. w. N.

[61] So KK/Zöllner § 246 RdNr. 98; Geßler/Hefermehl/Eckardt/Kropff – Hüffer § 246 RdNr. 2.

re erhöht, weil die Publizität eine erhöhte Transparenz garantiert und das Beschaffen von Informationen erleichtert.

Nach allem ist zu erwarten, daß sich eine Publizitätspflicht bei Vergleichen, die zu einer Beendigung von Anfechtungs- oder Spruchstellenverfahren führen, im Ergebnis über die präventive Wirkung dieser Publizität zu einer Verringerung von aktienrechtlichen Anfechtungsklagen auswirken würde.[62]

D. Einzelfragen zu den Wirkungen eines Ausschlusses

Die Rechtsfolgen des Ausschlusses sind in den §§ 327a ff. nicht umfassend kodifiziert worden. Es stellen sich hier neben der Frage des Rechtsverlustes der ausgeschlossenen Aktionäre und des Aktienübergangs auf den Mehrheitsaktionär weitere Fragen, die im Folgenden anzusprechen und einer systemkonformen Lösung zuzuführen sind. Diese Fragen betreffen vor allem das Schicksal von bereits erteilten Optionsrechten, die den Bezug von jungen Aktien garantieren, wie die börsenrechtlichen Konsequenzen eines Ausschlusses und die Folgen einer schwebenden Anfechtungsklage.

I. Das Schicksal von Optionsrechten

Fraglich ist zunächst, was mit bereits erteilten Optionsrechten geschieht, wenn ein Ausschluß nach der Regelung im WÜG stattfindet. Optionsrechte, die zum Bezug eines Unternehmensanteils berechtigen, werden durch schuldrechtliche, vertraglich vereinbarte Aktienoptionen und durch verschiedene Arten von Wertpapieren gewährt.

1. Aktienoptionen (*stock options*)

Aktienoptionen sind begrifflich vor allem von den terminologisch verwandten Optionsscheinen, die zum Kauf (*Put*) oder Verkauf (*Call*) eines Wertpapiers zu einem festgesetzten Zeitpunkt und Preis (dem Basispreis) berechtigen, abzugrenzen.[63] Letztere sind, zumindest so-

[62] Baums, DJT S. F 183, bezeichnet die Wirkung der Publizitätspflicht mit dem Sprichwort „*Sunlight is the best disinfectant*".

[63] Sinnvoll deshalb die US-amerikanische Bezeichnung der Aktienoptionen mit *options* und der Optionen mit *warrants*. Zu *warrants* vor allem Kümpel S. 1715.

weit sie an Terminbörsen (es besteht aber auch ein außerbörslicher Börsenterminhandel[64]) gehandelt werden, mit einer standardisierten Ausstattung versehen.[65] Der Handel mit Optionsscheinen ist ein Börsentermingeschäft;[66] um diese Papiere soll es im Folgenden zunächst aber nicht gehen.[67]

Vielmehr soll es um einen Vertrag gehen, der garantiert, daß Aktien zu einem Ausübungs- oder Basispreis erworben werden können, wenn das Optionsrecht aus dem Vertrag ausgeübt wird.[68] Diese Form vertraglich begründeter Bezugsrechte ist aus den USA übernommen worden und findet sich vor allem bei der Vergütung von Vorständen von Aktiengesellschaften.[69] In diesem Fall wird zwischen der Aktiengesellschaft und dem Vorstand ein Vertrag zum Bezug von Aktien zu einem späteren Zeitpunkt, aber zum Preis des Vertragstages, geschlossen, wobei die Gesellschaft nicht etwa vom Vorstand, sondern nach den §§ 84 Abs. 1, 112 AktG vom Aufsichtsrat vertreten wird.[70]
Die Möglichkeit, *stock options* bedienen zu können, gewährt § 192 Abs. 2 Nr. 3 AktG im Rahmen von dazu eigens festgelegtem bedingtem Kapital, wobei das gesetzliche Bezugsrecht der Aktionäre aus § 186 Abs. 1 AktG ausgeschlossen ist.[71] Aktienoptionen können daneben auch aus rückerworbenen eigenen Aktien bedient werden, wenn die Voraussetzungen des § 71 Abs. 1 Nr. 2 oder Nr. 8 AktG erfüllt sind.

Fraglich ist also, was mit den Optionsrechten aus den Aktienoptionen, die zum Bezug von Anteilen an einer Gesellschaft berechtigen, geschieht, wenn ein Aktionärsausschluß nach der geplanten Neuregelung der §§ 327a ff. AktG n.F. durchgeführt wird.

---

[64] Vgl. dazu Schwintowski S. 872 f. sowie Kümpel S. 1664 ff.; diese Geschäfte werden als OTC – Geschäfte (von *over the counter*, wörtlich über die Ladentheke, also außerbörslich) bezeichnet.
[65] So Kümpel S. 1652 (unter 14.98).
[66] Vgl. zu all dem Kümpel S. 1652 sowie S. 1696; zu Optionsscheinen des weiteren Claussen, S. 548 ff.
[67] Siehe dazu aber noch den Exkurs unten unter 4.
[68] Baums FS Claussen, S. 3.
[69] Vgl. Baums aaO S. 3ff.; die Gehälterstruktur US – amerikanischer Vorstände wird hier dargestellt und erläutert.
[70] Henn, Handbuch des Aktienrechts, 6. Aufl. 1998, S. 261; Baums aaO S. 15, S. 29 ff.
[71] Hüffer § 192 RdNr. 16, 18; Henn aaO S. 627 ff.

(a) Die in Literatur und Rechtsprechung vertretenen Auffassungen

Auf Grund der Aktualität der geplanten Neuregelung des Aktienrechts durch das WÜG ist bisher, soweit ersichtlich, noch nicht zu der Frage nach der Behandlung von Optionsrechten nach einem Ausschluß Stellung genommen worden. Jedoch wird seit längerer Zeit eine verwandte Problematik in Rechtsprechung und Literatur diskutiert, deren Lösung, wie noch zu untersuchen sein wird,[72] vielleicht auf die vorliegende Frage übertragen werden kann.
Im Falle der Mehrheitseingliederung nämlich stellt sich dasselbe Problem bei einem Inhaber eines Optionsrechts zum Bezug von Anteilen an der eingegliederten Gesellschaft. Die Lösung dieses Problems ist seit längerem in der wissenschaftlichen Literatur umstritten; der Bundesgerichtshof hat über diesen Sachverhalt in einer neueren Entscheidung nun entschieden.[73]

Einer in der Literatur vertretenen Auffassung zufolge soll die Mehrheitseingliederung durch die Ausübung des Optionsrechtes aus dem entsprechenden Wertpapier, das zum Bezug von Aktien an der eingegliederten Gesellschaft berechtigt, nach § 327 Abs. 1 Nr.3 AktG beendet werden. Die Bezugsrechte werden also durch den Vorgang der Eingliederung nicht berührt.[74]
Andererseits wird in der Literatur mehrheitlich die auf *Martens*[75] zurückgehende Auffassung vertreten, daß auf einen entsprechenden Sachverhalt die Regelungen über die Eingliederung analoge Anwendbarkeit fänden mit der Folge, daß dem Berechtigten lediglich entsprechende Rechte gegen die Hauptgesellschaft zustehen, also nicht etwa gegen die eingegliederte Gesellschaft.[76]

---

[72] Vgl. dazu unten unter (b).
[73] Vgl. das Urteil des BGH vom 02. Februar 1998 – II ZR 117 / 97, abgedruckt in BB 1998, S. 657 f. sowie die diesbezüglichen Anmerkungen von Henze in BB 2000, S. 2059 f.
[74] So Würdinger im Großkommentar zum AktG, 3. Aufl., § 320 Anmerkung 25; Geßler/Hefermehl/Eckardt/Kropff - Semler/Grunewald § 327 RdNr. 9.
[75] Vgl. Martens, Die rechtliche Behandlung von Options- und Wandlungsrechten anläßlich der Eingliederung der verpflichteten Gesellschaft, in: AG 1992, S. 209 ff.
[76] Geßler/Hefermehl/Eckardt/Kropff – Bungeroth § 192 RdNr. 64; Hüffer § 320b RdNr. 4; KK/Lutter § 221 RdNr. 135, der beiläufig auf Martens verweist (vgl. FN 125); vgl. auch die Nachweise bei BGH BB 1998, S. 657.

Die entscheidende Klarstellung des Bundesgerichtshofes, der sich damit der herrschenden Literatur ausdrücklich anschließt, liegt darin, daß das Optionsrecht zum Bezug einer Aktie, das sich bei der Aktienoption findet, keinen stärkeren Schutz verdient als die durch den Ausschluß entzogenen Mitgliedschaftsrechte, selbst wenn man dem Optionsrecht keinen rein mitgliedschaftlichen, sondern nur schuldrechtlichen Charakter zubillige.[77] Aber auch wenn man einen eher mitgliedschaftsähnlichen Charakter des Optionsrechts annehme, wie dies der Gesetzgeber im vergleichbaren Fall des § 23 UmwG getan habe, so komme man zu keinem anderen Ergebnis. Denn die Verschmelzung werde ebenfalls nicht verhindert, sondern die Optionsberechtigung durch gleichwertige Rechte an der übernehmenden Gesellschaft abgegolten.[78] Infolge dessen sei die Ausübung des Optionsrechtes nach Ausschluß nicht mehr möglich.

Im vom Bundesgerichtshof entschiedenen Fall war zudem bedeutsam, daß es sich bei dem Kläger um einen Aktionär handelte, der auf den „Lästigkeitswert" spekulierte, er mithin wohl auf eine gütliche Beilegung der Streitigkeit durch Vergleich zu seinem finanziellen Vorteil bedacht war.[79] Dem Bundesgerichtshof zufolge liegt eben diese Spekulation auf den Lästigkeitswert in allen Fällen nachträglicher Geltendmachung immer vor, weil die Anteile der eingegliederten Gesellschaft wirtschaftlich entwertet seien. Sie seien nicht mehr handelbar, und das Gewinnpotential der eingegliederten Gesellschaft sei von der Führung der Hauptgesellschaft abhängig, so daß eine Beteiligung an der eingegliederten Gesellschaft keine schützenswerte Position mehr darstelle.[80] Deshalb seien die Regelungen des § 320 Abs. 4 und 5 AktG a.F. (die den Regelungen des § 320a und § 320 b AktG n.F. entsprechen) entsprechend anzuwenden mit der Folge, daß den Optionsberechtigten nunmehr ein Anspruch an der Hauptgesellschaft zustehe.[81]

---

[77] BGH BB 1998, S. 658.
[78] BGH aaO.
[79] Dazu Henze aaO.
[80] So der BGH in seinem Urteil (FN 73), vgl. den Abdruck in BB 1998, S. 658.
[81] BGH aaO.

(b) Übertragbarkeit der Überlegungen zur Mehrheitseingliederung auf den vorliegenden Fall ?

Fraglich ist zunächst, ob diese Überlegungen zur Mehrheitseingliederung ohne weiteres auf den hier zu diskutierenden Fall des Ausschlusses nach §§ 327a ff. AktG n. F. zu übertragen sind. Dazu sind mehrere Gesichtspunkte zu betrachten.
Zum einen stellt die Mehrheitseingliederung ein Rechtsinstitut dar, das zu einer Umstrukturierung von Unternehmen führt. Im einzelnen bedeutet dies, daß das Gesetz Regelungen vorsieht, die zu einer weitreichenden Kontrolle und Herrschaft der Hauptgesellschaft über die eingegliederte Gesellschaft berechtigen (§ 323 AktG). Auch sind die Gläubiger der eingegliederten Gesellschaft durch § 321 AktG geschützt. Hier sind unter gewissen Voraussetzungen Sicherheiten an die Gläubiger zu leisten. Schließlich haftet die Hauptgesellschaft für die Verbindlichkeiten der eingegliederten Gesellschaft mit dieser gemeinsam als Gesamtschuldnerin (§ 322 Abs. 1 AktG); dies soll ein Ausgleich für die Gläubiger sein, die einen weitreichenden Eingriff der Hauptgesellschaft in das Vermögen der eingegliederten Gesellschaft hinnehmen müssen.[82]
Diese Rechtsfolgen verdeutlichen, daß eine Mehrheitseingliederung einen umständlicheren Sachverhalt mit ganz anderen Rechtsfolgen darstellt als ein Ausschluß nach den §§ 327a ff. Die beiden Unternehmen eines Eingliederungsvorganges sind sehr eng miteinander verflochten. Es spricht bereits insofern einiges dafür, Optionsberechtigte, die nach einem gefaßten Eingliederungsbeschluß ihre Optionsrechte an der eingegliederten Gesellschaft ausüben wollen, auf eine Geldforderung zu beschränken. Denn ansonsten würde die Eingliederung, wie teilweise vertreten, beendet und Vermögenswerte dadurch beeinträchtigt, da alle Rechtsgeschäfte rückgängig zu machen wären. Anders stellt sich aber der Fall beim Ausschluß nach § 327a ff. dar. Eine zweite Gesellschaft gibt es hier nicht; Probleme, die bei der Eingliederung vorliegen, sind hier ausgeschlossen. Auch die Kosten einer Eingliederung selbst übersteigen auf Grund des sehr komplizierten Vorgehens in der eingegliederten Gesellschaft und (zusätzlich) der Hauptgesellschaft die Kosten eines einfachen Beschlusses nach den §§ 327a ff. AktG bei weitem.

---

[82] Kropff S. 426; Geßler/Hefermehl/Eckardt/Kropff – Grunewald § 322 RdNr. 1.

Zum anderen ist aber noch zu bedenken, daß das Gesetz in den §§ 319 ff. AktG davon ausgeht, daß eine Eingliederung stattfindet und die Gesellschaften dann verflochten sind. Es wird also gerade keine Möglichkeit geboten, daß eine Eingliederung erneut stattfindet. Dies wird ersichtlich, wenn man den (abschließenden[83]) Katalog des § 327 AktG betrachtet: Dort geht der Gesetzgeber von verschiedenen Gründen der Beendigung im Laufe der Zeit *nach* der Eingliederung aus.
Im Gegensatz dazu kann ein Beschluß nach §§ 327a ff. aber nicht nur einmal, sondern, gerade weil er auch keine so weitreichenden Rechtsfolgen wie die Eingliederung vorsieht, mehrmals gefaßt werden. Dies beeinträchtigt keine Interessen, so daß eine völlig andere Situation gegeben ist als bei der Eingliederung.

Aus allem folgt, daß die Ausführungen der herrschenden Literatur und des Bundesgerichtshofes zur Mehrheitseingliederung nicht ohne weiteres auf den Fall des Ausschlusses nach § 327a ff. übertragen werden können.

(c) Die Behandlung der Bezugsrechte im Ausschlußfall nach §§ 327a ff. AktG geplanter Fassung

Es gibt nun mehrere Möglichkeiten, wie mit den Bezugsrechten aus Aktienoptionen zu verfahren sein könnte. Man könnte zunächst die optionsberechtigten Gläubiger, die ihre Optionen nach einem Ausschluß ausüben, auf einen Geldanspruch gegen die Gesellschaft verweisen. Daß die Überlegungen sub. (a) nicht ohne weiteres auf den vorliegenden Fall übertragbar sind kann nicht bedeuten, daß deshalb auch die Verweisung auf einen Geldanspruch ausgeschlossen sei.

Es fragt sich aber dennoch, ob man den Optionsberechtigten ihren Anspruch aus den entsprechenden Aktienoptionen überhaupt entziehen muß. Denn hier ist eine wesentlich eingängigere Lösung offensichtlich.
Es sind, um diese Lösung verdeutlichen zu können, zunächst einmal mehrere Varianten denkbar. Zuerst könnte ein Optionsberechtigter zum Bezug von weniger als fünf Prozent der Aktien der betreffenden Gesellschaft berechtigt sein. Übt er seine Option nach einem Ausschluß aus, so kann er (aus dem zuvor im Rahmen des Aktienoptions-

---

[83] Geßler/Hefermehl/Eckardt/Kropff – Grunewald § 327 RdNr. 12 m. w. N.; allgemeine Auffassung.

programms geschaffenen bedingten Kapital) Aktien beziehen, so daß der durch den Ausschluß zum Alleinaktionär gewordene vorherige Hauptaktionär nun wieder Hauptaktionär ist. In diesem Grundfall ergibt sich für den Hauptaktionär kein Problem: Er kann, wenn er dies will, einen erneuten Beschluß nach §§ 327a ff. fassen, den nunmehrigen Mitaktionär also jederzeit wieder ausschließen.

Des weiteren ist der Fall denkbar, daß ein Optionsberechtigter mehr als fünf Prozent einer Gesellschaft beziehen kann. Aber auch in diesem Fall ergibt sich keine Besonderheit: Ein Ausschluß ist dann eben nicht möglich. Möglich wäre ein Ausschluß aber auch in dem Fall nicht gewesen, wenn der Optionsberechtigte durch Ausübung seiner Optionsrechte auch vor einem Ausschluß nach §§ 327a ff. bereits Mitaktionär geworden wäre. Denn in diesem Fall wäre der Mehrheitsaktionär eben nur Mehrheitsaktionär, nicht aber Hauptaktionär, und könnte damit auch die Mitaktionäre nicht ausschließen. Damit ergibt sich aber durch die Ausübung der Optionsrechte *nach* dem Ausschluß kein Unterschied zur Ausübung derselben *vor* dem Ausschluß. Aus diesem Grund müssen die entsprechenden Sachverhalte deshalb auch nicht unterschiedlich behandelt werden.

Zuletzt ist noch auf das Schicksal der anderen Minderheitsbeteiligten hinzuweisen, die es neben einem Optionsberechtigten geben kann. Hier könnte man der Auffassung sein, daß Minderheitsaktionäre, die in einem ersten Ausschlußverfahren nach den §§ 327a ff. ausgeschlossen wurden, nun in dem Fall benachteiligt sind, wenn sie, kann nach Ausübung von Optionsrechten von über fünf Prozent am Grundkapital kein erneuter Ausschluß stattfinden, anders als der nunmehrige Minderheitsaktionär nicht mehr Aktionäre sind. Man könnte in diesem Zusammenhang daran denken, den zuvor bereits ausgeschlossenen Aktionären einen Anspruch auf Wiederaufnahme in die Gesellschaft aus § 53a AktG oder den daraus von der Rechtsprechung entwickelten Grundsätzen der Treupflichten der Aktionäre untereinander[84] zu gewähren.
Dies ist im Ergebnis aber abzulehnen. Minderheitsaktionäre, die erfolgreich nach §§ 327a ff. ausgeschlossen wurden, sind rechtmäßig und endgültig ihrer Stellung als Aktionär durch einen entsprechenden Beschluß des Hauptaktionärs enthoben worden. Es kann keinen Un-

---

[84] Grundlegend BGHZ 103, 184, 194ff. („*Linotype*"); vgl. dazu auch bereits oben unter **§ 4**, A. I. 2 und II. 2.

terschied machen, ob danach, weshalb auch immer, wieder Aktionäre aufgenommen werden. Somit kann auch eine Ungleichbehandlung der Aktionäre untereinander nicht festgestellt werden.

Nach allem erübrigt es sich, die Aktienoptionsberechtigten nach Ausschluß auf einen Geldanspruch zu verweisen. Vielmehr berühren sich Ausschluß und anschließend ausgeübte Optionsrechte insofern nicht, als daß die Optionsrechte nachstehen müßten. Der Grund ist darin zu finden, daß es letztendlich keinen Unterschied macht, ob die Optionen vor oder erst nach einem Ausschluß von Mitaktionären ausgeübt werden; deshalb sind sie auch nicht gesondert zu behandeln.

2. Wandelschuldverschreibungen

Der Kapitalbeschaffung und der Kapitalanlage dienen neben den Aktien auch die Inhaberschuldverschreibungen. Schuldverschreibungen verbriefen ein Forderungsrecht des jeweiligen Inhabers des Papiers gegen den Aussteller auf Rückzahlung und Verzinsung des zur Verfügung gestellten Kapitals.[85] Diese Kapitalmarktpapiere (auch sogenannte Effekten[86]) werden massenhaft zu gleichen Teilen hergestellt und ausgegeben. Sie werden häufig an den Wertpapierbörsen gehandelt.[87] Es gibt neben den dargestellten Aktienoptionen mehrere Arten von Wertpapieren, die zum Bezug einer Aktie an einem Unternehmen berechtigen. Im Falle eines Ausschlusses nach §§ 327a ff. stellt sich auch hier die Frage, wie mit diesen Rechten aus den Wertpapieren im Einzelnen zu verfahren ist. Zunächst sind aber die die entsprechenden Rechte gewährenden Rechtsformen kurz darzustellen.

Wandelschuldverschreibungen sind nach § 221 Abs. 1 AktG legaldefiniert als „Schuldverschreibungen, bei denen dem Gläubiger ein Umtausch- oder Bezugsrecht auf Aktien eingeräumt wird“. Sie sind ebenfalls, wie Aktien, Effekten des Kapitalmarktes. § 221 Abs. 1 AktG betrifft dabei grundsätzlich zwei Formen der Finanzierungsinstrumente,[88] die unter dem Begriff Wandelschuldverschreibungen zu-

[85] Vgl. dazu Kümpel S. 1265 ff. zu weiteren Einzelheiten.
[86] Vgl. dazu Schwintowski S. 764f.
[87] Brox aaO., RdNr. 482; zu weiteren Effekten vgl. Schwintowski aaO.
[88] Die Instrumente des § 221 I AktG sind vornehmlich solche zur Beschaffung von Fremdkapital, vgl. dazu auch Hüffer § 221 RdNr. 2 sowie Geßler/Hefermehl/Eckardt/Kropff – Karollus § 221 RdNr. 13, der allerdings zutreffenderweise auf die „Mischnatur“ aus Eigen- und Fremdfinanzierungsmittel hinweist,

sammengefaßt wurden und mittlerweile von Rechtsprechung und Literatur differenziert betrachtet werden.[89] Unterschieden werden Wandelschuldverschreibungen im engeren Sinne (auch Wandelanleihen genannt) und Optionsanleihen.[90] Beide Finanzierungsinstrumente begründen nicht von selbst Mitgliedschaftsrechte, sondern bloße Forderungsrechte;[91] jedoch haben alle Aktionäre ein Bezugsrecht bei Ausgabe solcher Wertpapiere, § 221 Abs. 4 AktG.
Sowohl die Wandelanleihe (*convertible bond*) als auch die Optionsanleihe (*bond with stock purchase warrant*) wurden aus dem US-amerikanischen Recht als Finanzierungsmittel übernommen.[92] Allerdings ist die Wandelanleihe in der Praxis heute eher unwichtig, die Optionsanleihe scheint sich hingegen wachsender Beliebtheit zu erfreuen.[93]

Abzugrenzen sind diese beiden Finanzierungsinstrumente vor allem von den einfachen Anleihen (auch Wertpapieranleihen oder *straight bonds* genannt). Letztere sind dabei solche Wertpapiere, die die Aufnahme von Kapital gegen Ausgabe von Inhaberschuldverschreibungen im Sinne des § 793 Abs. 1 S. 1 BGB ermöglichen. Um diese Papiere soll es im Folgenden nicht gehen. Der Grund dafür ist, daß die Schwierigkeit, die sich nach einem Ausschluß nach den §§ 327a ff. auf Grund von Rechten, einen Unternehmensanteil zu beziehen, stellt, bei der Wertpapieranleihe gerade nicht besteht. Denn sie gewährt le-

---

da wirtschaftlich betrachtet etwa die Wandelaneleihe mit Wandlung in eine Aktionärseinlage „umgewidmet" wird.

[89] So Gallego Sánchez S. 18; Hüffer § 221 RdNr. 3; Henn aaO S. 640 ff. mit weiteren Einzelheiten; Hoffmann – Becking/Krieger § 63 RdNr. 4.

[90] Vgl. ausführlich zur Geschichte und zur praktischen Bedeutung Geßler/Hefermehl/Eckardt/Kropff – Karollus § 221 RdNr. 14 ff. sowie die Darstellung bei Hüffer § 221 RdNr. 3 ff.

[91] Kümpel S. 1278 (unter 9.178); Geßler/Hefermehl/Eckardt/Kropff – Karollus § 221 RdNr. 11 ff.

[92] Vgl. Geßler/Hefermehl/Eckardt/Kropff – Karollus § 221 RdNr. 14 / 16.

[93] So Kümpel S. 1278f. (unter 9.178). In der Praxis sind aufgrund der Internationalisierung der Kapitalmärkte die emittierenden Institute vor allem dazu übergegangen, sog. Drittemissionen durchzuführen. Dies bedeutet, daß über meist im Ausland gelegene Gesellschaften, die zum Zwecke der Finanzierung gegründet wurden, Anleihen begeben werden, die mit Optionsrechten auf Aktien der inländischen Gesellschaft (meist der Mutter) gekoppelt sind. Diese Vorgehensweise ist mittlerweile der „Standard" und auch allseits rechtlich als zulässig anerkannt. Vgl. dazu Gallego Sánchez aaO S. 24 ff. sowie die ausführliche Abhandlung bei Geßler/Hefermehl/Eckardt/Kropff – Karollus § 221 RdNr. 33 ff. sowie Hoffmann – Becking/Krieger aaO.

diglich einen Anspruch auf Rückzahlung des zur Verfügung gestellten Kapitalbetrages, nicht aber ein nach Wahl auflebendes Optionsrecht auf Teilhabe an der Gesellschaft selbst, der das Kapital ursprünglich zur Verfügung gestellt wurde, wie die Wandel – und die Optionsanleihe dies tun.

(a) Wandelanleihen

Die Wandelanleihe ist eine von einem Unternehmen ausgegebene Teilschuldverschreibung im Sinne der §§ 793 ff. BGB, und damit ein abstraktes, auf einen festen Geldbetrag lautendes, meist festverzinsliches Schuldversprechen, das einen Teilbetrag der Gesamtemission einer Aktiengesellschaft oder Kommanditgesellschaft auf Aktien darstellt, und dem Erwerber zusätzlich das Recht gibt, statt der ausgewiesenen Zahlung auch Aktien der emittierenden Gesellschaft oder eines zustimmenden Dritten nach näherer Ausgestaltung in den Anleihebedingungen zu verlangen.[94] Nach heute einhelliger Auffassung besteht dabei ein echtes Wahl- und Gestaltungsrecht des Berechtigten.[95]

(b) Optionsanleihen

Unter einer Optionsanleihe versteht man die von einem Unternehmen ausgegebene Teilschuldverschreibung nach §§ 793 ff. BGB, die einen regelmäßig verzinslichen Rückzahlungsanspruch verbrieft und die ein Recht des Erwerbers in einem abtrennbaren Schein festschreibt, innerhalb einer bestimmten Zeit eine bestimmte Zahl von Aktien der emittierenden Gesellschaft zu beziehen.[96]

Im Unterschied zur Wandelanleihe wird nicht etwa lediglich alternativ der Rückzahlungsbetrag oder die Aktienanzahl geschuldet, sondern kumulativ beides;[97] eine Ersetzungsbefugnis seitens des Gläubigers scheidet hier also aus. Bei der Wandelanleihe wird die Schuldverschreibung für die Hingabe der verbrieften Aktie gegeben

---

[94] So Gallego Sánchez S. 20; Hoffmann-Becking/Krieger § 57 RdNr. 4.
[95] Genauer: Eine *facultas alternativa*, also eine Ersetzungsbefugnis; vgl. dazu Hüffer § 221 RdNr. 4 f., Gallego Sánchez aaO sowie Geßler/Hefermehl/Eckardt/Kropff – Karollus § 221 RdNr. 146; KK/Lutter § 221 RdNr. 94.
[96] Vgl. Gallego Sánchez S. 21.
[97] Vgl. KK/Lutter aaO RdNr. 148; Hüffer aaO RdNr. 6; Gallego Sánchez aaO; Hoffmann – Becking/Krieger aaO.

(„Umtauschrecht"); bei der Optionsanleihe besteht ein Bezugsrecht neben der Schuldverschreibung weiter.[98]

Bei den Optionsanleihen ist eine weitere Besonderheit zu beachten. Das selbständig verbriefte Optionsrecht, das abgetrennt und gehandelt werden kann, läßt die selbständigen Optionsscheine, die *naked warrants*, entstehen, die, sind sie standardisiert, an der Börse zugelassen werden können und damit eine eigene Bedeutung haben.[99] Die *naked warrants* sind also – anders als die terminologisch verwandten Optionsscheine – keine Derivate.[100]

(c) Die Behandlung der Bezugsrechte im Ausschlußfall nach §§ 327a ff. AktG geplanter Fassung

Hinsichtlich der Wandelanleihe gibt es im Ausübungsfall keine Besonderheiten gegenüber der bereits behandelten Aktienoption. Hier wird die Schuldverschreibung im Ausübungsfall für den Bezug der Aktie getauscht. Die Aktien können auch in jedem Fall ausgegeben werden; ein vorheriger Ausschluß berührt das Bezugsrecht aus der Wandelanleihe nicht.[101]
Bei der Optionsanleihe wird nun der Rückzahlungsbetrag *und* die Aktie geschuldet, wenn die Rechte aus dem Papier ausgeübt werden; auch hier und zudem im Falle des abgetrennten Optionsscheins (*naked warrant*) ergeben sich gegenüber den bereits zur Aktienoption gemachten Ausführungen keine Besonderheiten.[102]

3. Exkurs: Optionsscheine (*derivatives*)

Die den Aktienoptionen terminologisch verwandten Optionsscheine, die zum Kauf (*Put*) oder Verkauf (*Call*) einer Sache oder eines Rechtes zu einem festgesetzten Zeitpunkt und Preis (dem Basispreis) be-

---

[98] Henn, Handbuch des Aktienrechts, 6. Aufl. 1998, S. 640; ebenso Geßler/Hefermehl/Eckardt/Kropff – Karollus § 221 RdNr. 8.

[99] Claussen, S. 548f.; siehe auch die Diskussion bei Geßler/Hefermehl/Eckardt/Kropff – Karollus § 221 RdNr. 27ff., zu der streitigen Frage, ob *naked warrants* ohne weiteres, also ohne weitere Schuldverschreibung, ausgegeben werden können. Die ganz überwiegende Auffassung verneint diese Frage, vgl. die Nachweise bei Geßler/Hefermehl/Eckardt/Kropff – Karollus aaO.

[100] Siehe zu Derivaten aber den Exkurs sofort unter 4.

[101] Siehe zu Einzelheiten oben unter 1.

[102] Siehe zu Einzelheiten oben unter 1.

rechtigen, sind ein weiteres Kapitalmarktinstrument, welches Rechte gewährt, die von einem Ausschluß betroffen sein können. Wie erwähnt, werden sie zumeist an Terminbörsen gehandelt und sind mit einer standardisierten Ausstattung versehen.[103] Der Käufer eines *put* kann die Lieferung, der Käufer eines *call* kann die Abnahme des zugrunde liegenden Basiswertes (*underlying*) verlangen, wenn er die Option zum festgelegten Zeitpunkt ausübt; zur Ausübung ist der Optionsberechtigte aber keinesfalls verpflichtet.[104] Da es sich also nicht um selbständige Finanzinstrumente, sondern um abgeleitete handelt, werden die Optionen, zusammen mit anderen Wertpapieren, auch in der Gruppe der Derivate (*derivatives*) zusammengefaßt.[105] Diese Derivate werden in der Praxis von Banken und Wertpapierdienstleistungsunternehmen entwickelt und hergestellt und dann an institutionelle und private Anleger verkauft.[106] Entsprechend haben die Gesellschaften, deren Aktien beispielsweise als Basiswert fungieren, mit den Derivaten nichts zu tun.

Es ergeben sich hier, anders als bei den Wertpapieren und bei Aktienoptionen, die ein Recht auf Bezug einer Aktie gewähren, gleich mehrere Probleme, wenn ein Ausschluß nach dem WÜG stattfindet. Zunächst stellt sich die Frage, was mit den Optionen geschieht, deren *underlying* durch den Ausschluß entzogen wird. Denn ein *underlying* kann dann nicht mehr als Basiswert fungieren, wenn durch einen Ausschluß sämtliche Aktien in einer Hand sind, der Handel und eine Marktbewertung mithin nicht mehr möglich sind. Die Antwort auf diese Frage aber muß – da, wie bemerkt, die Gesellschaften, deren Aktien als Bezugsgröße gewählt wurden, gar nichts mit den betreffenden Derivaten zu tun hatten – in den Verträgen über Kauf und Verkauf dieser Derivate selbst gefunden werden.

---

[103] So Kümpel S. 1652 (unter 14.98); dazu auch bereits oben unter D. I. 2.

[104] Hierbei werden verschiedene Typen von Optionen unterschieden: Der amerikanische Typ gewährt das Recht, die Option an jedem Handelstag während der Laufzeit auszuüben. Die Optionen europäischen Typs hingegen können nur am Ende ihrer Laufzeit ausgeübt werden. Die nur außerbörslich gehandelten Bermuda – Optionen können schließlich nur an einem von mehreren festgelegten Terminen ausgeübt werden. Zu allem ausführlich Kümpel S. 1652 f.

[105] Zu den Derivaten zählen außerdem *Futures*, Devisentermingeschäfte, *Swaps* und *Forward Rate Agreements*. Vgl. zu Einzelheiten Kümpel, S. 1642 ff. sowie Claussen S. 559 ff.

[106] Claussen S. 562.

Die Veränderungen des Bezugskurses können den Wert eines jeden, auf diesen bezogenen Finanzinstruments stark beeinflussen. Trägt eine solche Veränderung dazu bei, daß sich der Wert beispielsweise eines Derivates verringert oder das Derivat gar wertlos wird, so wird dies mit dem Ausdruck „Verwässerung“ bezeichnet.[107] Eine gesetzliche Lösung wäre dem nur hinderlich; in allen Fällen der „Verwässerung“ wird auf die dem Rechtsgeschäft zugrunde liegenden Bedingungen zurückgegriffen.
Der gesetzliche Verwässerungsschutz ist dementsprechend nur unvollständig normiert. Grundsätzlich gilt, daß der Anleger in den dem Vertrag über die Derivate zugrunde liegenden Bedingungen geschützt werden muß; sollten solche Klauseln einen Fall nicht regeln, so werden sie durch Richterrecht im Wege ergänzender Vertragsauslegung nachgetragen.[108]

Zum anderen aber ist, ebenso wie bereits besprochen, auch bei Optionen problematisch, wie zu verfahren ist, wenn die Optionsrechte zum Bezug einer Aktie ausgeübt werden. Allerdings ergibt sich auch hier keine Besonderheit gegenüber den bereits besprochenen Fällen. Es kann auf die bereits gemachten Ausführungen zu dieser Frage verwiesen werden.[109]

II. Ausschluß als neue Form des *kalten Delisting* ?

Fraglich ist auch, welche Wirkung ein Ausschluß durch den Hauptaktionär, der dadurch zum Alleinaktionär wird, auf eine Börsennotierung hat. Denn die Anteile, die in der Hand des nunmehr alleinigen Aktionärs die gesamte Beteiligung an einer Aktiengesellschaft oder Kommanditgesellschaft auf Aktien ausmachen, sind nun nicht mehr fungibel. Damit fällt gleichzeitig der Sinn einer Börsennotierung weg, denn Eigenkapital kann so nicht mehr aufgenommen werden. Einschlägig könnte hier § 43 Abs. 1 S. 1 Nr. 2 BörsG sein, wonach die Geschäftsführung der Börse die amtliche Notierung zugelassener Wertpapiere der betreffenden Gesellschaft einstellen kann, wenn ein ordnungsgemäßer Handel für die Wertpapiere nicht mehr gewährleistet erscheint. An einen Widerruf sind auf Grund der dauerhaften Wirkung hohe An-

---

[107] Vgl. zu Wandelschuldverschreibungen allgemein Claussen S. 539; zu *derivatives* ist keine entsprechende Literatur ersichtlich.
[108] So Claussen S. 540 für Anleihebedingungen.
[109] Vgl. oben unter 1.

forderungen zu stellen; es kommt nicht auf den Schutz des Publikums an, sondern vielmehr darauf, daß ein Handel von Papieren der betreffenden Gesellschaft mit hoher Wahrscheinlichkeit für längere Zeit nicht wird stattfinden können.[110] Nach einem Aktionärsausschluß im Sinne der §§ 327a ff. ist aber nicht mit hoher Wahrscheinlichkeit anzunehmen, daß ein Handel nicht mehr stattfindet, sondern ein solcher ist aufgrund der Stellung des vorherigen Hauptaktionärs als nunmehriger Alleinaktionär ausgeschlossen. Denkbar wäre nur der eher unwahrscheinliche Fall, daß der Hauptaktionär sofort wieder Eigenkapital aufnehmen will und ein erneutes *Going public* durchführt. In allen anderen Fällen ist ein Börsenhandel der vom Ausschluß betroffenen Gesellschaft ausgeschlossen. Problematisch ist hierbei allein das zeitliche Moment, das § 43 Abs. 1 S. 1 Nr. 2 BörsG fordert: Eine Prognose, die eine „längere Zeit" betrifft, muß im Einzelfall festgestellt werden.
Die Einstellung der Notierung steht dabei im Ermessen der Geschäftsführung der Börse. Allerdings ist fraglich, ob im Fall des *freezeout* nach geplantem Recht nicht eine Ermessensreduzierung auf Null anzunehmen wäre.[111] Es ist zwar nicht ausgeschlossen, daß ein Alleinaktionär, der sich gerade des Mittels des Minderheitsausschlusses in „seiner" Gesellschaft bedient hat, in naher oder fernerer Zukunft wieder Anteile an dieser Gesellschaft anderen Aktionären veräußert. Dennoch erscheint dies eher unwahrscheinlich und ist aus Sicht der Börsengeschäftsführung zum Zeitpunkt des Ausschlusses vor allem unsicher. Mithin wird es für diese in aller Regel keine andere Möglichkeit geben, als die Notierung der betreffenden Gesellschaft einzustellen.

Ein anderes Vorgehen wäre dann als zulässig anzusehen, wenn der Hauptaktionär im Vorfeld oder mit dem Ausschluß gleichzeitig der Geschäftsführung der betreffenden Börse seine Pläne mitteilt und darauf verweist, daß in kurzer Zeit geplant sei, wieder andere Aktionäre als Mitglieder aufzunehmen, und daß deshalb eine Notierung vorerst bestehen bleiben solle. Ansonsten wird die Geschäftsführung der Börse die Notierung einstellen müssen, weil ein Handel nicht nur nicht gewährleistet, sondern schlicht ausgeschlossen scheint. Es ergibt sich hier also ebenso wie bei gesellschaftsrechtlichen Veränderungen wie

---

[110] Schäfer/Hamann, § 43 BörsG RdNr. 16.
[111] Vgl. auch die Argumentation von Schwark in ZHR 1997 auf S. 742 f. Danach ist ein *delisting* von Amts wegen als Reaktion auf ein Verhalten des Emittenten hin durchzuführen – hier betreffend den Ausschluß der Mitaktionäre.

Umwandlung, Verschmelzung oder Eingliederung[112] die zwingende Folge des *delisting*.

Nach hier vertretener Auffassung ist also der Ausschluß *de lege ferenda* ein zusätzliches Mittel zur Durchführung eines *kaltes delisting.*[113] Wenn bei einer bösennotierten Gesellschaft ein Ausschluß nach §§ 327a ff. durchgeführt wird, so ist die Geschäftsführung der betreffenden Börse in aller Regel dazu verpflichtet, die Notierung der Gesellschaft nach § 43 Abs. 1 S. 1 Nr. 1 BörsG einzustellen.[114] Damit fallen wiederum die Zulassungsfolgepflichten für die Gesellschaft weg, so daß der nunmehr alleinige Aktionär einer ehemals bösennotierten Gesellschaft schon auf diesem Wege einen Teil des Aufwandes einspart, was ja in der Regel Grund für die Durchführung des Ausschlusses sein wird.

III. Ad Hoc – Publizität

Eine weitere börsenrechtliche Konsequenz des Ausschlusses könnte sein, daß vor einer eventuellen Ausschließung die Pflicht zur Ad Hoc – Publizität[115] erfüllt werden muß. Diese Pflicht ist in § 15 WpHG seit 1995 festgeschrieben und betrifft alle Emittenten, mithin also alle Gesellschaften, deren Anteile an der Börse gehandelt werden. Diese haben nach § 15 Abs. 1 WpHG die Pflicht, unverzüglich alle Tatsachen zu veröffentlichen, die in ihrem Tätigkeitsbereich eingetreten und nicht öffentlich bekannt sind, wenn sie wegen der Auswirkung auf die Vermögens- oder Finanzlage oder auf den allgemeinen Geschäftsverlauf des Emittenten geeignet sind, den Börsenpreis zugelassener Wertpapiere erheblich zu beeinflussen. Auch den Emittenten, dessen Aktien im Geregelten Markt zugelassen sind, trifft die Pflicht zur Ad Hoc – Publizität, § 15 Abs. 1 S. 1 WpHG.

---

[112] Dazu Schwark ZHR 1997, S. 742 ff., 770 f.

[113] Zum Begriff des *kalten delisting* schon oben unter § 2 B. 1.

[114] Zu beachten ist, daß neben die Kompetenz der Geschäftsführung noch die Möglichkeit tritt, daß die Börsenzulassungsstelle nach § 43 III BörsG vorgehen kann. Dieses Vorgehen steht nicht ersichtlich der Kompetenz der Geschäftsführung der jeweiligen Börse im Wege; eine Konkurrenz kann nicht ausgemacht werden. Insofern kommt es dann wohl auf die jeweilige Börsenordnung und den Geschäftsverteilungsplan an.

[115] Vgl. zu der Neufassung der Ad Hoc – Publizität in § 15 WpHG gegenüber dem § 44 a BörsG a.F. die Anmerkungen von Weber, NJW 2000, S. 3462 ff.

Die Ad Hoc – Publizität verfolgt das Ziel, die Transparenz und damit die Funktionsfähigkeit der Finanzmärkte zu verbessern; zudem soll diese Regelung der Bekämpfung des Insiderhandels dienen.[116] Allerdings ist zu beachten, daß diese Pflichten sehr kostenintensiv wirken und damit gerade für Kleinunternehmen deutliche Nachteile haben. Kleinunternehmen sind zudem öfter als Großunternehmen betroffen, weil das von § 15 Abs. 1 WpHG aufgestellte Merkmal der „Auswirkungen einer neuen Tatsache auf den allgemeinen Geschäftsverlauf", das die Publizitätspflicht auslöst, bei diesen viel schneller gegeben ist als bei großen Gesellschaften.[117] Auch diese Zulassungsfolgepflicht ist also ein Aufwand, der mit dem Ausschluß als Technik des *kalten delisting* eingespart wird.

Zunächst ist aber fraglich, ob ein geplanter Ausschluß überhaupt der Publizitätspflicht des § 15 WpHG unterfällt. Bei einem Ausschluß nach §§ 327a ff. handelt es sich um eine neue Tatsache, ein dem Beweis zugängliches Verhältnis oder Geschehnis oder ein Zustand im Sinne des § 15 Abs. 1 WpHG.[118] Auch liegt diese Tatsache im Tätigkeitsbereich des Emittenten, da dieser die unternehmerische Entscheidung trifft, die Mitaktionäre auszuschließen.[119] Diese Tatsache ist vor dem Ausschluß selbst auch nicht der breiten Öffentlichkeit bekannt. Problematisch ist allein das Beeinflussungspotential der Tatsache, also ob ein Ausschluß geeignet ist, sich auf die Vermögens- oder Finanzlage oder den allgemeinen Geschäftsverlauf des Emittenten auszuwirken. Dies ist aber ganz offensichtlich zu bejahen. Der Ausschluß von Mitaktionären hat so weit reichende Rechtsfolgen, daß sogar von einer ganz anderen Führung der Geschäfte und von einer anderen Finanzlage gesprochen werden kann. So sind allein dadurch, daß die Börsennotierung wegfällt,[120] schon alle an diese geknüpften Zulassungsfolgepflichten hinfällig. Des weiteren wird der Minderheitsaufwand[121] eingespart, so daß auch die Finanzlage der Gesellschaft betroffen ist. Schließlich sind Lenkung und Kontrolle der Gesellschaft völlig verän-

---

116 Vgl. Schäfer/Geibel, § 15 WpHG RdNr. 152.

117 So zutreffend bereits Radtke S. 33.

118 Zu den Tatbestandsvoraussetzungen detailliert Schäfer/Geibel § 15 WpHG RdNr. 26 ff.

119 Zur Definition des Tätigkeitsbereiches des Emittenten vgl. nur Schäfer/Geibel aaO RdNr. 37 ff; danach ist es sogar bedeutungslos, ob der Emittent Einfluß auf die neue Tatsache hat, vgl. RdNr. 40.

120 Vgl. dazu oben unter E. IV. 3.

121 Dazu bereits oben unter § 3. A.

dert; wie bereits erwähnt, kann der Alleinaktionär beispielsweise eine Hauptversammlung „mit sich selber am Schreibtisch“ abhalten.

Damit löst ein Ausschluß nach der geplanten Regelung eine ad hoc – Publizitätspflicht nach § 15 Abs. 1 WpHG aus, wenn die betreffende Gesellschaft börsennotiert ist. Nachdem diese Ad Hoc – Publizitätspflicht nach einem Ausschluß nach §§ 327a ff. erfüllt worden sein, wird der Gesellschaft von der Geschäftsführung der Börse die Bösennotierung entzogen;[122] dies ändert aber nichts daran, daß zunächst diese Ad Hoc – Publizitätspflicht zu erfüllen ist.

[122] Vgl. dazu oben unter II.

§ 7 Verfassungsrechtliche Beurteilung der *freezeout* – Regelung

Es stellt sich bei der aktienrechtlichen Neuregelung außer den bereits erörterten Problemen zudem die Frage, ob sie mit dem Grundgesetz vereinbar ist. Es käme insbesondere eine Kollision mit der Garantie des Eigentums nach Artikel 14 GG in Betracht; auch ist fraglich, ob die formellen Anforderungen des Grundgesetzes, hier insbesondere die Regelungen über die Zuständigkeit des Gesetzgebers beachtet wurden.

A. Zur formellen Verfassungsmäßigkeit

Der Entwurf eines Gesetzes zur Regelung von öffentlichen Angeboten zum Erwerb von Wertpapieren und von Unternehmensübernahmen vom 12. März 2001 ist vom Bundesministerium der Finanzen und zu diesem Zweck hinzugezogenen Experten erarbeitet worden. Es stellt sich also zunächst die Frage, ob das Bundesministerium der Finanzen sowohl sachlich zuständig war als auch die Gesetzgebungskompetenz auf diesem Gebiet dem Bund als öffentlich – rechtliche Gebietskörperschaft überhaupt zusteht, oder nicht vielmehr die Länder in ihrer grundsätzlichen Zuständigkeit durch die Ausgestaltung des Artikel 71 Abs. 1 GG die Kompetenz zum Erlaß einer solchen Vorschrift hatten.

Die grundsätzliche Gesetzgebungskompetenz könnte man Artikel 74 Abs. 1 Nr. 11 GG entnehmen: Der Bund regelt demnach in konkurrierender Zuständigkeit das Recht der Wirtschaft, dem das Gesetz zur Regelung von Unternehmensübernahmen dann unterfallen müßte. Nach einhelliger Auffassung ist die Bezeichnung „Recht der Wirtschaft" weit auszulegen,[1] so daß die Anforderung nicht nur die „Vorschriften, die sich in irgendeiner Form auf die Erzeugung, Herstellung und Verteilung von Gütern des wirtschaftlichen Bedarfs beziehen..., ... sondern auch alle anderen das wirtschaftliche Leben und die wirtschaftliche Betätigung als solche regelnden Normen und Gesetze mit wirtschaftsregulierendem oder wirtschaftslenkenden Inhalt"[2] einbezieht. Damit unterfällt das geplante WÜG dem Recht der Wirtschaft, da es ausschließlich Vorschriften enthält, die die wirtschaftliche Betätigung als solche regeln. Dem WÜG nach stehen Übernahmen von

---

[1] Sachs / Degenhart Art. 74 RdNr. 37.
[2] So das Bundesverfassungsgericht in BVerfGE 68, 319, 330.

Unternehmen unter gewissen Voraussetzungen, so daß die wirtschaftliche Betätigung geregelt wird. Auch lenkt das WÜG selbst die Wirtschaft, in dem es Schutz für Kleinanleger und eine verläßliche Struktur bestimmter Sachverhalte bietet.

Außerdem muß eine bundesgesetzliche Regelung im Falle konkurrierender Gesetzgebungszuständigkeit zur Wahrung der Rechts- und Wirtschaftseinheit im gesamtstaatlichen Interesse geeignet und notwendig sein, Artikel 72 Abs. 2 GG. Bei diesen Anforderungen handelt es sich um unbestimmte Rechtsbegriffe, die der Entscheidungsprärogative des Bundesgesetzgebers unterliegt.[3] Hier ist der Begründung zum Referentenentwurf die überzeugende Feststellung zu entnehmen, daß Übernahmen in aller Regel nationale, zuweilen gar internationale Interessen berühren und weitreichende Auswirkungen auf Aktionäre und Arbeitnehmer haben, so daß einheitliche Regelungen zum Schutz der Betroffenen notwendig bundeseinheitlich zu regeln sind.[4] Außerdem erfordere eine funktionsfähige Überwachung von Unternehmensübernahmen eine internationale Zusammenarbeit der zuständigen Aufsichtsbehörden, deren Grundlage durch die Gesetzgebung der einzelnen deutschen Bundesländer nicht wirksam geregelt werden kann.[5]

Eine konkurrierende Gesetzgebungskompetenz im Sinne der Artt. 72 Abs. 2, 74 Abs. 1 Nr. 11 GG ist mithin für den Bund gegeben; das Gesetz ist auch kein Zustimmungsgesetz, weil es nicht unter die im Grundgesetz enumerativ aufgezählten Gesetze fällt. Den Ländern kommt also nicht einmal eine mitwirkende Kompetenz zu.

Die Zuständigkeit des Bundesministeriums der Finanzen kann vorliegend nicht beurteilt werden; der Bundeskanzler, dem nach Artikel 65 S. 1 GG die Richtlinienkompetenz der Politik obliegt, wird die Aufgabe – zumal er selbst Mitglied der Expertenkommission war – dem Bundesministerium der Finanzen zugewiesen haben. Gegenteiliges ergibt sich auch nicht aus der Referentenbegründung. Dort heißt es, „die Bundesregierung hat sich eine nachhaltige Modernisierung des Standortes Deutschland zum Ziel gesetzt,... . Ein Bestandteil dieser Gesamtstrategie ist der hier vorgelegte Entwurf eines Gesetzes zur Regelung von öffentlichen Angeboten zum Erwerb von Wertpapieren

---

[3] So Sachs/Degenhart Art. 72 RdNr. 14.
[4] So die Begründung zum Referentenentwurf desWÜG, Allgemeiner Teil, S. 77.
[5] So die Begründung zum Referentenentwurf des WÜG, aaO.

und von Unternehmensübernahmen."[6] Mithin wird die Kompetenz in Übereinstimmung mit dem Bundeskanzler auch beim Bundesministerium der Finanzen gelegen haben.
Weitere Verfahrensschritte sind bisher nicht gemacht worden; ob also Gesetzgebungsverfahren und Ausfertigung formell verfassungsgemäß vonstatten gehen, kann vorerst nicht beurteilt werden. Jedoch ist nach der Diskussionsbegründung bereits eine erforderliche Vorprüfung nach § 22a GGO II (Gemeinsame Geschäftsordnung der Bundesministerien, Besonderer Teil) durchgeführt worden.[7]
Der formellen Verfassungsmäßigkeit des Gesetzes zur Regelung von Unternehmensübernahmen steht somit zumindest bis dato nichts ersichtlich im Wege.

B. Zur materiellen Verfassungsmäßigkeit

Zu dem durch Artikel 14 Abs. 1 GG gewährten Eigentum gehört nach allgemeiner Ansicht in Literatur und Rechtsprechung auch das Anteilseigentum an Kapitalgesellschaften.[8] Aktien an Aktiengesellschaften oder Kommanditgesellschaften auf Aktien unterfallen also auch Artikel 14 GG. Das Eigentum im Sinne dieses Grundrechts ist im Rahmen seiner gesellschaftsrechtlichen Ausgestaltung durch Privatnützigkeit und Verfügungsbefugnis gekennzeichnet. Allerdings ist durch Artikel 14 GG nicht notwendig die bestehende Ausgestaltung im Sinne der notwendigen Erhaltung eines *status quo* geschützt.[9] Vielmehr ist es eine Eigenheit des Artikel 14 GG, daß der Gesetzgeber nach Artikel 14 Abs. 1 S. 2 GG dazu ermächtigt ist, grundsätzlich immer die Reichweite der einzelnen Rechtsposition von neuem festzulegen, so daß die einzelne Position von der Regelung durch den Gesetzgeber abhängt.[10]

---

[6] Vgl. dazu die Begründung zum Referentenentwurf des WÜG, Allgemeiner Teil, S. 59.
[7] So ausdrücklich die Begründung noch zum Diskussionsentwurf des Gesetzes zur Regelung von Unternehmensübernahmen des BMF vom 29. Juni 2000, Allgemeiner Teil, S. 78.
[8] Vgl. nur Sachs/Wendt Art. 14 RdNr. 68; st. Rspr. des BVerfG, siehe dazu nur BVerfGE 14, S. 263ff., S. 276 f. („Feldmühle"); BVerfGE 100, S. 289 ff., S. 301 ff.; BVerfG ZIP 1999, S. 1798 ff., S. 1799 sowie BVerfG ZIP 1999, S. 1801 ff., S. 1802.
[9] So Sachs/Wendt aaO.
[10] Sachs/Wendt aaO RdNr. 54.

Im Rahmen der geplanten Neufassung des Aktiengesetzes kommt zunächst eine Enteignung der Minderheitsaktionäre im Sinne von Artikel 14 Abs. 3 S. 1 GG durch den Hauptaktionär in Betracht, weil die Minderheitsaktionäre durch einen entsprechenden Beschluß des Hauptaktionärs gezielt ihre Mitgliedschaftsrechte verlieren. Jedoch muß eine Enteignung im Sinne des Art. 14 Abs. 3 S.1 GG durch einen Träger öffentlicher Gewalt vorgenommen werden.[11] Bei einem Ausschluß der Minderheitsaktionäre durch den Hauptaktionär geht der Rechtsverlust aber nicht vom Staat oder von einem mit staatlichen Zwangsrechten beliehenen Unternehmer aus. Vielmehr ist die Hauptversammlung – auch wenn das dem Hauptaktionär gleichkommt – durch die Vorschriften der §§ 327a – 327f dazu berechtigt, eine Umgestaltung der privatrechtlichen Beziehungen zwischen den Aktionären bei bestimmten Mehrheitsverhältnissen vorzunehmen.[12] Dies aber stellt keine Enteignungsbefugnis dar.[13] Auch das zugrundeliegende Gesetz kann nicht als enteignendes Gesetz begriffen werden; dieses greift nicht unmittelbar in ein bestimmtes Unternehmen ein.[14]

Da eine Enteignung ausscheidet, kommt lediglich eine Inhalts- und Schrankenbestimmung im Sinne von Artikel 14 Abs. 1 S. 2 GG in Betracht. Der Gesetzgeber regelt mit dieser Vorschrift die grundsätzliche Ausgestaltung der Eigentumsrechte, bei der er einen weiten Gestaltungsspielraum hat, sofern er nicht die Bedeutung des Eigentums als elementares Grundrecht und die deshalb ergangene Wertentscheidung des Grundgesetzes zu diesem Wert verkennt. Dabei hat der Gesetzgeber die Möglichkeit, aus wichtigen Gründen des Allgemeinwohls die Interessen der Minderheitsaktionäre an der Erhaltung der Vermögenssubstanz hinter den Interessen des Hauptaktionärs, die das Interesse an freier Entfaltung von unternehmerischer Initiative verkörpern, zurücktreten zu lassen.[15]
Dem Aktieneigentum ist in diesem Zusammenhang noch eine Besonderheit zu eigen: Es verkörpert sowohl vermögens- als auch herrschaftsrechtliche Rechtspositionen. Das Bundesverfassungsgericht hat in ständiger Rechtsprechung die Ansicht vertreten, daß zumindest die

---

[11] So BVerfGE 14, 263ff, 277; vgl. auch Sachs/Wendt aaO RdNr. 156.
[12] Ebenso BVerfGE 14, 263ff., 277 für den generellen Fall der Mehrheitsumwandlung.
[13] Ebenso die Begründung zum Referentenentwurf des WÜG, Allgemeiner Teil, S. 76.
[14] Vgl. BVerfG aaO.
[15] Vgl. auch BVerfG WM 1999, S. 1666ff., S. 1668 sowie BVerfGE 14, 263, 281f.

herrschaftsrechtliche Rechtsposition nicht gegen Beschlüsse der Mehrheit gesichert ist.[16] Das Gericht hat in einer bereits besprochenen, jüngeren Entscheidung[17] erneut festgestellt, daß die vorrangige Berücksichtigung der Interessen des Hauptaktionärs verfassungsrechtlich nicht zu beanstanden sei, wenn dies mit hinreichenden Schutzvorkehrungen für die Minderheitsaktionäre verbunden sei, die allerdings auf die Vermögenskomponente der Beteiligung konzentriert werden dürften.[18]
Es ist demnach auch grundsätzlich vom Bestandsinteresse der Mitgliedschaften her gesehen unproblematisch, eine Minderheit gegen ihren Willen aus der Gesellschaft auszuschließen. Dies ist auch daraus verständlich, daß die herrschaftsrechtliche Seite der Beteiligung für Kleinaktionäre ohnehin begrenzt ist, weil sie auf die Politik des Unternehmens keinerlei relevanten Einfluß nehmen können. Somit wiegt die Beeinträchtigung der Mitgliedschaftsrechte nicht besonders schwer, sofern die Aktionäre eine dem Wert der Kapitalanlage entsprechende Entschädigung erhalten.[19]

Diese Überlegungen greift auch die Referentenbegründung auf: Hiernach werden die Aktionäre in ihren Vermögensinteressen durch § 327a Abs. 1 letzter Halbsatz und § 327b AktG n.F. ausreichend geschützt, weil sichergestellt wird, daß die ausscheidenden Aktionäre eine Abfindung erhalten, die dem Wert ihrer Kapitalanlage an dem betreffenden Unternehmen entspricht. Außerdem stehen mit § 327 f ausreichende Rechtsschutzmöglichkeiten zur Verfügung.[20]

Weil bei einem Vergleich der Rechtsfiguren des Ausschlusses *de lege ferenda* mit der Regelung der übertragenden Auflösung, die vom

---

[16] So noch nicht differenzierend BVerfG aaO S. 278; vgl. auch das Urteil 1 BvR 68/95 vom 23. August 2000, abgedruckt in ZIP 2000, S. 1670 ff. und mit Anmerkung Feischers DNotZ 2000, 876 ff.

[17] Vgl. dazu das bereits oben unter § 4 A. II. 2. (c) besprochene Urteil 1 BvR 68/95 vom 23. August 2000, abgedruckt in ZIP 2000, S. 1670 ff. und mit Anmerkung Feischers DNotZ 2000, 876 ff.

[18] BVerfG aaO S. 1671 am Ende. Dazu auch Weber NJW 2000, S. 3471.

[19] BVerfG aaO S. 1672. Zu denselben Ergebnissen gelangt auch Hoffmann – Bekking, Stellungnahme, S. 4, bezüglich der „emotionalen Interessen" einer Bindung eines Aktionärs an der speziellen Gesellschaft.

[20] Vgl. dazu die Begründung zum Referentenentwurf des WÜG, Allgemeiner Teil, S. 76 f.

Bundesverfassungsgericht bereits bestätigt worden ist,[21] keine Unterschiede im Hinblick auf den Ausschluß von Aktionären gesehen werden können, ist von einer materiell verfassungsgemäßen Einschränkung des Aktieneigentums im Falle des Ausschlusses durch den Hauptaktionär im Rahmen der §§ 327a – 327f auszugehen.
Die gesetzgeberische Wertung, Aktionärsbeteiligungen von bis zu fünf Prozent gegenüber der übrigen Mehrheit als vernachlässigbar anzusehen, ist bei einer gleichzeitigen Garantie der vollen vermögensmäßigen Kompensation für den herrschaftsrechtlichen Verlust der ausgeschlossenen Aktionäre als mit Artikel 14 GG vereinbar anzusehen. Denn der mit dem Aktionärsausschluß verbundene Verlust der in der Aktie verkörperten Rechtsposition ist im Hinblick auf die angestrebte Stärkung der unternehmerischen Flexibilität und die darüber hinaus zwingend vorgeschriebene volle wirtschaftliche Kompensation gerechtfertigt.[22]

Nach all dem stellt sich die geplante Neuregelung des Ausschlusses von Minderheitsaktionären nach hier vertretener Auffassung als verfassungsgemäß dar.[23]

---

[21] So im Ergebnis BVerfG, Urteil 1 BvR 68/95 vom 23. August 2000, abgedruckt in ZIP 2000, S. 1670 ff.
[22] Genauso Pötzsch S. 30.
[23] Land/Hasselbach DB 2000, S. 1754 FN 72 mit Verweis auf dies., DB 2000, S. 557ff., 662; wohl auch dieser Auffassung, aber nicht ausdrücklich, Pötzsch S. 30.

§ 8 *Exkurs*: Rechtsvergleichende Betrachtung zum Recht der USA

In den USA ist der *freezeout*, also der juristisch – technische Ausschluß von Mitaktionären, ein in Voraussetzungen und Rechtsfolgen gefestigtes Instrument fast aller Einzelstaatenrechte.[1]

A. Der *merger* : Ablauf und Formen

Grundsätzlich kann zunächst festgestellt werden, daß ein *freezeout* nach US – amerikanischem Gesellschaftsrecht heute in den meisten Fällen mit Hilfe eines *merger*, also einer Verschmelzung (vgl. zum deutschen Recht § 1 Abs. 1 Nr. 1 und §§ 2 ff. UmwG; zum US-amerikanischen Recht aber noch unten), vonstatten geht.[2] Allerdings ist auch ein Vorgehen, mit dem Minderheitsaktionäre zwangsweise ausgeschlossen werden können, ohne eine solche Verschmelzung möglich.[3] Im folgenden sollen – um das Verständnis zu erleichtern – kurz die Verschmelzungsmöglichkeiten im US-amerikanischen Recht vorgestellt werden.
Unternehmensübernahmen können in den USA wie überall auf verschiedene Art und Weise vonstatten gehen.[4] Der gesamte Bereich der

---

[1] Das US-amerikanische Gesellschaftsrecht ist nicht – wie etwa in Deutschland – einheitlich bundesrechtlich geregelt, da die Gesetzgebungskompetenz den Einzelstaaten vorbehalten ist. Dies ergibt sich im Umkehrschluß aus der sogenannten *interstate commerce clause* des Art. I Sec. 8 cl. 3 der United States Federal Constitution, der die grundsätzliche Bundeskompetenz lediglich bezüglich des *einzelstaatenübergreifenden* Gesellschaftsrechts, also lediglich in Sonderfällen, festlegt. Damit gibt es in den USA ebenso viele „Gesellschaftsrechte" wie Einzelstaaten. Dennoch sind die wichtigsten Gesellschaftsformen – die *public corporation* (auch *business* oder *stock corporation* genannt, meist jedoch einfach nur als *corporation* bezeichnet), als Äquivalent zur deutschen Aktiengesellschaft und die *close corporation* als Äquivalent zur deutschen Gesellschaft mit beschränkter Haftung – und darüber hinaus auch die wichtigsten weiteren wählbaren Formen im wesentlichen in allen Staaten identisch gestaltet. Dabei ist sogleich anzumerken, daß die *corporation* einen so wichtigen Status innehat, daß das US-amerikanische Gesellschaftsrecht teilweise sogar mit dem Recht der *corporation* gleichgesetzt wird, vgl. etwa Merkt RdNr. 130; siehe auch die umfassende Würdigung der Stellung der *corporation* bei Clark S. 1 ff.

[2] Vgl. Gilson/Black S. 1253.

[3] Vgl. dazu insbesondere unten das Vorgehen im Fall des sog. *reverse stock split*, unter B. II. 2.

[4] Generell zu den *structural changes* einer *corporation* in den USA Conard/Knauss/Siegel, Chapter 12 sowie Choper/Coffee/Gilson, Chapter IX.

Unternehmensübernahmen und Unternehmenszusammenschlüsse wird im anglo-amerikanischen Raum, vor allem in der rechtsberatenden Praxis, unter dem Oberbegriff „*Mergers and Aquisitions*“ (kurz M&A) zusammengefaßt. Dieser Oberbegriff faßt zwei große Bereiche zusammen, nämlich die Bereiche der *sale type combinations*, also Kaufs- und Verkaufsvarianten, und der *merger type combinations*, also der Verschmelzungsvarianten.[5]
Hier soll es lediglich um letztere gehen. Allerdings ist zu beachten, daß im US-amerikanischen Recht der Begriff des *merger* häufig untechnisch verwandt wird: so fallen unter *merger type combinations* auch Formen des Zusammenschlusses, die nicht Verschmelzungen im deutschen Rechtssinne (also im Sinne der deutschen §§ 2 ff. UmwG) sind, sondern durch andere technische Vorgehensweisen das gleiche Ergebnis erzielen.
Es sind grundsätzlich fünf verschiedene Formen des *merger* zu unterscheiden, teilweise mit wiederum zu differenzierenden Untergruppen.[6]

I. Der *statutory merger*

Die erste Form des *merger* ist der sogenannte *statutory merger*, bisweilen auch *straight merger* genannt.[7] Dieser richtet sich in seiner Vorgehensweise nach dem jeweiligen *corporation statute* des betreffenden Einzelstaates; der *statutory merger* ist in den relevanten *corporation statutes* sowie dem RMBCA[8] zu finden.[9]

---

[5] Umfassend zum Bereich M&A vor allem Merkt RdNr. 925 ff.
[6] Vgl. Merkt aaO sowie Clark S. 401 ff.
[7] So etwa Gilson/Black S. 1253 FN zu 23.
[8] Grundsätzlich muß in den USA zwischen den verschiedenen Rechtsquellen differenziert werden: Da das US-amerikanische Recht aus dem englischen Recht entwickelt wurde, wurde auch die Tradition des *common law*, also der richterlichen Rechtsfortbildung im Einzelfall, übernommen. Gerade im Fall des Gesellschaftsrechts aber ist – anders als beispielsweise im Deliktsrecht (*tort law*) der USA – ein großer Teil des Rechts kodifiziert (*statutory law*). Dies liegt insbesondere daran, daß in verschiedenen Rechtsgebieten von der *National Conference of Commissioners on Uniform State Law* (NCCUSL; eine von der *American Bar Association* – dem US-amerikanischen Bundesverband der Anwaltschaft – ins Leben gerufene Organisation) eine rechtliche Regelung erarbeitet wurde, um eine Rechtsangleichung zu erreichen. So geschah dies sehr früh zumindest im Personengesellschaftsrecht. Für das Recht der Kapitalgesellschaften hingegen gab es zunächst kein gültiges *Uniform Law*. Nach einem ersten erfolglosen Versuch der Einführung eines solchen wurde das *Uniform Law* 1958 zurückgezogen und das entsprechende *Uniform Law* – Vorhaben vorerst aufgegeben. Dies hat hauptsächlich daran gelegen, daß zwischen den Staaten ein starker Wettbewerb um eine möglichst große Anzahl von

Der *statutory merger* ist mit der deutschen Verschmelzung der §§ 2 ff. UmwG gleichzusetzen: es handelt sich demnach um die Verbindung zweier oder mehrerer Rechtsträger durch Übergang aller Aktiva und Passiva mindestens eines, nämlich des liquidationslos erlöschenden Rechtsträgers, durch Gesamtrechtsnachfolge auf den bereits bestehenden oder neu zu gründenden aufnehmenden Rechtsträger unter Gewährung von Anteilen des übernehmenden Rechtsträgers an die Anteilsinhaber des übertragenden Rechtsträgers.

Für diesen *statutory merger* ist in allen Einzelstaaten Voraussetzung, daß der *board of directors*[10] der beteiligten Gesellschaften einen sogenannten *plan of merger* erarbeitet, der detaillierte und gesetzlich genau bestimmte Einzelheiten zum technischen Vorgehen des Unternehmenszusammenschlusses enthält, diesem selbst zustimmt und ihn danach zur Zustimmung den beiden betroffenen Aktionärsversammlungen vorlegt.[11] Nun gibt es aber gerade von dieser Pflicht, die Zustimmung der Aktionärsversammlungen einzuholen, zwei wichtige Ausnahmen: Den *short form merger* und den *small scale merger*.[12]

Inkorporierungen herrschte und auch heute noch herrscht, da diese direkt (über Steuern und Gebühren etc.) bzw. indirekt (etwa über Folgeinvestitionen oder neue Arbeitsplätze und Konsum) ein Einkommen der Staaten garantieren. Jedoch hat die *American Bar Association* (ABA) über die NCCUSL später schließlich doch ein Modellgesetz zum Kapitalgesellschaftsrecht eingeführt, nämlich den die *corporation* betreffenden *Model Business Corporation Act* (MBCA). Dieser wurde daraufhin ebenso wie das übrige *Uniform Law* der NCCUSL von vielen Staaten übernommen; 1984 wurde dann die heute gültige und nun auch fast überall angenommene revidierte Fassung des MBCA, der *Revised Model Business Corporation Act*, kurz RMBCA, durch die ABA erarbeitet. Diese Regelung ist also mit der Bezeichnung RMBCA gemeint.

[9] Vgl. § 251 Del.Gen.Corp.Law; § 902 (a) NY.Bus.Corp.Law; § 1101 Cal.Corp.Code; sowie §§ 11.01, 11.03, 11.05, 11.06 RMBCA.

[10] Dies ist der Verwaltungsrat in der US – amerikanischen *corporation*; vgl. zum „Einheitsmodell" des US-amerikanischen Gesellschaftsrechts im Vergleich zum deutschen dualen Modell „Vorstand – Aufsichtsrat" vor allem die ausführliche Diskussion bei Bleicher/Leberl/Paul, Unternehmensverfassung und Spitzenorganisation, Wiesbaden 1989, S. 51 ff. zum deutschen Recht sowie S. 123 ff. zum entsprechenden US – amerikanischen Recht.

[11] Vgl. nur exemplarisch §§ 11.02, 11.03 RMBCA; die Zustimmungspflicht der Aktionärsversammlung ist eine Voraussetzung, die grundsätzlich von jedem rechtmäßigen *merger* gefordert wird, vgl. Mann/Roberts S. 917. Zu Ausnahmen aber sofort im Folgenden.

[12] Generell zum *short form merger* Mann/Roberts S. 917; Clark S. 502; Cary/Eisenberg S. 1120; generell zum *small scale merger* Cary/Eisenberg S. 1119; Merkt RdNr. 932.

Der *short form merger* weist die Besonderheit auf, daß die übernehmende Gesellschaft bereits vor der Übernahme über 90% der Zielgesellschaft hält. Eine Pflicht zur Einholung der Zustimmung einer der Aktionärsversammlungen wäre unnötiger Formalismus, weil wegen der Beherrschung der Tochtergesellschaft die Abstimmung in jedem Fall positiv ausfiele.

Der *small scale merger* hingegen betrifft den Fall, daß eine sehr große Gesellschaft eine sehr kleine übernimmt. Hier gibt es hinsichtlich der Größe der *corporations* Unterschiede in den Einzelstaaten: so verlangen Delaware[13] und der RMBCA, daß sich die Zahl der ausstehenden

[13] Weshalb hier auf Delaware abgestellt wird – wie dies auch in der US – amerikanischen Literatur zum *corporate law* regelmäßig der Fall ist – hat einfache Gründe. Die Verteilung von *corporations* stellt sich in den USA sehr ungleich dar. Der Großteil aller Inkorporierungen sind in den drei Bundesstaaten Delaware, New York und California vorhanden. Aus einer neueren Erhebung ergibt sich, daß in California 221 *corporations* ihren Sitz haben (dies entspricht insgesamt 4.74 % aller *corporations*), in New York sind 166 beheimatet (3.56 %), und in Delaware schließlich sogar 2637 (dies entspricht 56.5 % aller *corporations* der USA). Zusammen genommen waren damit in den drei gesellschaftsrechtlich relevan-testen Staaten der USA Ende 1997 64.8 % - also mehr als zwei Drittel - aller *corporations* beheimatet. [Der Verfasser erlangte dieses Zahlenmaterial mangels anderen aktuellen Materials direkt von Roberta Romano, Allen Duffy/Class of 1960 Professor of Law at Yale Law School, USA.] In der Lehre ist die Frage nach dem Grund dieser sehr ungleichen Verteilung stark umstritten. Zu dieser Frage und den beiden „klassischen Positionen in der modernen Debatte" vgl. dazu ausführlich Romano S. 14 ff. Vorweg ist dabei zu bemerken, daß ein Wettbewerb in den USA auch zwischen den Einzelstaaten überhaupt erst durch die Gründungstheorie ermöglicht wird. In den USA gilt bezüglich des auf eine Gesellschaft anzuwendenden Rechts nicht die in Deutschland (noch) geltende Sitztheorie, nach der die Gesellschaft dem Recht des Staates unterliegt, in dem sie ihren Hauptverwaltungssitz hat, sondern die Gründungstheorie, nach der eine Gesellschaft dem Recht des Staates unterworfen ist, nach dem sie gegründet wurde [vgl. dazu nur v. Bar, Internationales Privatrecht, Zweiter Band: Besonderer Teil, S. 449f; Bungert, Entwicklungen im internationalen Gesellschaftsrecht Deutschlands, in: AG 1995 S. 489 ff., 490 sowie Merkt, Internationaler Unternehmenskauf, Köln 1996, RdNr. 339 ff.] Es spielt nach US – amerikanischen Recht folglich keine Rolle, ob die Gesellschaft ihren Hauptsitz verlegt oder wo sie tatsächlich tätig ist; anders aber nach deutschem Recht. Aus diesem Grund konnte es in den USA zum stärkeren zwischenstaatlichen Wettbewerb kommen. Allerdings ist in den USA seit Anfang 1970 umstritten, ob ein solcher Wettbewerb zwischen Einzelstaaten zu einem sogenannten *race for laxity* führt oder aber – wie die Gegenauffassung vertritt – zu einer Optimierung der gesellschaftsrechtlichen *statutes*, zum *race to the top*. Mit der Bezeichnung *race for laxity* (wörtlich: der Wettlauf um Laxheit, also Deregulierungswettlauf; bildhaft auch *race to the bottom* genannt, vgl. Merkt RdNr. 17 ff., siehe auch dazu die Diskussion bei Choper/Coffee/Gilson S. 22 ff. m.w.N.) wird in den USA ein Phänomen beschrieben, das als Folge des

Anteile der übernehmenden – also der großen Gesellschaft – um nicht mehr als zwanzig Prozent erhöht.[14] Der Grund für diese Ausnahme von der Pflicht zur Befragung der Aktionärsversammlung ist, daß die begrenzte Bedeutung, die ein solcher „*merger* im kleinen Maßstab" für die Aktionäre der großen Gesellschaft mit sich bringt, nicht den großen technischen und finanziellen Aufwand einer Aktionärsversammlung rechtfertigt.[15]

II. Die *statutory consolidation*

In den meisten Bundesstaaten der USA noch geregelt,[16] im RMBCA nicht mehr erwähnt sowie in der Praxis nur noch selten gebraucht ist die zweite Form des Unternehmenszusammenschlusses: Die sogenannte *statutory consolidation.* Sie unterscheidet sich vom *statutory merger* dadurch, daß beide Gesellschaften aufgelöst werden und in

---

Konkurrenzkampfes zwischen den Einzelstaaten zu verstehen sein soll. Nach dieser von William Lucius Cary (dieser ist Late Dwight Professor of Law an der Columbia University of New York sowie *former commissioner* der Securities and Exchange Commission) begründeten Ansicht folgt zwingend aus dem Konkurrenzkampf, daß viele Einzelstaaten die die *corporations* erdrückende Regelungsvielfalt abschaffen oder vereinfachen, um so – die Gründungstheorie ermöglicht dies erst in den USA – möglichst viele Gesellschaften „anzulocken" und durch diese dann Wettbewerbsvorteile durch direkte oder indirekte Einnahmen zu erlangen. *Race to the bottom* bedeutet, daß ein sehr dereguliertes, eventuell nur noch sporadisch vorhandenes Gesellschaftsrecht in den Staaten existiert, in denen sich die meisten Gesellschaften vorfinden werden. Entsprechend wurde von Vertretern dieser Theorie auch ein Ende des einzelstaatlichen Wettbewerbs sowie ein Bundesgesetz zum Gesellschaftsrecht gefordert (was, wie angemerkt, mangels Bundeskompetenz eine Verfassungsänderung voraussetzte). Nach anderer, durch Ralph Winter (dieser ist Professor of Law an der Yale Law School) begründeter Auffassung gilt hingegen, daß der Wettbewerb zwischen den Staaten zu einem *race to the top* führen soll. Dies bedeutet, daß gerade in den Staaten, die ein sehr ausdifferenziertes und damit rechtssicheres Gesellschaftsrecht aufweisen die „Gewinner" des Konkurrenzkampfes seien. Demzufolge solle sich also gerade durch den Konkurrenzkampf das Gesellschaftsrecht weiter entwickeln und verfeinern, dabei praxisorientiert und mithin auch modern und lebensnah sein. [Vgl. zu all dem sehr ausführlich Romano aaO.] Eine Entscheidung dieser Streitfrage muß hier mangels Relevanz für diese Bearbeitung nicht ergehen; festzuhalten bleibt vielmehr der rein praktische Gesichtspunkt, daß sich die meisten Gesellschaften in den drei bereits erwähnten Staaten Delaware, California und New York vorfinden. Zusammen mit dem staatenübergreifenden RMBCA werden in dieser Bearbeitung nach alldem also lediglich die Staaten von Delaware, New York und California berücksichtigt.

[14] § 251 (f) Del.Gen.Corp.Law; § 11.03 (g) (3) RMBCA.

[15] So Merkt RdNr. 933.

[16] So etwa § 251 Del.Gen.Corp.Law.

eine neue Gesellschaft übergehen; die Aktionäre der beiden Altgesellschaften müssen ihre Aktien also gegen solche der neuen Gesellschaft eintauschen.[17]

III. Der *stock-for-stock exchange* (*stock swap*)

Die dritte Form des Unternehmenszusammenschlusses, die den *merger type combinations* zugeordnet wird, ist der *stock-for-stock exchange*, kurz *stock swap* (Aktientausch) genannt.[18] Hierbei handelt es sich um einen Vorgang, bei dem die übernehmende Gesellschaft an die Aktionäre der zu übernehmenden Gesellschaft herantritt und diesen ein Angebot unterbreitet, ihre Anteile an der zu übernehmenden Gesellschaft in solche der übernehmenden zu tauschen.
Dabei gilt allerdings meist die von der jeweiligen Gesellschaft aufgestellte Besonderheit, daß die übernehmende Gesellschaft die Wirksamkeit ihres Angebotes von der Bedingung abhängig macht, daß sie einen bestimmten Mindestprozentsatz (beispielsweise 51%) an der Zielgesellschaft erwirbt;[19] ansonsten wäre ein weiteres Festhalten an dem Plan des Aktientausches für die übernehmende Gesellschaft auch kaum sinnvoll und würde sich vor allem finanziell zu einem der Planung nicht entsprechenden Fehlschlag auswirken. Nach dem Recht mancher Bundesstaaten und auch nach dem RMBCA kann die übernehmende Gesellschaft dann die übrigen Gesellschafter – sollte der *board of directors* der Zielgesellschaft sowie eine Mehrheit der Gesellschafter der Zielgesellschaft zugestimmt haben – auch ohne deren Zustimmung zum Tausch veranlassen.[20]

Nachdem der Tausch dann vollzogen und dadurch die zu übernehmende Gesellschaft eine vollständige Tochter der übernehmenden ist, kann letztere dann – wie von Anfang an geplant – auch das Vermögen der Tochter veräußern und die Tochter auflösen. Im Ergebnis liegt damit also eine dem *statutory merger* vergleichbare Lage vor.

---

[17] Zu all dem Merkt RdNr. 934.
[18] Generell zum *stock swap* Merkt RdNr. 935; Cary/Eisenberg S. 1125.
[19] Merkt aaO.
[20] Vgl. exemplarisch § 11.02 (a) RMBCA; zum Inhalt des bei einem *involuntary stock swap* notwendigen *plan of exchange* siehe auch § 11.02 (b) RMBCA.

IV. Der *stock-for-assets exchange*

Eine weitere Form der Übernahme ist der sogenannte *stock-for-assets exchange.*[21] Bei diesem wird in zwei aufeinanderfolgenden Stufen ebenfalls das gleiche Ergebnis erreicht wie beim *statutory merger*. Zunächst wird – wie beim *stock swap* – getauscht; beim *stock-for-assets exchange* allerdings nicht Anteile gegen Anteile, sondern – wie der Name schon sagt – Anteile der übernehmenden Gesellschaft gegen Vermögenswerte (*assets*, also Aktiva) der zu übernehmenden Gesellschaft. In der darauf folgenden zweiten Phase (die nicht notwendig, aber üblich ist[22]) wird die zu übernehmende Gesellschaft liquidiert, wobei die Anteile an der übernommenen Gesellschaft unter die Gesellschafter der übernehmenden Gesellschaft verteilt werden.
Ein Erfordernis eine Zustimmung einzuholen liegt bei einem *stock-for-assets exchange* lediglich beim *board of directors* und der Aktionärsversammlung der Zielgesellschaft, weil letztere ihr Vermögen veräußern will. Durch die Aktionärsversammlung der Erwerbergesellschaft kann die Zustimmung in dem Fall entbehrlich sein, in dem zusätzlich ein *small-scale merger* vorliegt, die zu erteilenden Aktien also entweder in den *articles of incorporation* (also der Satzung) bereits im vorhinein genehmigt sind oder aber sich die Menge der Aktien der Erwerbergesellschaft durch diese Transaktion nicht drastisch erhöht.[23]

Damit kann festgestellt werden, daß das Ergebnis des *stock-for-assets exchange* dem des *statutory merger* gleicht, die Vorgehensweise aber der des *stock swap* ähnelt.

V. Der *triangular merger*[24]

Schließlich gibt es – gänzlich ohne Entsprechung im deutschen Recht[25] – im US-amerikanischen Gesellschaftsrecht den *triangular merger*, der sich in zwei Untergruppen, den *forward* oder *conventional triangular merger* und den *reverse triangular merger*, aufteilen läßt.

---

[21] Dazu Cary/Eisenberg S. 1125 ff; Merkt RdNr. 936; so auch Clark S. 425 ff, 428.
[22] Merkt RdNr. 936.
[23] Vgl. dazu schon oben den *small scale merger*; generell dazu Merkt aaO.
[24] Generell zum *triangular merger* Clark S. 430 f.; Gilson/Black S. 668 ff.; Cary/Eisenberg S. 1150 ff.; Baums FS S. 70, II.1.a) sowie S. 72, 2a); Merkt RdNr. 937 ff.
[25] Vgl. Baums FS S. 71 unter b), S. 72 unter b).

Zunächst ist generell zu allen Formen des *triangular merger* zu bemerken, daß es sich – anders als bei den vorangegangenen Variationen der *merger type combinations* – hierbei um eine Übernahmeform handelt, an der nicht zwei, sondern drei Gesellschaften beteiligt sind: die übernehmende Gesellschaft, die zu übernehmende Gesellschaft sowie eine Tochtergesellschaft der übernehmenden Gesellschaft.

Beim *forward triangular merger* wird zunächst von der übernehmenden Gesellschaft eine Tochtergesellschaft gegründet, deren ausschließliches Gesellschaftsvermögen in Anteilen an der Muttergesellschaft – der übernehmenden Gesellschaft – besteht und die vollständig der Muttergesellschaft gehört. Die zu übernehmende Gesellschaft wird nun von der Tochtergesellschaft übernommen, beispielsweise im Wege des *statutory merger,* also auf sie verschmolzen. Allerdings erhalten die Aktionäre der Zielgesellschaft nicht – wie im Normalfall beim „Zwei-Gesellschaften-*merger*" – Anteile an der Tochtergesellschaft für die Hingabe ihrer Aktien, sondern vielmehr die im Gesellschaftsvermögen der Tochter befindlichen Anteile der übernehmenden Gesellschaft (also der Muttergesellschaft).

Das Ergebnis sieht aus wie folgt: Die Tochter, die zu 100% der Mutter gehört, ist nun das zu übernehmende Unternehmen, wobei die Altaktionäre der zu übernehmenden Gesellschaft nun Neuaktionäre der Mutter (also der übernehmenden Gesellschaft) sind.[26]

Es handelt sich um eine sehr komplizierte Form der Verschmelzung, jedoch sind die Gründe, die für ein solches Vorgehen sprechen, einfach zu verdeutlichen. Die Zustimmung der Aktionärsversammlung der übernehmenden Gesellschaft ist nicht notwendig, weil die Verschmelzung nicht zwischen der übernehmenden und der zu übernehmenden Gesellschaft direkt, sondern lediglich zwischen einer Tochter der übernehmenden und der zu übernehmenden Gesellschaft selbst stattfindet, so daß also lediglich das zuständige Organ der übernehmenden Gesellschaft der Verschmelzung zwischen Tochter und zu übernehmender Gesellschaft zustimmen muß.[27] Außerdem sichert sich

---

[26] Zum technischen Vorgehen insbesondere Cary/Eisenberg S. 1155ff.

[27] In Abweichung von diesem Grundsatz haben einige Bundesstaaten allerdings ein Zustimmungserfordernis zugunsten der Aktionärsversammlungen der übernehmenden Gesellschaft eingeführt; vgl. etwa §§ 1200 (d), 1201 Cal. Corp.Code.

die übernehmende Gesellschaft die Vorteile des *statutory merger*, ohne allerdings auch dem Haftungsrisiko ausgesetzt zu sein, das eine solche direkte Verschmelzung aus Sicht der übernehmenden Gesellschaft hat.[28]

Beim *reverse triangular merger* nun übernimmt im Gegensatz zum *forward triangular merger* nicht die Tochter- die Zielgesellschaft, sondern umgekehrt die Zielgesellschaft die Tochtergesellschaft der übernehmenden Gesellschaft; im übrigen ist das Verfahren identisch. Ebenso identisch ist das Ergebnis dann folglich auch: Die übernehmende Gesellschaft hält alle Anteile an der Zielgesellschaft, deren Altaktionäre nun Gesellschafter der übernehmenden Gesellschaft (über die Tochtergesellschaft) geworden sind.
Diese *merger*-Variante führt zum gleichen Ergebnis wie der bereits beschriebene *stock swap*, weil die übernehmende Gesellschaft nach der Übernahme sämtliche Anteile an der zu übernehmenden Gesellschaft hält.
Der *reverse triangular merger* wird dem *forward triangular merger* vor allem dann vorgezogen, wenn es den Beteiligten darum geht, die zu übernehmende Gesellschaft unter ihrer Firma als rechtlich selbständige Einheit zu erhalten.[29] Auch diese Form des Unternehmenszusammenschlusses wirkt sehr umständlich; allerdings lassen sich auch hier gute Gründe für ein solches Vorgehen nennen.[30]

All diese oben aufgeführten Varianten des *merger* können nun mit einem *freezeout* verbunden werden. Das heißt, daß prinzipiell eine große Anzahl von Kombinationsmöglichkeiten denkbar wäre, um Minderheitsaktionäre gegen Abfindung aus der Gesellschaft auszuschließen. Dabei wird aber in der Regel – bis auf Ausnahmen, da nicht jede Form des *freezeout* eines *merger* bedarf[31] – eine der oben ausgeführten *merger*-Techniken angewandt.

---

[28] Ausführlich zu den Vor- und Nachteilen vor allem Merkt RdNr. 938.
[29] Vgl. Cary/Eisenberg S. 1156; Baums FS S. 72.
[30] Vgl. neben den bereits beim *forward triangular merger* genannten Gründen, welche entsprechend gelten, Merkt RdNr. 941 sowie Baums FS S. 70 ff.
[31] So etwa im Falle des sogleich unter II. 2. b. zu besprechenden *reverse stock split*.

B. Die Techniken des *freezeout* im US-amerikanischen Gesellschaftsrecht

Im US-amerikanischen Gesellschaftsrecht sind grundsätzlich sechs verschiedene Techniken des *freezeout* bekannt; drei von diesen sind jedoch lediglich historisch interessant, weil sie heutzutage aus Gründen inzwischen geänderter Rechtslage nicht mehr angewandt werden. Dennoch sind auch diese drei älteren Techniken kurz zu erwähnen; sie spielen in der Beurteilung der heutigen Techniken durch die Gerichte eine Rolle.

I. Die älteren Techniken des *freezeout*

1. Der *dissolution freezeout*[32]

Diese Form des *freezeout*, die heute in der Praxis kaum noch eine Rolle spielt, wohl aber in der Rechtsprechung noch zur Beurteilung der heutige gebräuchlichen Techniken herangezogen wird, kann auf verschiedene Arten stattfinden. Zunächst wird die wirtschaftlich intakte Gesellschaft aufgelöst und liquidiert. Dabei sind mehrere Vorgehensweisen denkbar: Entweder, indem der Mehrheitsaktionär die vermögenswerten Teile des Unternehmens (wie beispielsweise Produktionsanlagen oder Grundstücke, also, wie *Clark* bildhaft beschreibt, das „wahre Herz des Unternehmens"[33]) erhält und die Minderheitsaktionäre Forderungen oder Beteiligungen an anderen Gesellschaften erhalten. Zum anderen kann auch – sollte etwa das Gesellschaftsvermögen nicht einfach wie soeben beschrieben teilbar sein – das gesamte Vermögen an einen Dritten, juristische oder natürliche Person, veräußert werden, wobei der Veräußerungserlös an alle Gesellschafter entsprechend ihren Anteilen verteilt wird. Daraufhin kann der Mehrheitsaktionär dann von diesem Dritten die veräußerten *assets* zurückerwerben und so – wie auch in dem Fall, in dem er die vermögenswerten Teile direkt erworben hat – die Gesellschaft als Alleinaktionär beherrschen. Er hat also die Minderheitsaktionäre de facto zur Desinvestition gezwungen.

---

[32] Zum *dissolution freezeout* generell Clark S. 501/502; Merkt RdNr. 1035.
[33] Clark S. 501.

Kurz gesagt: beim *dissolution freezeout* wird das Unternehmen auf einen anderen Rechtsträger übertragen (direkt oder über Mittelsmänner), an dem lediglich der Mehrheitsaktionär beteiligt ist.[34]

Zum *dissolution freezeout* ist jedoch sogleich anzumerken, daß er in der Rechtsprechung zumindest teilweise abgelehnt wurde, weil er gegen den Grundsatz der Gleichbehandlung aller Aktionäre verstoße.[35]

2. Der *sale-of-assets freezeout*[36]

Bei der zweiten nicht mehr gebräuchlichen Methode wird der Ausschluß der Minderheitsaktionäre ähnlich dem *dissolution freezeout* erreicht.
Hierbei gründet zunächst der Mehrheitsgesellschafter der betroffenen Gesellschaft eine weitere Mantelgesellschaft (eine sogenannte *shell corporation*) mit ausreichender Kapitalausstattung. Dieser Mantelgesellschaft wird nun wiederum der interessante Kern der Gesellschaft, an der der Mehrheitsaktionär bestimmend beteiligt ist, übertragen; an der neuen Gesellschaft ist er dann allein beteiligt. Der übertragenden Gesellschaft wird für die Übertragung ihrer *assets* Geld oder Anleihen gewährt, die der Mehrheitsgesellschafter vorher an die Mantelgesellschaft übertragen hatte (etwa im Wege des Darlehens). Die alte Gesellschaft kann, muß jedoch nicht, daraufhin aufgelöst und liquidiert werden, so daß die Minderheitsaktionäre in jedem Fall an der „neuen“ (nämlich dem alten Unternehmen in neuem Gewand) Gesellschaft nicht mehr beteiligt sind. Wiederum sind die Minderheitsaktionäre mithin ausgeschlossen worden, ohne daß sie Einfluß auf das Vorgehen hätten nehmen können.

Der Unterschied zwischen dem *dissolution freezeout* und dem *sale-of-assets freezeout* besteht im wesentlichen darin, daß bei ersterem das Unternehmen, bei letzterem das Vermögen auf einen anderen Rechtsträger übertragen wird.[37] Auch dieser *sale-of-assets freezeout*

---

[34] So auch Reinisch S. 9.
[35] So bereits im Fall Mason v. Pewabic Mining Co. 133 U.S. 50 (1890); Zimmermann v. Tide Water Associated Oil Co., 143 P. 2d 409 (1943); aber vgl. auch Kirtz v. Grossman, 463 S.W. 2d 541 (1971) oder Rossing v. State Bank of Bode, 165 N.W. 254 (1917).
[36] Zum *sale-of-assets freezeout* generell Clark S. 501; Merkt RdNr. 1036.
[37] Vgl. Reinisch S. 9.

stieß teilweise ebenfalls aus den bereits oben genannten Gründen in der Rechtsprechung auf Kritik.[38]

3. Der *debt-merger freezeout*

Bei der dritten Möglichkeit, Minderheitsaktionäre auszuschließen, die ebenfalls durch die geänderte Rechtslage an Bedeutung verloren hat, besteht in der Ausgangssituation ebenso wie beim *sale-of assets freezeout* eine Gesellschaft, in der der Mehrheitsaktionär Alleinaktionär werden will, und eine von diesem Mehrheitsaktionär gegründete Mantelgesellschaft. Nun findet bei dieser *freezeout*-Technik im Gegensatz zum *sale-of-assets freezeout* aber ein *merger* zwischen den beiden Gesellschaften statt, so daß beide Gesellschaften im Wege der Verschmelzung in einer Gesellschaft miteinander verbunden werden. Die Minderheitsaktionäre erhalten nun von der Mantelgesellschaft anstelle von Aktien an dieser lediglich Anleihen mit kurzer Laufzeit (*short-term debt*) oder rückkaufbare Vorzugsaktien (*redeemable preferred stock*). Sobald die Anleihen dann fällig sind oder die Rückkaufoption (*redemption*) dann ausgeübt wurde, ist der *freezeout* vollendet: Die Minderheitsaktionäre sind aus der Gesellschaft ausgeschlossen worden. Der wesentliche Unterschied zu den obigen beiden *freezeout*-Formen besteht darin, daß die Minderheitsaktionäre erst nach Ablauf einer bestimmten Frist aus der Gesellschaft ausscheiden.

Diese Form des *freezeout* ist in der Rechtsprechung geduldet worden. Dies mag jedoch daran gelegen haben, daß für das erkennende Gericht

---

[38] Ablehnend Cathedral Estates Inc. v. Taft Realty Corp., 157 F. Supp. 895 (1954); Cardiff v. Johnson, 218 P. 269 (1923); vgl. aber auch Blumenthal v. Roosevelt Hotel, Inc., 115 N.Y.2d 52 (1952): in diesem Fall reichte dem Gericht das *appraisal right* der Aktionäre zum Schutz der Aktionärsinteressen aus. Dieses sogenannte *appraisal right* – auch *appraisal remedy*, da es sich um einen Rechtsbehelf handelt – ist in den USA ein Instrument zum Schutz von Aktionären, welches meist im Falle eines *sale* oder *merger*, also bei einer Strukturänderung der Gesellschaft, Bedeutung erlangt. Gemeint ist das Recht auf Auszahlung zu einem marktfairen Preis, der im Streitfall in einem speziellen gerichtlichen Verfahren festgestellt wird, da in den USA kein Aktionär gezwungen werden kann, etwa seine *shares* an der Altgesellschaft in solche der Neugesellschaft einzutauschen. Das *appraisal right* in praktisch allen Staaten der USA – freilich mit Unterschieden und in unterschiedlichem Umfang – geregelt, vgl. nur Chapter 13 des RMBCA. Sehr ausführlich zum *appraisal right* etwa Clark S. 443 ff.; vgl. auch die Kurzdarstellung bei Mann/Roberts S. 919.

einsichtig war, daß der Mehrheitsgesellschafter einen ordnungsgemäßen *business purpose* verfolgt hat.[39]

II. Die neueren Techniken des *freezeout*

Wie bereits erwähnt, finden die oben ausgeführten, älteren *freezeout*-Techniken insbesondere in der Praxis keinerlei Anwendung mehr. Dies vor allem deshalb, weil die US-amerikanischen *statutes* sowohl der Einzelstaaten als auch des MBCA bis in die jüngere Vergangenheit hinein kein *freezeout* in dem Sinne zuließen, daß den ausscheidenden Minderheitsgesellschaftern lediglich Bargeld im Austausch für ihre Anteile gegeben wurde. Sie durften vielmehr nur eine unbare Gegenleistung wie Anleihen, rückkaufbare Vorzugsaktien oder vergleichbares erhalten.[40] Die Aktionäre konnten also nicht einfach gegen eine *cash*-Zahlung ausgeschlossen werden. In Florida wurde dieses System bereits im Jahr 1925 liberalisiert; das *corporation statute* erlaubt seitdem einen *freezeout* durch *cash*-Abfindung.[41] Andere Staaten schlossen sich dieser Neuerung an; das MBCA erlaubt seit 1969 eine entsprechende Vorgehensweise.[42] Damit aber gibt es seit Beginn der siebziger Jahre des zwanzigsten Jahrhunderts selten einen Grund, die eher umständlichen älteren Techniken des *freezeout* anzuwenden; die folgenden drei Techniken haben sich seitdem als aktuell und praktikabel durchgesetzt.

1. Der *short-form merger*

Die erste moderne Form des *freezeout* ist der bereits bei den *merger types* erwähnte *short-form merger*. Dieser hat insbesondere deshalb eine große Bedeutung in der Praxis erlangt, weil er in den relevanten *statutes* ausdrücklich als *freezeout*-Technik zugelassen und somit hohe Rechtssicherheit garantiert ist.[43]

Den Regelungen zum *short-form merger* entsprechend bedarf die Übernahme einer mindestens zu neunzig Prozent beherrschten Tochtergesellschaft durch die Muttergesellschaft nicht der Zustimmung der

---

[39] So Clark S. 501; vgl. dazu den Fall Matteson v. Ziebarth 242 P.2d 1025 (1952). Zum *business purpose* vgl. noch unten unter C. III. 2.

[40] Vgl. Clark S. 501, 502; Merkt RdNr. 1038.

[41] Gilson/Black S. 1253.

[42] Gilson/Black S. 1254.

[43] So Merkt RdNr. 1040.

Minderheitsaktionäre der Tochtergesellschaft.[44] Damit ist im *short form merger* sozusagen eine Verschmelzung mit einem *freezeout* kombiniert. Weil zusätzlich die dissentierenden Minderheitsaktionäre der Tochtergesellschaft von der Muttergesellschaft sowohl mit Anteilen derselben als auch wahlweise in bar (*cash*) abgefunden werden können,[45] ist diese Form des *freezeout* ebenfalls häufig die bevorzugte.[46] Durch diese Erleichterung wird der *short-form merger* attraktiver, weil er flexibler zu handhaben ist als andere – insbesondere die oben angeführten, älteren – Techniken.

Zu beachten ist aber, daß nicht notwendigerweise ein Mutter-Tochtergesellschaftsverhältnis vorliegen muß; ein *short-form merger* ist also nicht zugleich notwendigerweise ein *parent-subsidiary merger*. Vielmehr ist es für Aktionäre einer Gesellschaft auch möglich, ihre Anteile zusammenzulegen (sogenanntes *pooling*), und diese Beteiligungen dann in eine neu zu gründende oder existierende Gesellschaft einbringen. Sobald diese Holdinggesellschaft (also eine Gesellschaft, die lediglich passiv Anteile hält und verwaltet) dann über die erwähnte 90%-Schwelle an der Zielgesellschaft erstarkt, wird diese im Wege des *short-form merger* übernommen.[47]

2. Der *reverse stock split*

Die zweite heute gebräuchliche Vorgehensweise, mit der Aktionäre aus einer Gesellschaft ausgeschlossen werden, ist der sogenannte *reverse stock split*.[48] Dies ist eine Vorgehensweise, die keines *merger* bedarf: Nach dem Recht der meisten Bundesstaaten kann eine Gesellschaft beschließen, daß bereits ausgegebene Aktien in mehrere Aktien aufgeteilt werden (*stock split*); dies etwa deshalb, weil ein zu hoher Preis der einzelnen Aktien Kleinanleger vom Kauf abhält, weshalb eine „zu teure" Aktie (zum Beispiel zum Preis von 100) in mehrere „günstige" Aktien (zum Beispiel in 100 Aktien zu je 1) aufgeteilt wird. Umgekehrt kann die Gesellschaft aber dann auch viele Aktien

---

[44] Vgl. auch exemplarisch § 11.04 (a) RMBCA.

[45] Vgl. § 11.04 (b) (2) RMBCA.

[46] So Merkt aaO.

[47] So Clark S. 502; allerdings achtet die US-amerikanische Rechtsprechung in solchen Fällen besonders auf die Rechte der Minderheitsaktionäre und deren Einhaltung durch die Holding; vgl. dazu Bryan v. Brock & Blevins Co., 490 F.2d 563 (1974).

[48] Generell dazu Clark S. 502, 503; Merkt RdNr. 1041.

zu einer Aktie zusammenfassen. So kann etwa bestimmt werden, daß je tausend Altaktien in eine neue umgewandelt werden (*reverse stock split*).

Nach einem solchen *reverse stock split* kann dann die (von den Mehrheitsgesellschaftern selbstverständlich beabsichtigte) folgende Situation auftreten: Viele Kleinaktionäre haben nach einem solchen Beschluß, wenn sie vorher eine Beteiligung hatten, die unter der Umtauschquote lag, lediglich einen Anspruch auf eine „Bruchteilsaktie". Werden beispielsweise jeweils tausend Aktien in eine Aktie umgewandelt, so haben alle Aktionäre, deren Beteiligung unter tausend Aktien liegt, lediglich eine Bruchteilsbeteiligung (*fractional share*) der üblichen Aktiengröße. Um aber den Aufwand mit solchen *fractional shares* zu begrenzen, sehen die meisten Bundesstaaten der USA vor, daß solchen Aktionären gerade nicht eine solche Bruchteilsbeteiligung, sondern eine Abfindung in Geld gezahlt wird, womit sie ihre Gesellschafterstellung verlieren.[49]

Im Ergebnis können damit die Mehrheitsaktionäre wiederum die Minderheitsaktionäre auch gegen deren Willen aus ihrer Gesellschafterstellung ausschließen. Die Besonderheit liegt hier vor allem darin, daß kein verschmelzungsrechtliches Vorgehen nötig ist. Die US-amerikanische Rechtsprechung hat einen solchen *reverse stock split* dann für unzulässig erachtet, wenn das Ziel desselben ausschließlich darin bestand, Kleinaktionäre „loszuwerden".[50]

Außerdem fällt im Unterschied zum deutschen Recht auf, daß im US-amerikanischen Recht einfach ohne weiteres ein Beschluß gefaßt werden kann, einen *reverse stock split* durchzuführen. Mit der Rechtsfolge der Kapitalherabsetzung oder dem flexibel zu handhabenden Grundsatz der *ultima ratio* stellt dies einen großen Unterschied zur oben besprochenen, wesentlich komplizierteren deutschen Zusammenlegung von Aktien[51] dar.

---

[49] So etwa § 155 Del.Gen.Corp.Law; § 6.04 (a) (1) RMBCA; § 407 Cal.Corp.Code.

[50] So etwa im Fall Clark v. Pattern Analysis & Recognition Corp., 384 N.Y.S. 2d 660 (1976); allerdings wurde der *reverse stock split* unter den gleichen Motiven auch bereits für zulässig erachtet, vgl. Teschner v. Chicago Title & Trust Co., 322 N.E. 2d 54 (1974).

[51] Vgl. dazu bereits oben unter **§ 4** B. III.

3. Der *cash-out merger* (*cash merger*)

Die wohl häufigste Vorgehensweise und damit die wichtigste Rechtsfigur ist heute in der Praxis der Vereinigten Staaten der sogenannte *cash-out merger* (auch *cash merger* genannt).[52] Der *cash merger* hat gegenüber allen anderen *freezeout*-Techniken den für die Praxis sehr wichtigen Vorteil, daß er nicht nur in den wichtigsten Einzelstaatenrechtsordnungen ausdrücklich zugelassen ist,[53] sondern auch von der Rechtsprechung gebilligt wird, sofern die Minderheitsaktionäre nicht unangemessen benachteiligt werden.[54]
Im einzelnen unterscheidet er sich in der Vorgehensweise nicht grundlegend von den anderen *freezeout*-Techniken: Wie beim *sale-of-assets freezeout* wird auch hier zunächst eine Mantelgesellschaft (*shell corporation*) gegründet. Diese Mantelgesellschaft übernimmt dann die zu übernehmende Zielgesellschaft im Wege einer Verschmelzung (wobei, wie ausgeführt, sämtliche in den USA zulässige *merger*-Arten und auch Kombinationen möglich sind). Die Minderheitsgesellschafter erhalten dann statt Beteiligungen an der neuen Gesellschaft nur eine Abfindung in Geld (*cash*). Wiederum sind sie also, auch gegen ihren Willen, ihrer Gesellschafterstellung enthoben worden.

Voraussetzung für den *cash merger* ist nach den *corporation statutes*, wie bei allen anderen *merger*-Formen auch, daß der *board* der beteiligten Gesellschaften einen sogenannten *plan of merger*, einen Verschmelzungsplan, erarbeitet[55] und diesen der jeweiligen Aktionärsversammlung zur Zustimmung vorlegt.[56] Der Inhalt dieses *plan of merger* sieht dann im Fall des *cash merger* unter anderem auch vor, daß Min-

---

[52] So Clark S. 501/502; vgl. zum *cash merger* auch generell die Darstellung bei Mann/Roberts, S. 918.

[53] Vgl. § 251 (b) (5) Del.Gen.Corp.Law; § 902 (a) (3) N.Y.Bus.Corp.Law; § 1101 (d) Cal.Corp.Code; § 11.01 (b) (3) RMBCA.

[54] So Merkt RdNr. 1039; vgl. zur Kontrolle eines *freezeout* durch die Rechtsprechung auch noch unten unter C. III.

[55] Vgl. exemplarisch § 11.01 (a) RMBCA.

[56] Vgl. exemplarisch § 11.01 (a) in Verbindung mit § 11.03 RMBCA. Zu beachten ist allerdings, daß es Sonderfälle gibt, bei denen die Aktionärsversammlung der übernehmenden Gesellschaft (*surviving corporation*) dem *plan of merger* nicht zustimmen muß. So etwa in dem Fall, daß sich die einzelnen Satzungsbestimmungen der übernehmenden Gesellschaft nach der Übernahme nicht ändern oder sich die Beteiligungen der einzelnen Aktionäre der übernehmenden Gesellschaft nicht verändern, weder in Anzahl noch in Rechten, Vorzügen oder Beschränkungen etc. Vgl. dazu den Ausnahmekatalog des § 11.03 (g) (1 – 4).

derheitsaktionäre gegen Zahlung von Geld oder Gewährung von anderen vermögenswerten Positionen ihrer Gesellschafterstellung enthoben werden sollen.[57]

C. Gesetzliche Voraussetzungen und Kontrolle durch die Rechtsprechung

Der *freezeout* wird als Gestaltungsinstrument der Praxis zu Lasten einzelner Aktionäre sowohl von bundes- als auch von einzelstaatlichen Regelungen eingeschränkt und umfassend durch die Rechtsprechung anhand von ihr entwickelter Kriterien kontrolliert, um den Schutz der Kleinanleger zu gewährleisten. Dies wird im folgenden kurz dargestellt.

I. Die US-bundesrechtlichen Regelungen

Vor allem zwei bundesrechtliche Regelungen, nämlich SEC-Rule 10b-5 und SEC-Rule 13e-3, sind neben dem wesentlich umfangreicheren Landesrecht der Einzelstaaten von Bedeutung.

1. Die SEC-Rule 10b-5

Diese Bestimmung, die von der *Securities and Exchange Commission*[58] stammt, betrifft die *insider trading* – Regelung. Die SEC-Rule 10b – 5 regelt das irreführende (*deceptive*) oder manipulierende (*manipulative*), nicht aber das unfaire (*unfair*) Verhalten des Managements gegenüber den Aktionären. Dies bedeutet, daß die hinter dem *freezeout* stehenden Mitglieder des Ma-

---

[57] So das zwingende inhaltliche Erfordernis des § 11.01 (b) (3) RMBCA; zu weiteren zwingenden Erfordernissen vgl. § 11.01 (b), zu abdingbaren Erfordernissen vgl. § 11.01 (c) RMBCA.

[58] Wichtig ist neben dem RMBCA und den Einzelstaatenrechten vor allem noch ein Teil des Bundesrechts, und zwar das *federal securities law* (das Bundeskapitalmarktrecht), welches sich aus dem *Securities Act* von 1933, dem *Securities Exchange Act* von 1934 und aus den von der *Securities and Exchange Commission* auf Grundlage dieser beiden Gesetze erlassenen Regeln, den sogenannten *SEC Rules and Regulations* (diese sind nach deutschem Verständnis in etwa Rechtsverordnungen der Exekutive), aufteilt. Voraussetzung für die Anwendbarkeit dieser *SEC-Rules* ist allerdings, daß, wie die Verfassung vorschreibt, ein Sachverhalt vorliegt, der zumindest zwei Bundesstaaten betrifft, also ein sogenannter *interstate commerce* vorliegt.

nagements allein die Offenlegungspflichten gegenüber den auszuschließenden Minderheitsaktionären zu beachten haben; nicht aber, daß sie sich generell korrekt zu verhalten hätten oder gar verpflichtet wären, ein *fair play* zu spielen.
Die Offenlegungspflichten selbst sind in Rule 10b-5 nicht enthalten; diese werden vielmehr durch Rule 13e-3 normiert.[59]
Sollte aber das Management gerade diesen Mitteilungs- und Offenlegungspflichten nicht nachgekommen sein, etwa indem es bewußt unrichtige oder unvollständige Informationen zu Lasten der Minderheitsaktionäre weitergegeben hat, so kommt es nach der Leitentscheidung des United States Supreme Court darauf an, ob die klagenden Minderheitsaktionäre nach dem jeweiligen Einzelstaatenrecht mit Erfolg gegen den *freezeout* hätten klagen können.[60] Sollte dies der Fall sein, so liegt ein Verstoß gegen SEC-Rule 10b-5 vor; der *freezeout* ist dann ungültig.

2. Die SEC-Rule 13e-3

Diese SEC-Rule wurde von der *Securities and Exchange Commission* im Jahre 1979 erlassen, als sich die oben beschriebenen *Going private freezeouts* häuften. Diese Vorschrift, die teilweise auch die SEC-Rule 10b-5 ergänzt, stellt ganz spezielle Offenlegungspflichten für ein *Going private freezeout* auf. Dabei ist Rule 13e-3 auf alle Fälle des Rückzuges einer *corporation* von der Börse anwendbar.[61]
Im einzelnen verlangt Rule 13e-3, daß der mit dem *Going private* verfolgte Zweck, der Grund für die Wahl der speziellen *freezeout*-Technik und die detaillierte Vorgehensweise offengelegt werden. Zudem stellt Rule 13e-3 ein Erfordernis auf, das den hinter dem *freezeout* stehenden *insider* – also Management oder Mehrheitsaktionär – in arge Bedrängnis bringt: Er muß sowohl aus Sicht der außenstehenden Minderheitsaktionäre die Vor- und Nachteile des *freezeout* für diese beschreiben als auch eine Versicherung abgeben, daß diese nicht unangemessen benachteiligt werden. Damit aber müssen die *insider* den *outsidern* – also den auszuschließenden Minderheitsaktionären – , die

---

[59] Dazu sogleich unten unter 2.
[60] So das US Supreme Court in Santa Fe Industries Inc. v. Green, 430 US 462 (1977).
[61] So Merkt RdNr. 1054.

sich gegen den *freezeout* wenden, noch die erforderlichen Fakten verschaffen, um den *freezeout* gerichtlich zu vereiteln.[62]

II. Einzelstaatliche Regelungen

Das Einzelstaatenrecht betrifft vor allem die Grundsätze über Insichgeschäfte (*self-dealing transactions*), weil bei einem *freezeout* der Mehrheitsaktionär, der in solchen Fällen meist den den *freezeout* beschließenden *board of directors* kontrolliert, auf beiden Seiten der Rechtsgeschäfte auftritt. Da ebendiese kontrollierenden *insider* meist auch den Nutzen des *freezeout* haben, setzt die gerichtliche Kontrolle insbesondere also mit den Regelungen über Insichgeschäfte ein.[63]

In mindestens achtunddreißig Bundesstaaten der USA existieren heute Regelungen zu den Insichgeschäften; diese ähneln sich stark und sind vor allem der Section 8.31 RMBCA nachempfunden.[64] Hierbei lassen sich generell einzelstaatenrechtlich verschiedene Fälle unterscheiden. Zunächst ist zu prüfen, ob das fragliche Rechtsgeschäft bei einer Gesamtbetrachtung aller Umstände aus der Sicht der *corporation* fair erscheint. Sollte dies der Fall sein, so hat es grundsätzlich Bestand.[65] Benachteiligt das Rechtsgeschäft aber die *corporation*, etwa weil ein Betrug (*fraud*) oder eine Verschwendung von *assets* (*waste*) vorliegt, so wird das Geschäft grundsätzlich auf eine Aktionärsklage hin für unzulässig (*void*) erklärt.

Zu beachten ist, daß in diesen beiden Fällen eine Zustimmung der Aktionäre oder des *board* keine Rolle spielt; anderes gilt aber in dem Fall, in dem eine solche offensichtliche Benachteiligung der *corporation* nicht feststellbar ist. Sollten hier die Mehrheit der Aktionäre oder der *board* bei ausreichender Kenntnis der Sachlage zugestimmt haben, so hat ein solches Rechtsgeschäft trotz eventuellen nachteiligen Cha-

---

[62] Vgl. auch Clark S. 524.

[63] So Merkt RdNr. 1055; vgl. zu dem Komplex der *Duty of Loyalty* generell sehr ausführlich Cary/Eisenberg Chapter VIII (S. 556 ff.). Zu den *state law limitations on freezeout mergers* ebenfalls ausführlich Gilson/Black S. 1254 ff.

[64] Vgl. Cary/Eisenberg S. 602; Merkt RdNr. 706; zu beachten ist, daß der RMBCA nicht von einer *self-dealing transaction*, sondern von einer *conflict of interest transaction* spricht. Die Ähnlichkeit der Regelungen zum RMBCA ergibt sich aus einer exemplarischen Zusammenschau der §§ 144 Del.Gen.Corp.Law, 713 N.Y. Bus.Corp.Law sowie §713 Cal.Corp.Code.

[65] Vgl. dazu Shlensky v. South Parkway Building Corp., 166 N.E.2d 793 (1960); generell dazu auch Merkt RdNr. 702 ff.

rakters Bestand.[66] Jedoch ist nach dem RMBCA zu beachten, daß Kenntnis der Sachlage durch die Aktionäre oder durch den *board* und dennoch erfolgte Genehmigung durch die wissende Partei einer späteren Klage entgegenstehen können.[67]

Zu diesen Regelungen über Insichgeschäfte kommen weiter noch die Vorschläge des American Law Institute (ALI), das *Principles of Corporate Governance* bezüglich der *self-dealing transactions* vorgeschlagen hat und zudem Vorschläge zur Beweislastverteilung erarbeitet hat. Darauf soll hier nicht näher eingegangen werden.[68]

III. Kontrolle durch die Rechtsprechung

Zuletzt wurde von vielen Bundesstaaten der USA eine Art kumulative Voraussetzung geschaffen, damit ein solcher *freezeout* vor Gericht Bestand haben kann. Von der Rechtsprechung wird nämlich geprüft, ob die ausscheidenden Gesellschafter insgesamt fair behandelt wurden (*intrinsic fairness test*); des weiteren wird untersucht, ob mit dem *freezeout* ein anerkennenswerter unternehmerischer Zweck verfolgt wird (*business purpose test*).[69]

Allerdings wird in einigen Bundesstaaten, darunter auch im gesellschaftsrechtlich relevantesten Staat Delaware, auf den *business purpose test* verzichtet, so daß die Überprüfung lediglich einstufig mit dem *intrinsic fairness test* verläuft. Diese Beschränkung auf den *intrinsic fairness test* geht in Delaware auf das wohl bekannteste und wichtigste Gerichtsurteil zum Bereich des *freezeout* zurück.[70]

---

[66] Für unwirksam erklärt wurden hingegen gerade Fälle, in denen ausreichende Sachkenntnis fehlte, vgl. State ex rel. Hayes Oyster Co. v. Keypoint Oyster Co., 391 P.2d 979 (1964), respektive eine Genehmigung der Aktionärsversammlung oder des *board* nicht eingeholt wurde, vgl. Fliegler v. Lawrence 361 A.2d 218 (1976).

[67] Vgl. Section 8.31 (a) RMBCA; detailliert dazu Merkt RdNr. 707.

[68] Vgl. dazu den Kommentar zum RMBCA (Anhang zu Section 8.31) sowie ausführlich Merkt RdNr. 708 ff.

[69] Allgemein zu diesen Erfordernissen vgl. Gilson/Black S. 1269 ff. (insb. S. 1280) sowie S. 1285 ff.

[70] Weinberger v. UOP Inc., 457 A.2d 701ff., 715 (1983); zwar handelt es sich bei diesem Urteil um ein solches des Supreme Court of Delaware, es hat jedoch weit über seine Grenzen hinaus Bedeutung erlangt. Vgl. z.B. Zelman v. Cook, 616 F. Supp. 1121 (1985); vgl. auch Gilson/Black S. 1286.

1. Der *intrinsic fairness test*

Der *basic* oder *intrinsic fairness test* besteht in einer Gesamtschau des Vorgehens gegenüber den ausscheidenden Aktionären. Er wird in der Lehre teilweise als zweiteilig,[71] teilweise als dreiteilig[72] angesehen. Die zu prüfenden Fragen aber werden allseits in die der *fairness of price*, der *fair dealing* und der *fairness of disclosure* aufgeteilt, wobei letztere teilweise nicht als isolierter Prüfungspunkt, sondern vielmehr als umfassendes Prinzip der Prüfung angesehen wird.[73]

Der Punkt *fairness of price* besagt vereinfacht, daß der Preis, den die ausscheidenden Aktionäre für ihre Beteiligung erhalten, im wesentlichen angemessen zu sein hat, was vor allem bedeutet, daß er nicht unter dem üblichen Marktpreis zu liegen hat sowie realistisch anhand des Unternehmenswertes insgesamt zu berechnen ist.[74] Ferner darf auch das Beschlußverfahren des *board*, in dem dieser die Zustimmung zum *freezeout* gegeben hat, verfahrensrechtlich nicht zu beanstanden sein (*fairness of dealing*).[75] Zuletzt müssen darüber hinaus die Einzelheiten des *freezeout* den auszuschließenden Aktionären in angemessenem Umfang und auf ordnungsgemäße Art und Weise offengelegt und erklärt worden sein (*fairness of disclosure*).[76]

Sollte ein *freezeout* nach einem solchen *intrinsic fairness test* nicht den genannten, natürlich einzelfallabhängigen Generalklauseln entsprechen, so ist er mit einer Klage eines benachteiligten Aktionärs angreifbar. Der *freezeout* kann dann entweder durch eine gerichtliche Anordnung (*injunction*) im Wege des einstweiligen Rechtsschutzes

---

[71] So Merkt RdNr. 1057.

[72] So Gilson/Black S. 1280 unter C.

[73] Deshalb spricht Gilson/Black auch von einem "*entire*" *fairness test*, vgl. etwa S. 1286; vgl. ebenso Brudney/Chirelstein S. 724. Siehe aber Merkt aaO.

[74] So Gilson/Black S. 1286ff.

[75] Vgl. Merkt RdNr. 1057; Gilson/Black S. 1286, 1290ff.

[76] Vgl. Merkt aaO, der dies als eigenen Teil der Prüfung ansieht. Anders aber das Supreme Court of Delaware: „*The concept of fairness has two basic aspects: fair dealing and fair price. [...] However, the test for fairness is not a bifurcated one as between fair dealing and price. All aspects of the issue must be examined as a whole since the question is one of entire fairness.*“ (Weinberger v. UOP Inc., 457 A.2d at 711 (1983).) Wie ausgeführt kann eine Differenzierung aber zu keinem anderem Ergebnis führen, da inhaltlich eine Übereinstimmung besteht. Clark sieht den Grundsatz der *entire fairness* aus den zwei erwähnten Prinzipien zusammengesetzt und zudem noch den Grundsatz des *complete candor*, also etwa der umfassenden Offenheit, in dem *fairness test* verankert (vgl. Clark S. 525). Im Ergebnis besteht inhaltlich letztendlich Einigkeit; lediglich die Umschreibungen differieren.

aufgehoben oder dem ausscheidenden Aktionär kann eine entsprechende Zahlung als Schadensersatz zugesprochen werden, die den Unterschiedsbetrag zwischen ausbezahltem und „fairem" Preis seines Unternehmensanteils abdeckt.[77]

2. Der *business purpose test*

Im Anschluß an diese eher generalklauselartige und deshalb sehr wertoffene Prüfung wird in einigen Bundesstaaten noch verlangt, daß der Mehrheitsaktionär oder der *board* der Gesellschaft, die einem *freezeout* unterliegen soll, einen über die bloße Eliminierung der Minderheitsbeteiligungen hinausgehenden, objektiv erkennbaren und anerkennenswerten sowie der Gesellschaft dienlichen Zweck verfolgt (*valid business* (oder *valid corporate*) *purpose*). Dieser Test, der im übrigen von 1977 bis 1983, also bis zur Weinberger-Entscheidung, auch in Delaware angewandt wurde,[78] ist der *business purpose test.* Er ist im Gegensatz zum *intrinsic fairness test* eher wertneutral ausgerichtet. Für diesen Test ist vor allem der Vorgang des *Going private* schwierig zu begründen, weil es bei diesem Vorgang meist tatsächlich lediglich darum ging, die Minderheitsaktionäre auszuschließen.[79] Wie *Merkt* trefflich formuliert, ist immer dann, wenn nicht der absolute Gewinn, sondern lediglich der relative Anteil, den der Mehrheitsaktionär am Gewinn hat, gesteigert werden soll, ein *valid business purpose* nicht ersichtlich und ein *freezeout* damit auch unzulässig.[80]

Da der *business purpose test* aber nicht zu einem besseren Aktionärsschutz führt, weil es für die *insider* ein leichtes ist, plausibel klingende Gründe für ein *freezeout* anzuführen,[81] und dies für die erkennenden Gerichte auf Grund der hohen Spezialität der Materie nur schwer zu widerlegen sein dürfte, ist er nicht mehr sonderlich verbreitet.

---

[77] So Gilson/Clark S. 1305 f., Merkt RdNr. 1057.

[78] So wurde er zB im Fall Singer v. Magnavox Co., 380 A.2d 969 (1977) noch angewandt, mit Weinberger v. UOP Inc., aaO. aber ausdrücklich als Recht des Staates Delaware verneint.

[79] So Merkt RdNr. 1065.

[80] Merkt aaO.

[81] So Clark S. 514.

D. Vergleich mit dem deutschen Recht

Nach all diesen Ausführungen sind die Unterschiede zum deutschen Recht offensichtlich. Im US-amerikanischen Recht stellt es sich als sowohl rechtlich als auch tatsächlich zumindest im Regelfall nicht kompliziert dar, sich eines störenden Mitgesellschafters zu entledigen. Die entsprechenden Vorschriften der *corporation statutes* und des RMBCA sehen diverse Möglichkeiten vor, einen *freezeout* – also gerade eine bis dato in diesem Sinne in Deutschland nur rudimentär vorhandene Option des juristisch – technischen Ausschlusses von Mitgesellschaftern – durchzuführen. Fast ebenso wie im deutschen Recht werden Kontrollmechanismen durch die Gerichte genutzt, um einen Mißbrauch der Machtstellung des Mehrheitsaktionärs zu verhindern. Anders aber als das deutsche Recht ist das US-amerikanische Recht nicht so stark aktionärsschützend ausgelegt, zumindest was den Erhalt der Herrschaftsrechte der jeweiligen Kleinaktionäre angeht. Diese Entwicklung wird durch das aktuellste Urteil des Bundesverfassungsgerichtes aber in Deutschland wohl ebenfalls gestärkt.[82]

Vergleichbar ist außerdem ein Vorgang, den die US-amerikanische Rechtsprechung ebenso wie die deutsche zu Mehrheitsentscheidungen als Recht erkannt hat. Denn so wie im US-amerikanischen Recht zumindest eine gewisse Zeit lang nach dem *valid business purpose* eines *freezeout* gefragt wurde, so unterliegen in Deutschland auch einige Mehrheitsentscheidungen dem Wirksamkeitserfordernis der sachlichen Rechtfertigung im Gesellschaftsinteresse. Der sehr wertoffenen Prüfung des *business purpose test* in den USA wird hierzulande eine vergleichbare Frage nach Erforderlichkeit und Verhältnismäßigkeit der angegriffenen Strukturänderung gegenübergestellt.

Festzuhalten ist aber vor allem ein überraschender Unterschied zum deutschen Recht. Das deutsche Recht sieht mit der Ausschlußmöglichkeit nach den Regelungen der §§ 327a – 327f, also dem in Planung befindlichen Aktionärsausschluß, der durch das Gesetz zur Regelung von öffentlichen Angeboten zum Erwerb von Wertpapieren und von Unternehmensübernahmen eingefügt werden soll, eine Ausschlußmöglichkeit vor, die es in dieser weitgehenden Form in den

---

[82] Vgl. das bereits oben unter § 4 A. II. 2. (c) besprochene Urteil 1 BvR 68 / 95 vom 23. August 2000, abgedruckt in ZIP 2000, S. 1670 ff. sowie in DNotZ 2000, S. 868 ff. mit Anmerkung Fleischers.

Vereinigten Staaten von Amerika gerade *nicht* gibt. In den USA ist – wie dies auch in Deutschland bei den anderen Austritts– und Ausschlußrechten der Fall ist – immer eine grundlegende Strukturänderung Voraussetzung für einen *freezeout*. Das heißt, daß es in den USA eben gerade keine Möglichkeit gibt, durch einen schlichten Hauptversammlungsbeschluß die Mitaktionäre ab einer bestimmten Beteiligungshöhe in einer Hand einfach ohne weiteres auszuschließen. „Ohne weiteres" meint damit, daß weder eine grundlegende Strukturänderung noch ein wichtiger Grund in der Person des auszuschließenden Aktionärs gegeben ist. Insofern geht also die geplante deutsche Regelung sogar weiter als das oft als Vorbild zitierte *corporation law* der USA.

Zusammenfassend kann also festgestellt werden, daß in den USA zwar mehr Möglichkeiten als in Deutschland vorgesehen sind, Mitaktionäre auszuschließen. Dennoch hat Deutschland mit der geplanten Neuregelung des Aktienrechts einen Vorteil auf seiner Seite. Denn die komplizierten und teuren Umstrukturierungen, die das US – amerikanische Recht für einen *freezeout* voraussetzt, werden gerade nach §§ 327 a ff. AktG neuer Fassung für einen Aktionärsausschluß nicht nötig sein.

§ 9 Zusammenfassung

Diese Arbeit hat zwei Ziele verfolgt. Sie sollte zunächst die de lege lata gegebenen Möglichkeiten des Gesellschafterauschlusses im Aktienrecht beschreiben, diese Möglichkeiten samt ihrer Beurteilung in Rechtsprechung und Literatur nachzeichnen und dabei insbesondere die neurere Entwicklung aufzeigen.
Zweitens und in ihrem Schwerpunkt sollte die Arbeit dann der Untersuchung der im jüngst vorgelegten Referentenentwurf eines Übernahmegesetzes enthaltenen Regelung eines freezeout, eines Ausschlusses von Minderheitsaktionären durch einen hierauf gerichteten Beschluß, vorstellen. Dieser Gesetzesentwurf sollte in Voraussetzungen und Rechtsfolgen dargestellt werden; Einzelfragen, die die geplante Neuregelung aufwirft, sollten beantwortet werden. Ein Exkurs zum US-amerikanischen Recht des freezeout hat des weiteren einen rechtsvergleichenden Blick ermöglicht.

A. Ergebnisse

I. Abgrenzungen

Zunächst ist der Ausschluß von einem Austritt abzugrenzen: Bei einem Ausschluß spielt der Wille des auszuschließenden Aktionärs keine Rolle, wohingegen der Austritt auf einer Entscheidung des Aktionärs beruht.[1] Austrittsrechte gewährt das deutsche Kapitalgesellschaftsrecht vor allem bei unternehmerischen Umstrukturierungen. Dagegen sind Ausschlußrechte nicht allgemein zugelassen.[2] Der Ausschluß im engeren Sinne setzt eine hierauf gerichtete juristische Vorgehensweise voraus in bestimmten, hierfür vorgesehenen Formen voraus (*freezeout*). Er unterscheidet sich dadurch von dem in dieser Arbeit nicht behandelten Mittel eines Gesellschafterausschlusses durch tatsächliches Unliebsammachen der Beteiligung (*squeezeout*).[3]

Eine weitere Abgrenzung ist innerhalb der Ausschlußformen selbst zu treffen. Der mittelbare Ausschluß ist eine rechtliche Maßnahme, die als Begleiterscheinung Mitgliedschaften von ihren vorherigen Inha-

---

[1] Dazu oben unter **§ 2**, S. 5 ff.
[2] Dazu bereits in der Einleitung, **§ 1**; vgl. auch **§ 4**, S. 34 ff.
[3] Vgl. dazu und zu kurzen Beispielen für *squeezeouts* **§ 2**, S. 12 ff.

bern trennt; ob diese Rechtsfolge gewollt oder ungewollt eintritt, spielt keine Rolle.[4] Der unmittelbare Ausschluß aber setzt ein finales, gerade auf den Verlust der Mitgliedschaft gerichtetes Handeln voraus.[5]

II. Vor- und Nachteile eines Ausschlusses

Bei jedem Ausschluß von Mitgesellschaftern im Aktienrecht sind mehrere Vorteile und Nachteile in Betracht zu ziehen.[6]
Ein Vorteil, den das Recht zum Ausschluß dem Mehrheitsaktionär bietet, ist, daß er mißliebige Mitgesellschafter aus persönlichen Gründen ausschließen kann. Dieser Vorteil wird vor allem in personalistischen Aktiengesellschaften relevant.[7] Aus Sicht des Mehrheitsaktionärs, der den Ausschluß eines oder mehrerer Minderheitsaktionäre betreibt, ist zudem und vor allem der Vorteil der Kostenminderung festzustellen.[8] Auch kann ein Ausschluß sinnvoll sein, wenn der Mehrheitsaktionär aus tatsächlichen Gründen die Anteile von Mitaktionären nicht erlangen kann.[9]
Die Nachteile eines Ausschlusses lassen sich dagegen vor allem bei den ausgeschlossenen Gesellschaftern finden,[10] der Mehrheitsaktionär wird die sich für ihn ergebenden Nachteile in aller Regel bereits eingeplant und abgewogen haben.[11] Zuletzt ist aber festzustellen, daß ein Ausschluß als ultima ratio für den vor allem kapitalistisch orientierten, ausgeschlossenen Aktionär nicht unbedingt negativ sein muß, sofern er für die verlorene Beteiligung eine marktentsprechende Vergütung erhält.[12]

III. Mittelbarer Ausschluß

Der mittelbare Ausschluß kommt nach deutschem Aktienrecht lediglich in zwei Formen in Betracht. Das sind die Mehrheitseingliederung

---

[4] Siehe oben unter **§ 4**. Zur Abgrenzung S. 34, zum mittelbaren Ausschluß ausführlich S. 35 ff.
[5] **§ 4**; zur Abgrenzung ebenfalls S. 34, zum unmittelbaren Ausschluß *de lege lata* ausführlich S. 74 ff.
[6] Vgl. dazu oben **§ 3**, S. 23 ff.
[7] Dazu unter **§ 3**, S. 23 f.
[8] Vgl. zu den einzelnen „Kostenblöcken" oben unter **§ 3**, S. 26 ff.
[9] **§ 3**, S. 29.
[10] **§ 3**, S. 30.
[11] So bereits oben **§ 3**, S. 31.
[12] Vgl. dazu die einführenden Worte auf S. 23 f. Zu speziellen *freezeout*–Situationen vgl. S. 32 f.

nach §§ 319, 320 AktG und die übertragende Auflösung nach § 179a AktG.

Die Mehrheitseingliederung ist ein Sonderfall der Eingliederung. Nach § 320 Abs. 1 AktG kann ein Mehrheitsaktionär, wenn er mehr als 95% der Grundkapitalmehrheit besitzt, die restlichen Aktionäre aus der Gesellschaft gegen Abfindung ausschließen.[13] Der Eingliederungsbeschluß bedarf keiner sachlichen Rechtfertigung im Sinne der „Kali & Salz" – Rechtsprechung des Bundesgerichtshofes.[14] Zwar wird in der Literatur vertreten, die Mehrheitseingliederung sei kein wirklicher Ausschluß von Aktionären, weil diese dann einen Anspruch auf Beteiligung an der späteren Hauptgesellschaft nach § 320b AktG sowie umfassende Lenkungsmöglichkeiten über die eingegliederte Gesellschaft nach § 323 AktG hätten. Diese Ansicht vermag aber nicht zu überzeugen.[15] Dennoch stellt die Mehrheitseingliederung kein in der Praxis häufig genutztes und sinnvolles Instrument des Aktionärsausschlusses dar, weil es zu komplex ist und als Rechtsfolge notwendig zu einer umfassenden Unternehmensumstrukturierung führt.

Die übertragende Auflösung nach § 179a AktG ist eine hinsichtlich ihrer Voraussetzungen und der anwendbaren Rechtsnormen sehr umstrittene Rechtsfigur.[16] Dieser Streit handelt vor allem von der bereits bei der Mehrheitseingliederung aufgeworfenen Frage, ob der Minderheit, die ausgeschlossen werden soll, stärkere Schutzmechanismen als die im AktG vorgesehenen zuzugestehen sind. Es wird zum einen nach einer Beschlußkontrolle im Sinne der „Kali & Salz" – Rechtsprechung des Bundesgerichtshofes gefragt, zum anderen nach einer entsprechenden Anwendung umwandlungsrechtlicher Schutznormen.[17] Vor allem Gerichte haben sich in jüngerer Zeit mit diesen Fragen auseinandergesetzt; in einem jüngst veröffentlichen Beschluß hat auch das Bundesverfassungsgericht hierzu Stellung genommen. Im Ergebnis ist nach der in dieser Arbeit vertretenen Auffassung auch bei der übertragenden Auflösung, ebenso wie bei der Mehrheitseingliede-

---

[13] Zu Voraussetzungen und Rechtsfolgen der Mehrheitseingliederung § 4, S. 36 ff., S. 45 ff.

[14] § 4, S. 39 ff.

[15] Vgl. dazu im Einzelnen bei den Rechtsfolgen der Mehrheitseingliederung, § 4, S. 45 ff.

[16] Zu Voraussetzungen und Rechtsfolgen derselben § 4, S. 50 ff.

[17] Vgl. zu diesen Fragen § 4, S. 52 ff.

rung, keine Beschlußkontrolle nach „Kali & Salz" – Grundsätzen nötig.[18] Auch eine entsprechende Anwendung minderheitsschützender Vorschriften des Umwandlungsrechts wird obsolet, wenn der Mehrheitsaktionär ein Mitbewerberverfahren am freien Markt durchführt.[19]

IV. Unmittelbarer Ausschluß nach geltendem Recht

Der finale Ausschluß eines Mitaktionärs kommt im deutschen Recht zumindest de lege lata in vier Fällen in Betracht. Gesetzlich geregelt sind Kaduzierung, Aktieneinziehung und Aktienzusammenlegung; diskutiert wird darüber hinaus seit langer Zeit, ob ein Ausschluß aus wichtigem Grund auch in der Aktiengesellschaft zulässig ist. Seit neuestem wird auch die Zulassung rückerwerbbarer Aktien (*redeemable shares*) befürwortet.[20]
Die Kaduzierung nach § 64 AktG ist eine Ausschlußmöglichkeit, bei welcher der Vorstand einer betroffenen Gesellschaft einen Aktionär, der seiner Einlagenleistungsverpflichtung nicht nachkommt, ausschließen kann.[21] Aus tatsächlichen Gründen spielt die Kaduzierung allerdings keine Rolle.[22]

Die Einziehung von Aktien, § 237 AktG, ist eine spezielle Form der Kapitalherabsetzung und führt, zumindest bei der zwangsweisen Amortisation, ebenfalls zu einem gezielten Aktionärsausschluß.[23]
Bei der angeordneten Amortisation ist keine materielle Beschlußkontrolle im Sinne der „Kali & Salz" – Rechtsprechung des Bundesgerichtshofes nötig; etwas anderes gilt aber für die gestattete Amortisation.[24] Auch dieses Verfahren des Aktionärsausschlusses ist in der Praxis kein gangbarer Weg, weil die Voraussetzungen zu komplex und umfangreich sind; lediglich in Form des vereinfachten Einziehungsverfahrens käme ein Ausschluß in Betracht.[25] Da auch dieses Verfahren wohl noch zu umständlich ist, spielt auch die Amortisation in der

---

[18] Vgl. die Stellungnahme auf S. 64 ff.
[19] Dazu § 4, S. 65 ff., 70 ff.
[20] Vgl. dazu den Exkurs bei der Aktieneinziehung oben unter § 4, S. 91 f.
[21] Zum Kaduzierungsverfahren, seinen Voraussetzungen und Rechtsfolgen § 4, S. 64 ff.
[22] Zu den Gründen S. 79 f.
[23] Zu Voraussetzungen und Rechtsfolgen der Amortisation § 4, S. 82 ff.
[24] Dazu § 4, S. 85 f.
[25] Zu den beiden Verfahrensarten vgl. S. 87 ff.

Praxis keine Rolle.[26] Aus diesem Grund wird in der neueren Literatur gefordert, Artikel 39 der Kapitalrichtlinie zu nutzen und nach ausländischen Vorbildern rückerwerbbare Aktien zuzulassen.[27]

Die dritte und letzte gesetzlich normierte Möglichkeit, die einen gezielten Ausschluß von Minderheitsbeteiligten aus einer Aktiengesellschaft ermöglicht, ist, ebenso wie die Aktieneinziehung, Kapitalherabsetzung. Die Aktienzusammenlegung im Rahmen der ordentlichen Kapitalherabsetzung nach § 222 Abs. 4 S. 1 Nr. 2 AktG[28] ist dabei allerdings deshalb noch unbrauchbarer, um Aktionäre auszuschließen, weil sie lediglich in Sonderfällen anwendbar ist[29] und auch lediglich in Sonderfällen Mitgliedschaften vernichtet.[30] Zwar muß auch im Falle der Aktienzusammenlegung keine „Kali & Salz" – Kontrolle vorgenommen werden.[31] Als Rechtsfolge verringert sie aber gleichmäßig alle Mitgliedschaften, so daß sie ebenfalls in der Praxis nicht als Ausschlußmittel eingesetzt wird.[32]

Nicht gesetzlich normiert und seit langem umstritten ist die Frage, ob ein Ausschluß aus wichtigem Grund, wie er in fast allen anderen Gesellschaftsformen anerkannt ist, auch im Aktienrecht als de lege lata gegeben anzuerkennen ist.[33] Ein praktisches Bedürfnis für eine solche Rechtsfigur ist jedenfalls in personalistisch geprägten Aktiengesellschaften zu bejahen.[34] Ebenso stehen der Zulässigkeit keine systematischen Bedenken im Weg.[35] Schwierigkeiten bereitet allein die genaue Definition der Voraussetzungen eines solchen Ausschlusses.[36] Dennoch sollte ein Ausschluß aus wichtigem Grund auch bei Aktiengesellschaften anerkannt werden. Richtig, unter der Einschränkung eines flexibel zu handhabenden Grundsatzes der ultima ratio verstanden,[37]

---

26 Die tatsächliche Bedeutung der Amortisation wird in § 4 auf S. 91 erläutert.
27 Siehe dazu bereits FN 20.
28 Vgl. zu diesem Rechtsinstitut § 4, S. 93 ff.
29 So bereits oben § 4, auf S. 93 ff.
30 Dazu § 4, S. 95 f.
31 Vgl. die Ausführungen auf S. 96 ff.
32 Das Ergebnis der Betrachtung findet sich auf S. 98.
33 Zum Ausschluß aus wichtigem Grund § 4, S. 99 ff.
34 § 4, S. 99 f.
35 § 4, S. 101 f.
36 Zu den Voraussetzungen im Einzelnen § 4, S. 104 ff.
37 Vgl. zur Diskussion des Grundsatzes der *ultima ratio* S. 106 f.

ist eine solche Ausschlußmöglichkeit sinnvoll und entspricht den Bedürfnissen der Praxis.[38]

V. Unmittelbarer Ausschluß nach dem WÜG

Das in Planung befindliche WÜG soll als Gegengewicht zum Pflichtangebot auch einen unmittelbaren Ausschluß durch Hauptversammlungsbeschluß des Hauptaktionärs (§§ 327a ff. AktG neuer Fassung) einführen.[39] Diese Ausschlußmöglichkeit steht dem Hauptaktionär zu, der 95% oder mehr des Grundkapitals hält. Es kommt weder auf den Willen des auszuschließenden Aktionärs an, noch muß ein wichtiger Grund in seiner Person vorliegen.[40] Die ausgeschlossenen Aktionäre sind auf einen gerichtlich überprüfbaren Abfindungsanspruch nach § 327f Abs. 1 S. 2 und 3 AktG neuer Fassung verwiesen. Zwar können sie auch eine Anfechtungsklage nach § 243 Abs. 1 AktG erheben, diese kann sich aber nicht auf die Abfindung beziehen.[41]
Obwohl die §§ 327a ff. AktG neuer Fassung viele Fragen aufwerfen, sind sie grundsätzlich gelungen; trotz kleinerer Mängel werfen sie in ihrer Anlehnung an die Regelungen zur Mehrheitseingliederung keine grundsätzlichen Probleme auf.[42]

Einzelfragen ergeben sich zunächst einmal in Hinsicht darauf, wie der Hauptaktionär die von § 327a AktG neuer Fassung vorausgesetzte 95%ige Kapitalmehrheit erlangen kann, und ferner bezüglich der Rechtsfolgen, die durch das WÜG nicht umfassend geregelt werden.[43]
Der Mehrheitsaktionär, der noch nicht Hauptaktionär ist, kann grundsätzlich solange Kapitalerhöhungen mit Bezugsrechtsausschluß durchführen und die Minderheit damit schrittweise ausschließen, bis ihm 95% des Grundkapitals gehören und er die restlichen Beteiligungen durch Hauptversammlungsbeschluß auf sich übertragen kann.[44] Allerdings ist diese Vorgehensweise einer strengen Inhaltskontrolle unter-

---

[38] Das Fazit zum Ausschluß aus wichtigem Grund findet sich auf S. 109 f.
[39] Zum WÜG, dessen Inhalt und Geschichte und zur rechtspolitischen Begründung vgl. **§ 5**, S. 111 ff., S. 115 ff.
[40] **§ 5**, S. 121 ff.
[41] Zu den Rechtsschutzmöglichkeiten vgl. **§ 5**, S. 1126 f.
[42] Zur allgemeinen Kritik der Ausschlußregelung *de lege ferenda* S. 127 ff.
[43] Einzelfragen in Bezug auf Artikel 6 des geplanten WÜG sind in **§ 6** der Arbeit, auf den Seiten 132 ff. diskutiert.
[44] Vgl. dazu **§ 6**, S. 133 ff.

worfen, die einen geplanten „Teilausschluß auf Raten" als alleinige Rechtfertigung eines Bezugsrechtsausschlusses nicht genügen läßt.

Ein Ausschluß durch Zusammenlegung der Anteile, etwa durch Poolvertrag oder Holding, kommt nur dann in Betracht, wenn sich das eingesetzte Instrument als dauerhaft darstellt und mithin selbst Hauptaktionär im Sinne der neuen Ausschlußvorschriften ist. Andere Gestaltungen wie Wertpapierleihen müssen wegen Umgehung der §§ 327a ff. AktG neuer Fassung als unzulässig gelten.[45]

Die bereits de lege lata bekannten Schwierigkeiten der Negativerklärung und der Registersperre, die beim hier besprochenen Ausschluß durch § 327e Abs. 2 der geplanten Neufassung des Aktiengesetzes, der insofern eine umfassende Verweisung zu § 319 Abs. 5 und 6 AktG vorsieht, ebenfalls auftreten werden, könnten durch geringfügige Änderungen des Gesetzes vermieden werden.[46]

Wertpapiere und Aktienoptionen, die Bezugsrechte auf Aktien verbriefen, garantieren auch nach einem bereits erfolgten Ausschluß einen Anspruch auf Aktien. Ein Ausschluß im Sinne des WÜG betrifft solche Optionsrechte nicht.[47]
Der Ausschluß ist, was die börsenrechtlichen Konsequenzen betrifft, als neue Form des kalten delisting anzusehen: Das Ermessen der Börsengeschäftsführung, das durch § 43 Abs. 1 BörsG eröffnet wird, reduziert sich nach einem Ausschluß einer börsennotierten Gesellschaft auf Null, so daß die Notierung derselben eingestellt werden muß.[48]
Eine weitere kapitalmarktrechtliche Konsequenz des Ausschlusses nach den §§ 327 a ff. AktG neuer Fassung ist die Pflicht zur Ad Hoc – Publizität des Ausschlusses nach § 15 Abs. 1 WpHG.[49]

Verfassungsrechtlich ist die Neufassung des Aktiengesetzes beim bisherigen Stand der Dinge weder formell noch materiell zu beanstanden. Insbesondere liegt eine verfassungsmäßige Einschränkung von Artikel 14 Grundgesetz vor.[50]

---

[45] Zu dieser Frage siehe oben unter **§ 6**, auf S. 139 ff.
[46] Ausführlich dazu auf S. 146 ff.
[47] Siehe **§ 6**, S. 152 ff.
[48] Diese Frage wird auf S. 164 ff. diskutiert.
[49] S. 166 ff.
[50] Zur Verfassungsmäßigkeit siehe **§ 7**, S. 169 ff.

VI. Das US – amerikanische Recht

Der Exkurs zum US – amerikanischen Recht hat die verschiedenen Formen des *merger*[51] und die damit verbundenen Formen des *freezeout*[52] aufgezeigt. Die gesetzlichen Voraussetzungen, die das US–amerikanische Bundes- und Landesrecht schafft, wie auch die Kontrolle durch die Rechtsprechung ähneln dem deutschen Recht des Ausschlusses.[53] Das US–amerikanische Recht sieht, anders als das deutsche Recht, eine große Anzahl von Ausschlußtechniken vor, derer sich ein Mehrheitsaktionär bedienen kann. Dennoch ist im US–amerikanischen Recht immer eine grundlegende Strukturänderung Voraussetzung für einen Ausschluß; dies wird im deutschen Recht nach Einführung des ÜbernG anders sein. Das deutsche Recht geht dann also weiter als seine viel zitierten US–amerikanischen Vorbilder.[54]

B. Abschließende Anmerkung zum Recht des Aktionärsausschlusses

Wie die Darstellung zum Recht des Aktionärsausschlusses gezeigt hat, sind in Deutschland bis heute keine für die Praxis sinnvollen Möglichkeiten im Aktiengesetz vorgesehen, einen Mitaktionär – aus welchen Gründen auch immer – auszuschließen. Den vorhandenen Möglichkeiten mangelt es zum Teil an Rechtssicherheit, wie etwa der übertragenden Auflösung oder dem Ausschluß aus wichtigem Grund; andere Vorgehensweisen sind zu teuer, zu umständlich, oder führen nicht zum gewünschten Ziel, so etwa im Fall der Mehrheitseingliederung. Zuletzt können viele Instrumente nur in Sonderfällen genutzt werden; dies trifft vor allem auf die Aktienzusammenlegung und die Kaduzierung zu.
Der Mehrheitsaktionär ist außerdem bis dato gezwungen, auch querulatorische Anteilseigner in der von ihm beherrschten Gesellschaft zu dulden, weil ein Ausschluß aus wichtigem Grund durch die Gerichte bislang nicht anerkannt ist. Selbst wenn ein Ausschluß aller übrigen Mitaktionäre wirtschaftlich sinnvoll wäre, ist der Mehrheitsaktionär in

---

[51] Der Exkurs, **§ 8**, beginnt auf S. 175 und stellt zuerst die Formen des *merger* vor.
[52] Zu den einzelnen Möglichkeiten des *freezeout* vgl. **§ 8** auf S. 184 ff.
[53] Die gesetzlichen Voraussetzungen und Kontrolle durch die Rechtsprechung ist auf den Seiten 191 ff. dargestellt.
[54] Zum Vergleich mit dem deutschen Recht **§ 8**, S. 197 f.

seinen Möglichkeiten wegen dieser Eigenart des deutschen Aktienrechts, das keine praxistauglichen Ausschlußmöglichkeiten bietet, stark eingeschränkt.
Diese Lage wird sich jedoch mit Einführung des Wertpapiererwerbs- und Übernahmegesetzes ändern. Denn der geplante Artikel 6 WÜG sieht eine ebenso unkomplizierte wie günstige Möglichkeit für einen Hauptaktionär vor, sich von seinen Mitgesellschaftern zu trennen. Keine Strukturänderung ist nötig, die Rechtssicherheit ist durch die Einschränkung der Anfechtungsmöglichkeiten eher gewährt als bei vergleichbaren Rechtsinstituten wie der zusätzlich noch teureren übertragenden Auflösung, weil diese immer eine grundlegende Strukturänderung mit sich bringt. Die Voraussetzungen, die Artikel 6 WÜG statuiert, sind nicht unerreichbar, wenn sich auch der Anwendungsbereich des Ausschlusses allein in Verbindung mit Übernahmeangeboten ausdehnen wird, weil ansonsten bei großen Kapitalgesellschaften die 95% - Schwelle nur schwer zu erreichen sein dürfte. Schließlich bedarf es auch keines in der Person des auszuschließenden Mitaktionär wichtigen Grundes, um ihn ausschließen zu können.

Die Praxis wird sicherlich viele Gestaltungen ersinnen, um die schwierigste Hürde, nämlich die der 95% - Beteiligung des § 327a AktG n. F., zu nehmen, und damit auch die Gerichte mit der Auslegung der Regelungen zum Aktionärsausschluß beschäftigen. Eine Hilfestellung bei dieser Auslegung wie auch der Gestaltung selbst können vielleicht die bereits zu dieser Frage hier entwickelten Überlegungen bieten.[55]

[55] Vgl. dazu oben unter **§ 6**, S. 132 ff.

FSC
www.fsc.org
MIX
Papier | Fördert gute Waldnutzung
FSC® C083411

Kolibri 360 GmbH
Ferdinand-Jühlke-Straße 7
99095 Erfurt, Deutschland
produktsicherheit@kolibri360.de

Druck:
CPI Druckdienstleistungen GmbH
im Auftrag der
Kolibri 360 GmbH
Ferdinand-Jühlke-Str. 7
99095 Erfurt